Dolnau
Munchsau
Satzgarten
Hungerstatt
Schellenberg
Kayser karl Schanz
Kirchesheim
Donauwörth
Steinbruch
Wichtel=berg.
Uhrfahrt
stafelholz
Donau

Schmutter
Northe
Zusam.
Schwadermühl.
fluß.

Gabriele Deibler

Das Kloster Heilig Kreuz in Donauwörth
von der Gegenreformation bis zur Säkularisation

Gabriele Deibler

Das Kloster Heilig Kreuz in Donauwörth von der Gegenreformation bis zur Säkularisation

Anton H. Konrad Verlag

Umschlagbild
Kloster Heilig Kreuz zu Beginn der langen Regierungszeit von Abt Amand Röls.
Ansicht im auf dem Hintergrund des Stifterbildes von Mangold IV. von Werd

Vorsatzblätter
Donauwörth und Umgebung. Teilkarte 16-17, kopiert 1792 von Carl von Flad,
aus der »Mappa deß Landtgerichts Graispach« nach dem Original des Ulmer Stadtmalers
Philipp Renlin von 1590/91.
Bayerisches Hauptstaatsarchiv München Pl. 3501 (Inv. Krausen 279 b)

Das Benediktinerkloster Heilig Kreuz in Donauwörth, auf der 1732 bei Homanns Erben
in Nürnberg erschienenen »Germania Benedictina«, einer Karte aller
Benediktinerklöster zwischen Lothringen und Polen, zwischen Westfalen und
Venetien

© 1989   Anton H. Konrad Verlag 7912 Weißenhorn
Herstellung Ludwig Auer GmbH Donauwörth und
            MZ-Verlagsdruckerei GmbH Memmingen
ISBN   3 87437 287 1

Inhalt

Vorwort

Jeder von uns hat »seine« Geschichte: Herkunft und Heimat, Beruf und Bindung, Erlebnisse und Erfahrungen bilden ihr Geflecht. Und geben ihr Wurzeln. Aus diesem Werden und Wirken der Generationen vor uns können wir nicht entfliehen. Sie holen uns immer wieder ein. Sie sind »vergangene Gegenwart«. Und sie lenken unsere Zukunft mit. Für den einen mag dieser »Strom der Zeit« rational erfaßbar sein oder vielleicht zumindest werden, für den anderen wirkt er aus der Kraft des Geheimnisses. Der 1940 verstorbene Philosoph Peter Wust – sein Hauptwerk »Ungewißheit und Wagnis« hat an Aktualität gewonnen – deutet diese Doppelbödigkeit so: »Das Leben bedarf des Geheimnisses, und deshalb ist das Größte vielleicht gerade in der Geschichte nicht das, was wir herausbuchstabieren können mit unserer rationalen Fassungskraft, sondern das, was verhüllt bleibt.«

Was für den einzelnen gilt, gründet und fügt auch die ihm zugewachsenen Gemeinschaften. Dabei finde ich den Streit über den Sinn der Geschichte für müßig. Auch dann, wenn gerade in unseren Tagen diese Fragen immer drängender gestellt werden: Ist Geschichte nur innerweltlich als »Ballspiel« zwischen Freiheit und Notwendigkeit aufzufassen? Oder gibt es noch eine übergeschichtliche Wirklichkeit, aus der »jede Zeit unmittelbar zu Gott« ist? Ist der historische Prozeß nur eine vorgezeichnete und wissenschaftlich feststellbare »ökonomisch-gesellschaftliche Bewegungsgesetzlichkeit«, der sich der einzelne einzuschmelzen hat? Oder hat Geschichte doch etwas mit der Würde der Person zu tun, die sich aus dem Gewissen als einem »frei übernommenen göttlichen Anruf« herleitet? In der Antwort auf derartig grüblerische Unruhe möchte ich es knapp mit zwei sehr verschiedenartigen Persönlichkeiten halten: Zum einen glaube ich Goethe, der übrigens geschichtliche Entwicklungen und Vorgänge unter dem Bild einer Spirale sah – als unwiederholbar, aber doch von bestimmten Prinzipien beherrscht. Er meinte, wenn auch losgelöst von unserem Zusammenhang: »Wenn ihrs nicht fühlt, ihr werdets nicht erjagen!« Zum anderen orientiere ich mich am geistigen Umfeld von Sigmund Freud, dem Begründer der Psychoanalyse. Ihm, und nicht nur ihm, ist ja die Angst zum Signum unseres Jahrhunderts geworden. Und er urteilt lapidar: »Im Moment, da man nach dem Sinn und Wert des Lebens fragt, ist man krank!«

Auf die Geschichte bezogen, heißt das nichts anderes, als daß sie fragwürdig werden muß, wenn und weil der Mensch sich selbst fragwürdig geworden ist. Oder umgekehrt: daß sie ihren Schwerpunkt als Tätigkeit und Erleiden nur behaupten kann, wenn und weil der Mensch weiß, wo er steht und wohin er geht! Oder zumindest wo er stehen soll und wohin er gehen möchte!

So merkwürdig es auf den ersten Blick auch anmuten kann, das ist auch das Schlüsselerlebnis des vorliegenden Buches. Mag der Kreis eng um das Miteinander oder Gegeneinander einer Stadt der Bürger zum dominierenden Kloster als geistige und geistliche

Mitte gezogen sein – Heilig Kreuz und Donauwörth –, hier wird, um mit Siegfried Lenz in seinem »Heimatmuseum« zu sprechen, deutlich, »daß Weltkunde immer nur Heimatkunde ist, sein kann«. Donauwörth und sein Benediktinerkloster auf dem Sporn über der Wörnitz haben diese These oft und spürbar genug unter Beweis gestellt: Ob sie, im Alltag der Jahrhunderte einander zugeordnet, an der gemeinsamen Leitlinie einer Weltanschauung orientiert, die Stadt aufrichteten und »ihr Bestes suchten«, oder ob sie – wer immer die größere Schuld daran trug – sich aneinander rieben und sich durch unverbesserlichen Starrsinn gegenseitig ins Unglück stürzten. Ob sie den Menschen als »Wanderer zwischen beiden Welten« in gleicher Weise angenommen und begriffen haben und ihm Brot gaben, zugleich aber die Gewißheit, daß er nicht vom Brote allein lebt, oder ob sie ihn sich gegenseitig abspenstig zu machen versuchten und damit Feindschaft setzten zwischen Ideal und Wirklichkeit, zwischen Freiheit und Zwang, zwischen Körper und Seele. Die öffentliche Verehrung der Kreuzpartikel auf dem »oberen Marckt« durch König Albrecht I. im Jahre 1301 und die Reichsacht, die Kaiser Rudolf II. auf dem Hradschin in Prag über Stadt und Bürger 1607 verhängte, mögen das beispielhaft erklären. Das, was war und das, was ist. Was ist? Ja, denn »für die Geschichte gibt es kein letztes Wort!«

Vom Thema erfüllt, von der Historie ihrer Heimatstadt begeistert, der Akribie im Ganzen und zum Detail in einer anschaulich-klaren Sprache verpflichtet, hat Gabriele Deibler, eine junge Donauwörtherin, in ihrer Art die Spuren solcher Gedanken freigelegt und zugleich vertieft. Ihre Studien wollen kein »ausgeklügelt Buch« eines professionellen Historikers sein, wohl aber ein ebenso exaktes wie überzeugendes Bekenntnis zum Geheimnis Donauwörther Historie und zum »Tief-Unterhaltsamen der Geschichte« als »Geist der Zeiten«.

Dafür hat ihr die Stadt Donauwörth 1987 durch die Verleihung des ersten Jugendpreises gedankt. Seine Intention, »in Freiheit und Frieden Signale für Mut und Zuversicht, für Mitmenschlichkeit und Engagement, für Heimatliebe und Weltoffenheit zu setzen«, wird in dem sichtbar, »was reif in diesen Zeilen steht«. Ich wiederhole ausdrücklich und gerne auch in diesem Zusammenhang Anerkennung und Dank. (Auch für alle, die mitgeholfen haben, daß die Studie zum Buch werden konnte!)

Für mich ist es denn auch kein leeres Wort, daß die Jugend »ein Buch ist, aus dem man liest und in das man schreibt«. Aus solcher unvoreingenommenen wie kritischen Hingabe können gerade heute Begeisterung und Antrieb, Mut und Kraft und neue Maßstäbe aus alten Orientierungslinien kommen. Und jeder, der es mit jungen Menschen ehrlich gut meint, darf dann Erkenntnis und Gesetz wie Bereitschaft und Verantwortung weitergeben. Für die Heimat im Herzen und die Welt im Kopf!

In dieses weitflächige Koordinatensystem möchte ich das Buch einpassen. Ich wünsche ihm viele Leser und Freunde: und zwar solche, die sich von der Geschichte, die nicht stirbt, begleiten lassen; die im Verlauf eines Ereignisses vorurteilslos und konsequent nach den Ursachen suchen; die aus seinem Ergebnis mutig und aufgeschlossen Folgerungen ziehen; die wissen wollen, daß es zum Wesen des rechten Menschen gehört, mit dem anderen und für ihn unterwegs zu sein; die im faszinierenden Spiegelbild von Heilig Kreuz und Donauwörth den Brückenschlag über diese materielle Welt hinaus suchen. Dann hat es seine erfüllte äußere und innere Geschichte. Und sie allein zählt!

Donauwörth, im September 1989   DR. ALFRED BÖSWALD
Erster Bürgermeister
der Stadt Donauwörth

Zum Dank

Mein aufrichtiger Dank gilt Herrn Prof. Dr. Benno Hubensteiner, der mich mit der Bearbeitung der Geschichte des Klosters Heilig Kreuz betraut hat und mir bis zu seinem Tod am 4. Februar 1985 beratend zur Seite stand.

Großen Dank möchte ich Herrn Prof. Dr. Georg Schwaiger aussprechen, der die Betreuung meiner Arbeit freundlicherweise übernommen hat.

Ein Vergelt's Gott gebührt den Patres von Heilig Kreuz, H. H. Pater Superior Siegmund Zangerl und H. H. Pater Anton Karg, Direktor der Realschule Heilig Kreuz, für ihre bereitwillige Unterstützung.

Herzlich habe ich der Stadtarchivarin von Donauwörth, Frau Dr. Lore Grohsmann, zu danken, die mir durch ihr Wissen und ihre Erfahrung stets eine große Hilfe war.

Herrn Dr. von Volckamer, dem Fürstlich-Oettingen-Wallersteinschen Archivdirektor, Frau Dr. Grünenwald, der Fürstlich-Oettingen-Wallersteinschen Archivrätin, und Herrn Walter, dem Betreuer der Bibliothek des Cassianeums, möchte ich für ihr freundliches Entgegenkommen danken und nicht zuletzt Herrn Franz Meitinger und Herrn Michael Reichert für das Überlassen ihrer Fotoaufnahmen.

I Das Kloster Heilig Kreuz im Mittelalter

Den Ursprung des Klosters und unserer Kirche »Heilig Kreuz« in Donauwörth haben wir dem Adelsgeschlecht der Mangolde von Werd[1] zu verdanken, deren Burg Mangoldstein sich auf einem Jurafelsen im Norden der Stadt erhob. Auf diesem Mangoldfelsen wurde das erste Kloster erbaut, das den Kreuzpartikel beherbergte, den Mangold I. vom byzantinischen Kaiser aus Konstantinopel mitgebracht hatte.

1 Gründung des Klosters durch Mangold I. von Werd und Schicksal des Stifts bis zu Mangold IV.

Im Jahre 1027 wünschte sich Kaiser Konrad II. für seinen Sohn Heinrich eine Tochter des byzantinischen Kaiserhauses als Braut und sandte zur Brautwerbung Bischof Werner von Straßburg und Mangold von Werd nach Konstantinopel. Mit großem Gefolge traten die kaiserlichen Gesandten ihre Reise nach dem Orient an, wo ihnen von Kaiser Konstantin VIII. ein ehrenvoller Empfang bereitet wurde. Mangold von Werd verstand es besonders, sich bei Konstantin beliebt zu machen, obwohl die geplante Eheanbahnung nicht den gewünschten Erfolg zeigte und zu einem Fehlschlag wurde.[2] Keine der kaiserlichen Töchter nämlich war im geeigneten Alter, um dem damals zehnjährigen deutschen Kaisersohn Heinrich als Braut versprochen werden zu können.[3] Bei seinem freien Zutritt zum Hofe bemerkte Mangold, daß sich der Kaiser morgens und abends mit einer Tafel segnete, die, prächtig verziert mit Gold und Edelsteinen, den Wunsch in Mangold weckte, diese Kostbarkeit, welche ein besonderes Heiligtum zu bergen schien, in Besitz zu bekommen. Als nun der Regent eines Tages seinem vertrauten Gesellschafter Mangold erlaubte, sich ganz nach Belieben irgendeine Gabe zu wünschen, erbat sich der Herr von Werd nach einigem Zögern die kostbare Tafel. Über diese Bitte war der Kaiser wohl nicht erfreut, denn Mangold begehrte von ihm die Tafel mit dem darin eingeschlossenen Kreuzpartikel, die zu den Reichs- und Krönungsinsignien gehörte. Mangold muß es dennoch verstanden haben, vom Kaiser, der sicher nicht wortbrüchig werden wollte, die Tafel mit dem heiligen Kreuzpartikel zu erhalten. Allerdings behielt Konstantin von den zwölf Teilchen der Reliquie zwei zurück, um weiter seiner Kreuzesverehrung Ausdruck verleihen zu können und seiner Verantwortung vor dem Volke gerecht zu werden. Mangold indessen suchte sich sofort die verläßlichsten Männer seines Gefolges aus und sandte sie mit dem errungenen Kleinod in die schwäbische Heimat nach Werd. Bald nach diesen Ereignissen ereilte den griechischen Kaiser eine schwere Krankheit, die ihn das Leben kostete. Bei den Krönungsfeierlichkeiten des Nachfolgers wurde nun aber die Tafel mit dem Kreuzpartikel vermißt, und da man am Hofe wußte, daß der verstorbene Kaiser in sehr vertrautem Umgang zum Herrn von Werd gestanden hatte, kam der Verdacht auf, Mangold habe die Reliquie entwendet. Aus diesem Grunde ließ man Mangold verhaften, durchsuchte sein Reisegepäck und jagte seinen weggesandten Dienern nach; nirgends fand sich jedoch der Schatz, und so sah sich der neue griechische Kaiser Romanos gezwungen, den deutschen Gesandten wieder auf freien Fuß zu setzen. Dies tat er um so lieber, als in ihm der Gedanke erwacht war, Beziehungen zum deutschen Kaiserhause zu knüpfen und durch die Vermittlung Mangolds seine Schwester als Braut für den Kaisersohn Heinrich anzubieten. Mangold ging mit diplomatischem Geschick vor, ließ es bei schönen Worten bewenden und rüstete sich für die bevorstehende Heimreise, die er dann, mit Ehren und Geschenken überhäuft, ohne seinen Begleiter Bischof Wernher antreten mußte, der inzwischen verstorben war. Sowohl Mangold als auch der Kreuzpartikel kamen unversehrt in Werd an.[4]

Der Erzählung von den Vorgängen am byzantinischen Hofe ist der Bericht Bertholds, eines Mönchs von Heilig Kreuz, zugrunde gelegt. Pater Berthold hatte ungefähr hundert Jahre nach diesen Ereignissen eine Pilgerreise in das Heilige Land unternommen und in Konstantinopel auf Wunsch seines Abtes Dietrich, des ersten Abtes des Klosters Heilig Kreuz in Donauwörth, Erkundigungen über den Erwerb des Kreuzpartikels angestellt.[5] Sicherlich ist die Erzählung von Fabeln durchsponnen[6] und leidet an manchen Ungereimtheiten[7], aber es bleibt der wahre historische Kern, nämlich die Schenkung des Kreuzpartikels aus der Hand des griechischen Kaisers an Mangold I. von Werd, der als kaiserlicher Gesandter in Konstantinopel geweilt hatte, und die Ankunft der Reliquie in Werd.

Der Gedächtnistag des Eintreffens des Kreuzpartikels wurde, wie Königsdorfer berichtet, bis in das 16. Jahrhundert hinein alljährlich am 30. Oktober gefeiert;[8] ob das Kleinod wirklich an diesem Tag ankam, ist ungewiß, zumal auch die Angabe einer Jahreszahl fehlt. Sicher ist nur, daß die Reliquie, von Mangolds treuen Dienern nach Werd gebracht, um das Jahr 1029 auf Burg Mangoldstein eintraf. Wann Mangold Werd erreichte, ist ebenfalls nicht genau bekannt, vermutlich aber im Jahre 1029; bereits 1030 wurde dem Herrn von Werd das von König Otto III. verliehene Markt-, Zoll- und Münzrecht von Kaiser Konrad II. bestätigt und dazu als besondere Begünstigung das Recht verliehen, an den ersten drei Maitagen einen Jahrmarkt abzuhalten.[9]

Für den Kreuzpartikel ließ Mangold I. auf seiner Burg zu Werd eine kleine Kapelle errichten, wo seine Schwester Irmentraut zur Verehrung der Reliquie Jungfrauen um sich sammelte, die gemeinsam mit ihr nach der Regel des heiligen Benedikt leben wollten. Mangold stattete, angesichts der frommen Gemeinschaft, das Hauskloster mit einem Kreuzgang, Kapitelsaal und Schlafhaus aus. Im Oktober des Jahres 1049 traf der Herr von Werd auf einer Synode in Mainz mit Papst Leo IX. zusammen, sprach auf dieser Synode wohl eine Einladung an den Papst aus und erreichte, daß der Heilige Vater schon im Dezember des gleichen Jahres der Burg Mangoldstein mit ihrer Reliquie seinen Besuch abstattete. Papst Leo IX. weihte die Burgkapelle und das Kloster, setzte als erste Äbtissin Gunderade, die Tochter Mangolds und seiner Frau Tutta, ein und stellte eine Bulle aus, die als erster Stifts- und Bestätigungsbrief des Klosters anzusehen ist.[10]

Der Bulle zufolge wurde das Kloster unmittelbar dem Apostolischen Stuhle unterworfen; den Nonnen von Werd wurde befohlen, alljährlich, zur Anerkennung der römischen Oberhoheit, in der Fastenzeit gewisse Kirchengewänder nach Rom zu senden. Die Advokatie über die Gemeinschaft behielt der Stifter sich selbst und seinen männlichen Nachkommen vor. Bei Aussterben seines Geschlechtes sollte es der Äbtissin freigestellt sein, sich mit Gutheißen des Papstes irgendeinen Advokaten zu wählen, und ebenso wurde die vollkommene Wahlfreiheit für die Äbtissin festgesetzt. Auf dem Hochaltar, den Papst Leo selbst geweiht hatte, war es nur einem Bischof, einem Abt oder einem der drei Geistlichen, die abwechselnd zum wöchentlichen Gottesdienst angestellt waren, erlaubt, die Messe zu lesen. Unter Androhung von Bann und Gottes Gericht durfte – gemäß der Bulle – der Kreuzpartikel, der immer im Kloster aufbewahrt werden müsse, nie der Gemeinschaft geraubt werden, und auch sonst sollte nie etwas getan werden, das die Bestimmungen dieser Bulle verletze.[11]

Der – wenn auch in diesem Falle nicht ganz verläßlichen – Überlieferung zufolge stiftete Mangold dem Kloster Güter um Werd, zu Gundelfingen, zu Lauingen, Memmingen, Stotzingen, Aufhausen, Dischingen und Eglingen; der alte Graf Richwin, Mangolds Vater, hatte den frommen Jungfrauen auf der Burg schon früher den Maierhof zu Werd, an dessen Platze jetzt angeblich das Klostergebäude steht, und Güter zu »Rüdlingen, Dittelsbaind und Seiberweiler« vermacht und somit Mangold I. etwas von den Unterhaltskosten entlastet. Am 27. Juni 1050 riß der Tod Mangolds Gemahlin Tutta aus dem Leben. Der Herr von Werd entledigte sich danach aller Geschäfte, verbrachte den Rest seines Daseins in Frömmigkeit auf Burg Mangoldstein, starb am 3. November 1053 und fand neben seiner Frau Tutta in der Kapelle des heiligen Kreuzes auf seiner Burg zu Werd die ewige Ruhe. Mangold I. ist als erster Stifter unseres Klosters Heilig Kreuz in die Geschichte eingegangen.[12]

Mangold II., der in Diensten des Kaisers Heinrich IV. stand, weilte nicht allzu oft auf seiner Burg, denn wenn er sich von seinen Geschäften oder dem Leben am Hofe freimachte, hatte er auch Burg Schwabeck, die Heimat seiner Gattin Mechthilde von Balzhausen und Schwabeck, zur Verfügung. Um das Kloster auf dem Mangoldstein kümmerte sich der Herr von Werd wenig, und wenn Mangold gelegentlich dort zugegen war, so war die schwelgerische weltliche Hofhaltung nicht gerade geeignet, um die langsam sinkende Klosterzucht zu heben. Mangold II. wandte sich erst in späten Jahren der Stiftung seines Vaters zu, sei es, daß ihm die in der Urkunde des Papstes Innozenz II. erwähnte Zerstörung des Klosters[13] den Anstoß gab, sei es, daß ihm, in älteren Jahren besonnener und frömmer werdend, die heruntergekommene Klosterzucht und das langsam baufällig werdende Klostergebäude ein Stein des Anstoßes wurden. Jedenfalls erwachte in Mangold der Plan, ein neues Kloster zu Werd am Wörnitzknie zu bauen, wo die Nonnen dann ungestört ihre Pflichten versehen sollten. Der Edle von Werd brach alsbald zu Papst Alexander II. nach Rom auf, der ihm die Erlaubnis zum Bau und zudem zur Verlegung der Werder Kirchweihfeier auf den 1. Mai erteilte. Nach seiner Rückkehr ließ Mangold II. sofort das neue Kloster und die Kirche seinem Plan gemäß südwestlich der Burg auf einer herrlich gelegenen Anhöhe errichten; an dieser Stelle erheben sich heute die Druckereigebäude der Pädagogischen Stiftung Cassianeum.[14] Etwa um das Jahr 1067 konnten Kloster und Kirche, zum größten Teil aus Quadersteinen errichtet, dem Heiligen Kreuz und dem heiligen Nikolaus geweiht werden. Damit die Stiftung in der Lage war, unabhängig weiterzubestehen, vermachte ihr Mangold II. das Gut Lederstatt und Güter in »Auchsesheim, Möringen, Grub, Märdingen, Peuerberg, Schnekkenhofen und Hofstetten«. Mangold II. schied am 16. August 1074 aus dem Leben und fand seine letzte Ruhestätte in der Schloßkapelle zu Werd neben seinen Eltern. Er hinterließ zwei Söhne, Mangold und Adalbert, und eine Tochter, Benedikta.[15]

Unter Mangold III. tobte im Reiche der Investiturstreit und auch Werd blieb nicht verschont vom Kampf zwischen Kaiser und Papst. Mangold jedoch liebte den Waffenlärm und das Kriegsgetöse nicht, lebte, soweit es ihm möglich war, zurückgezogen in

Werd und wandte seine ganze Aufmerksamkeit dem Kloster zu, in dem im Bürgerkrieg die Ordenszucht merklich nachgelassen hatte. Der Herr von Werd faßte den Entschluß, das Frauenkloster in ein Männerkloster umzuwandeln und reiste, um die Bewilligung zu erhalten, zu Papst Paschalis II. nach Rom. Gleichzeitig erhoffte er sich die Erlaubnis, für die stetig anwachsende Bevölkerung von Werd und die große Menge der Wallfahrer eine eigene Pfarrei in der von seinen Ahnherren erbauten St.-Ulrichs-Kapelle gründen zu dürfen. In Rom fanden die Wünsche Mangolds Gehör, und Bischof Gebhard von Konstanz wurde mit der Ausführung der Dinge beauftragt. Schon bald zogen aus der St.-Blasius-Klause im Schwarzwald sechs Priester und sechs Laienbrüder in das Kloster nach Werd, und im Jahre 1101 wurde Dietrich zum ersten Abt von Heilig Kreuz geweiht. Die Nonnen und Mönche lebten nun fast 25 Jahre lang in getrennten Abteilungen desselben Klosterkomplexes, bis 1125 Mangold III. an der Stelle, an der das ehemalige Kloster noch heute steht, den Grundstein zu einem neuen Gebäude legte; das alte drohte nämlich für die ständig anwachsende Zahl der Ordensangehörigen zu eng zu werden. Zugleich wurden die Nonnen zum Teil im Kloster Liezheim bei Dillingen, zum Teil im Kloster Bergen bei Neuburg untergebracht. Mit den vier Äbtissinnen: Gunderade, Tochter Mangolds I.; Gunderade, einer Tochter aus dem Dillinger Grafenhaus; Irmentraud, einer Edlen von Schwimendach, und Tutta von Schenk auf Arberg als letzter Äbtissin war die Zeit des Frauenklosters zu Werd beendet. Wahrscheinlich hatte schon der Tod der ersten Äbtissin Gunderade eine große Krise im Kloster ausgelöst, Kriegswirren und damit zunehmend weltliche Einflüsse taten ihr übriges. Die Stiftung Mangolds I. fand ihre Fortsetzung in der Ordensgemeinschaft der Benediktiner, die dem Kloster noch zu großem Aufschwung und bedeutendem Ansehen verhelfen sollte. Mangold III. starb am 7. September 1126, nicht ohne die Stiftung mit Wäldern zu Buchdorf, Baierfeld, Unterbuch, Hochfeld und Taiting zu bereichern, doch ohne die Vollendung seines Klosterbaus zu erleben. Die Gebeine der drei Stifter, Mangolds I. bis Mangolds III., und der Gräfin Tutta wurden später nach dem Abschluß aller Bauarbeiten in das Kapitel unter ein Mausoleum mit folgender Inschrift verlegt: »Tres Fundatores Mangoldi, Tuttaque, flores Coelestis prati, simul hic pausant tumulati.« Dieses Grabmal bestand bis zu seiner Zerstörung durch die Schmalkaldener im 16. Jahrhundert.[16]

Mangold IV., der Nachkomme der Stifter, knüpfte mit Hilfe des Papstes Innozenz II. das Kloster unter großer Beschränkung der Jurisdiktionsrechte des Diözesanbischofs für einen jährlichen Zins von einem Goldgulden eng an den Apostolischen Stuhl.[17] Er kümmerte sich weiter um den Klosterbau und setzte seine ganze Energie in die Ausstattung der dazugehörigen Kirche; auf seine Veranlassung hin entstanden prunkvolle Altäre, Gemälde, Chor- und Betstühle, zudem stiftete er eine neue Orgel und Glocken. Die Einweihung durch die Bischöfe Udalschalk von Augsburg und Hermann von Münster konnte endlich am 14. April 1187[18] gefeiert werden, selbst Kaiser Friedrich Barbarossa war dabei zugegen.[19] Dem Kloster vermachte Mangold IV. einen Hof zu Suntheim, den Kirchensatz zu Mündling[20] und sein ganzes dortiges Eigentum, einen Hof zu Prunhaupt und seine Besitztümer zu »Heusesheim, Gehanga, Wolftrozzen, Binsberg, Ober- und Unter-Waldbach, Weikersgereut, Nuzzenreut, Ebermergen und Mauern«; ferner hinterließ er dem Stift Lehen zu »Spielberg, Mekkingen, Huisheim,

---

1 Mangold I. von Werd († angeblich 3. 11. 1053), »Graf in Kyburg, Dillingen, Wittislingen und Mangoldstein«, Stifter des auf einer Gesandtschaftsreise nach Konstantinopel erworbenen Kreuzpartikels und Gründer des Klosters. Stiftergemälde von 1707
2 »Der Mangoldstein zu Donauwörth. Nach der Natur und auf Stein gezeichnet von G. Völk«. Lithographie, 1833

16

MANGOLDVS I.
CÆETCOMESIN KYRCHPRLINGEN
WITTESLING ET MANGOLDSTEIN
AB EDIFICATV IN THOPFFBAR
RIIS CONRAD SALIC I. GOR IMP
APVD ROMANVM ARC ARV M
IMP CONSTANTINOPOLITANVM
AL MAME IN PER ELEM VM EREGION
SECVM ATTVLIT & MOND CHT
CVIVS HONOREM FVNDAVIT
SACRARVM VIRGINVM
PARTHENONEM ORDI N I S
BENEDICTI IN GRATIAM
IRMENTRVDIS SORORIS ET
GVNDERADÆ FILIÆ SVÆ
PROPE ABCEMHANG PETEM
IN PETRA VVLGO BVRG
OBIIT SVBLIMINAT A GES
ROMI IMP CAMPANIA SANCT
ANLIB CVM VARIITATIS

Nach der Natur u. auf Stein gezeich. v. G. Völk.

Der Mangoldstein zu Donauwörth.

Megesheim, Haiden, Stillnau, Ober- und Unter-Sorheim und zu Dürrenzimmern« und bat den Abt um Rückgabe des Hofes zu Suntheim; dafür überließ er ihm den Kirchensatz der neu begründeten Pfarrkirche zu Werd, mit dem Rechte, dorthin nach Belieben einen Konventpriester zu beordern. Im hohen Alter entschloß sich Mangold IV., unter Kaiser Friedrich I. an einem Kreuzzug nach Palästina teilzunehmen, erkrankte dort an der Pest und starb am 4. April 1191 in Akkam. Seine Gebeine wurden nach Hause überführt. Nach dem Aussterben der Mangolde von Werd ging ihr Reichslehen an den Pfalzgrafen Friedrich von Wittelsbach über, ehe es den Staufern zufiel.[21]

2 Beschreibung und Verehrung des Kreuzpartikels mit der Kreuztafel

Nachdem die Kaisermutter Helena im 4. Jahrhundert das Kreuz Jesu Christi aufgefunden hatte, blieb ein Teil in Jerusalem, den anderen ließ Kaiser Konstantin der Große nach Rom in die Kirche S. Croce in Gerusalemme bringen, der dritte wurde nach Konstantinopel gesandt. Das dort aufbewahrte Stück sonderte man wiederum in drei Teile, von denen Kaiser Konstantin einen zur Verehrung zurückbehielt.[22] Davon hat im 9. Jahrhundert ein griechischer Kaiser einige Partikelchen entnommen und sie in eine »Theca« bzw. Tafel eingeschlossen, welche fortan als Reichs- oder Krönungs-Kleinod galt und vom Kaiser bei Krönungsfeierlichkeiten als Amulett am Hals getragen wurde.[23] Diese Tafel mit dem Kreuzpartikel hat Mangold von Werd in Konstantinopel erworben. Die Kreuzesreliquie wurde zum Grund und Anlaß der Klostergründung, trug zur aufstrebenden Entwicklung Werds im Mittelalter bei, überstand Glaubenskämpfe, Kriegswirren und Säkularisation und wird auch heute noch in der Heilig-Kreuz-Kirche zu Donauwörth verehrt.

Ein Charaktermerkmal des doppelbalkigen Donauwörther Kreuzes liegt darin, daß es einen dritten, wenn auch sehr kurzen Querbalken in Form eines Fußes aufweist. Möglicherweise setzt an dieser Reliquie schon der Beginn der Entwicklung des Dreibalkenkreuzes an, das in späteren Jahren die höchste geistliche und weltliche Macht, den Papst und den oströmischen Kaiser, repräsentierte, während das doppelbalkige »Patriarchenkreuz« Erzbischöfen und Patriarchen vorbehalten blieb.[24]

Die hölzerne Kreuztafel mit den Maßen 175 × 135 mm und einer Stärke von 30 mm ist auf ihrer Vorderseite belegt mit vergoldetem Silberblech. In ihrer Mitte trägt sie in Form eines griechischen Patriarchalkreuzes mit Fußbalken eine 77 mm lange Aussparung, in der die dunkelbraunen Teilchen des Kreuzholzes, von zwei silbernen Spangen festgehalten, liegen. Um dieses Kreuz reihen sich vier kleine sternförmige Blumen und vier größere kreuzförmige Rosetten. Die Ecken der Tafel weisen vier silberne Türchen zur Aufnahme anderer Reliquien auf; jedes dieser Türchen ist mit kleinen, kreuzförmig durchbrochenen Aussparungen durchsetzt. Die Schmalseiten der Tafel wurden erst in späterer Zeit mit dünnem Goldblech belegt. Während man die Vorderseite aufgrund ihrer Formen und der Technik der Bearbeitung dem 11. Jahrhundert zuschreiben möchte, deuten die Goldblecharbeiten eher auf das 12. Jahrhundert hin. In fünf Kreisen,

---

3 *Mangold IV. von Werd († um 1148) gilt in der Überlieferung als Vollender des um 1100 von Benediktinern besetzten Männerklosters. Stiftergemälde von 1707*

4 *Bulle Papst Leo IX. (1049-1054) über die Klostergründung von Heilig Kreuz in Donauwörth, vom 3. Dezember 1049. Wallerstein, Fürstlich Oettingen-Wallersteinsches Archiv*

je einer in den Ecken und einer in der Mitte, sind auf der Rückseite Adler eingeprägt, die von einem Band aus Ranken- und Blattornamenten umrandet werden. Die Tafel besitzt oben einen kleinen Ring zum Anhängen und wurde, wie schon erwähnt, früher auf der Brust der Kaiser getragen. Zu dieser Kreuztafel gehörte einst ein wundervoll gearbeiteter Schubdeckel, der irgendwann im Dreißigjährigen Krieg abhanden gekommen sein muß. Wir haben aber Kenntnis vom Aussehen dieses »operculum« oder »epiphtema«, denn unter Abt Benedikt (1557–1581) entstand ein Gemälde, das den im Jahre 1200 erwählten Abt Berthold II. mit der Kreuztafel samt dem Schubdeckel abbildet. Die Vorderseite zeigt in fünf Kreisen ikonenartige Medaillons in Emailarbeit mit griechischen Buchstaben. Das größere, mittlere Bild stellt Maria mit dem Kinde auf dem Thron dar und trägt die Aufschrift: »MP ΘY« = Mutter Gottes. Flankiert wird sie zur Rechten vom heiligen Michael »ΜΙΧΑΗΛ« und zur Linken vom heiligen Gabriel »ΓΑΒΡΙΗΛ«. Auf den vier Medaillons in den Ecken sehen wir rechts oben Johannes den Täufer, »Ο᾽ ῾ΑΓΙΟΣ ΠΡΟΔΡΟΜΟΣ« = der heilige Vorläufer, links oben Johannes den Evangelisten, »Ο᾽ ῾ΑΓΙΟΣ ΘΕΟΛΟΓΟΣ«, unten rechts »Ο᾽ ῾ΑΓΙΟΣ ΠΕΤΡΟΣ«, den heiligen Petrus, und unten links »Ο᾽ ῾ΑΓΙΟΣ ΠΑΥΛΟΣ«, den heiligen Paulus. Die freien Flächen waren verziert mit Filigranarbeiten und kostbaren Perlen und Edelsteinen, ein möglicher Grund für das Verschwinden im Dreißigjährigen Krieg. Heute wird der Kreuzpartikel mit der Kreuztafel im Tabernakel des Kreuzaltares der Gruftkapelle von Heilig Kreuz aufbewahrt und an Herz-Jesu-Freitagen sowie zu besonderen Kirchenfesten in der Barockmonstranz vom Jahre 1716 zur Anbetung aufgestellt.[25]

Für die Echtheit des Kreuzpartikels sprechen viele Zeugnisse der Chronik und vor allem die Bulle des Papstes Leo IX., die besagt: »... in deum devotio laudabilem fructum produxit. Cum pro *portione sancte et vivice crucis* in qua dominus noster Jesus Christus salus nostra pependit ... fundavit ecclesiam...«[26] Als König Albrecht I. (1298–1308) nach der Eroberung der Stadt im Jahre 1300 mit seinem militärischen Gefolge in Werd weilte, gebot er all seinen Leuten die Verehrung des Kreuzpartikels und pries ihn als das größte Heiligtum seines Landes. König Sigismund (1410–1437), der 1418 zehn Tage hier war, sprach: »Nun wissen wir wahrlich und ohne allem Zweifel, daß wir das wahre Kreutz Christi in dem römischen Reiche haben.«[27] Auch Kaiser Friedrich III. (1440–1493) ließ 1474 das Holz genau untersuchen und bestätigte: »Wir haben niemal ein Holz gesehen, daß wir kräftiger glauben und halten für das Kreutz Christi als dieses.«[28] 1476 kam ein Abt des Basiliusordens aus Konstantinopel ins Kloster, und als ihm die heilige Kreuztafel gezeigt wurde, küßte er sie unter Tränen, bekreuzigte sich und meinte: »Wahrlich, wir haben nirgend im Occidente das heilige Kreutz wahrhafter gefunden als zu Paris und hier.«[29] [30]

Auch aus späterer Zeit sind uns Zeugnisse erhalten: Als Mabillon 1683 auf seiner literarischen Reise in das Kloster zum Heiligen Kreuz kam, rief er aus: »Ist je ein Partikel ächt und wahrhaft, so ist es der hiesige, und bey solchem liegt durchaus nichts im Widerspruche, wie bey so vielen andern.«[31] Dieser Meinung war auch der Fürstabt von St. Blasien, Martin Gerbert, der sein Tochterstift in Donauwörth 1788 besuchte, das Kreuz genau prüfte und sich folgendermaßen äußerte: »Nicht allein die Form des heiligen Kreutzes, auch die ganze Kapsel, mit allen darin befindlichen Verzierungen, beurkunden unstreitig den in jene Zeit fallenden konstantinopolitanischen Styl und Geschmack. Ich bin daher von der Aechtheit dieses Heiligthums vollkommen überzeugt.«[32] [33]

Nicht nur Verehrung und Anbetung wurden dem Kreuzpartikel zuteil, er fiel auch zweimal in die begierigen Hände von Dieben, konnte aber jedesmal unter recht merkwürdigen Umständen zum Kloster zurückgebracht werden.

Im Jahre 1312, als die Mönche wie gewöhnlich am Abend zum Gebet vor dem Kreuze in die Kirche kamen, entdeckten sie das Fehlen der Reliquie; sofort eilten sie zu ihrem Abt Konrad, um ihm die entsetzliche Nachricht zu überbringen. Tief bestürzt erinnerte sich der Abt, daß er kurz zuvor von seinem Zimmer aus im nahen Garten unter einer Holunderstaude etwas Glänzendes gesehen hatte und nicht weit entfernt davon eine fremde Frau gestanden war. Er stürmte mit den übrigen Mönchen in den Garten und fand dort Heiligtum und Frau noch an der gleichen Stelle vor. Die Frau war unfähig, sich zu bewegen oder zu sprechen; ein Pater erkannte sogleich, daß sie schon öfters stundenlang vor dem Altar des heiligen Kreuzes geweilt hatte, und sie wurde schließlich als die Diebin überführt. Die Kunde von dem Raub verbreitete sich in Sekundenschnelle, und als sich der Abt anschickte, nach kurzem Gebete das Kreuz aus dem Grase zu heben und die Diebin zu segnen, war im Klostergarten schon eine große Menschenmenge zusammengekommen; diese konnte miterleben, wie sich nach der Segnung der Diebin deren Starrheit löste und sie wieder in den Vollbesitz ihrer Sinne gelangte. Nur unter größter Anstrengung war es möglich, die Frau vor dem Haß des Volkes zu schützen und sie ins Gefängnis abzuführen. Abt Konrad und der Konvent, begleitet von Magistrat und Bürgerschaft, brachten noch am selben Abend den Kreuzpartikel mit einer feierlichen Prozession in die Kirche zurück. Beim Verhör am folgenden Tag behauptete die Diebin, Herzog Ludwig von Bayern hätte sie zum Raube angestiftet; ob dies Wahrheit oder Lüge war, läßt auch die Chronik offen. Jedenfalls war der auf den Raub gut vorbereiteten Frau im Klostergarten die Kreuztafel so schwer geworden, daß sie die Last von sich werfen hatte müssen, bevor eine lähmende Schwäche sie am Weiterkommen gehindert hatte. Da man den Bayernherzog, der erst wenige Jahre zuvor Werd durch König Albrecht I. an das Reich verloren hatte, nicht unnötig reizen wollte, entging die Diebin der Todesstrafe; sie wurde öffentlich der Stadt verwiesen und von der aufgebrachten Volksmenge aus Werd hinausgejagt. Der Herzog soll aber geäußert haben, man könne den Werdern erst dann etwas anhaben, wenn sich der Kreuzpartikel nicht mehr innerhalb ihrer Mauern befände. Auf diese Geschehnisse hin beschloß der Rat mit Zustimmung des Abtes Konrad und des Konvents, das Kloster zum Schutz des Heiligtums in die Stadtummauerung einzubeziehen. Möglicherweise jedoch handelte der Rat hierbei nicht ganz uneigennützig.[34] [35]

Im Jahre 1402 fiel die Kreuzesreliquie zum zweitenmal einem Diebstahl zum Opfer. Die böse Tat wurde sogleich von Pater Kustos entdeckt, der einige Minuten zu spät in die Kirche kam und den Räuber mit der Reliquie davonhetzen sah. Dieser wollte durch das Ried über die Weiden fliehen, wurde dann aber von plötzlicher Panik erfaßt und machte sich bei den Stadttorwächtern verdächtig, weil er sich unter eine Brücke verkroch. Inzwischen waren die Schreckensrufe vom Kloster bis zur Donau gelangt, und überallhin drang die Rede von dem Raub. Man spürte schließlich den Dieb auf und fand gleich danach den Schatz zwischen zwei Balken unter der Brücke; im allgemeinen Wirbel gelang es dem Täter zu entkommen. Der Kreuzpartikel aber konnte mit großer Freude von Abt Johannes und seinem Konvent, begleitet von einer riesigen Bürgerschar, in die Kirche zurückgebracht werden. Das Volk betrachtete die Reliquie als Heilsbringer und Retter in Pest und Seuchen, in Feuer- und Kriegsnöten, in Wetter- und Wassergefahren, bei allen Anliegen und in allen Bedrängnissen. »Zu lang were es, alda, ...«, berichtet der Chronist, »so alle Wunderzeichen beim Wörderischen H. Kreitz besche-

hen, sollten erzehlet werden.«[36] Verewigen sollte die Geschehnisse der in der Klosterchronik angeführte Reim:

> »Das heil'ge Kreutz im Kloster Werd
> So viel Jahrhundert schon verehrt,
> Laßt nie ein Stündlein leer verfließen,
> Da sich nicht Wunder sehen ließen.«[37] [38]

3 Mittelalterliches Leben im Kloster bis zur Glaubensspaltung

Der erste Abt von Heilig Kreuz, Dietrich, der ab dem Jahre 1101 dem Kloster vorstand,[39]
trug viel zum Emporblühen der Ordensgemeinschaft bei. Mit ihm war aus dem Mutter-
stift St. Blasien im Schwarzwald der fromme und vortreffliche Reformgeist des oberita-
lienischen Klosters Fruttuaria in das Benediktinerstift zu Werd gelangt. Wie Königsdorfer berichtet, waren eine unvergleichliche Hausordnung im Inneren, eine genaue Ein-
teilung der Stunden, unermüdlicher Eifer in der Belehrung des Volkes und der Jugend
und ein zufriedenstellender Lebenswandel die Früchte dieses Geistes. So ist es leicht
verständlich, daß Mangold III. den Wünschen des Abtes gerne entgegenkam, den Bau
eines neuen Gotteshauses in Angriff nahm und sich auch sonst als recht freigebig
erwies. Papst Innozenz II. wollte sich dem Kloster ebenfalls erkenntlich zeigen und
bestätigte 1136 die Bulle des Papstes Leo IX. durch eine eigene Bulle; diese besagte, daß
das Kloster Heilig Kreuz nicht nur unter dem unmittelbaren Schutz des Apostolischen
Stuhles stehen und freie Wahl der Advokaten und Äbte haben solle, sondern auch die
Kreuzesreliquie in unveräußerlichem Besitz halten solle. Statt den von den Nonnen
einzusendenden Kirchengewändern wurde die jährliche Abgabe eines Goldguldens an
die päpstliche Kammer beordert. Von allen Seiten also erfuhr Abt Dietrich Anerkennung für sein Wirken.[40]

Unter Abt Eberhard (1179–1196) mußte nach dem Aussterben der Mangolde ein neuer
Schutzherr gewählt werden. Laut Königsdorfer brachten es die Umstände mit sich, daß
dem Hohenstaufer Heinrich VI. die Advokatie übertragen wurde, der, sei es als römi-
scher Kaiser oder als Herzog von Schwaben, ohnehin Werd in seinen Besitz genommen
und es, ausgestattet mit dem Stadtrecht, zu Schwäbischwerd gemacht hatte. Das
Kloster selbst erlebte im 12. Jahrhundert eine glänzende Blütezeit; die geistige Frische
und der Unternehmungsgeist, die mit Dietrich aus St. Blasien in das Kloster zu Werd
gelangt waren, beflügelten auch seine Nachfolger. Am 14. April 1187 weihten die
Bischöfe Udalschalk von Augsburg und Hermann von Münster die Klosterkirche ein.
Nachdem dank der Stifter und anderer Wohltäter die wirtschaftliche Unabhängigkeit
des Klosters garantiert war, konnten die Benediktiner Ende des 12. Jahrhunderts auf
einen überragenden Aufschwung zurückblicken.[41]

Anfang des 13. Jahrhunderts muß die Klosterzucht merklich nachgelassen haben, ver-
mutlich ausgelöst durch die Zerrüttungen, die durch den Bürgerkrieg der Gegenkönige
Philipp von Schwaben und Otto IV. aufgetreten waren, vielleicht aber auch bewirkt
durch zu großen Wohlstand. Der Chronist erklärt es nämlich als Strafe Gottes, daß
Kloster und Kirche 1212 Opfer einer heftigen Feuersbrunst wurden und bis auf die
Hofstätte abbrannten. Unterstützt durch vielzählige Wohltäter konnte bald nach dem
Unglück ein neuer Kloster- und Kirchenbau begonnen und vorangetrieben werden, so
daß noch unter Abt Heinrich, der im Jahre 1221 starb, die Einweihung der Kirche

gefeiert wurde. Während unter Heinrichs Nachfolger Abt Konrad I. (1222–1235) die Bauarbeiten ihr Ende nahmen, wuchsen das Stift und die Stadt Schwäbischwerd in großer Pracht und Schönheit empor; wie eine Urkunde aus dieser Zeit zeigt, lassen sich im Kloster sogar Spuren einer öffentlichen lateinischen Schule finden.[42]

Auch von außen erhielt das Benediktinerstift Absicherung: In einer Urkunde vom 24. Mai 1232 erklärte der Stauferkönig Heinrich VII. als ausdrücklichen Willen seiner Vorfahren, daß die Vogtei von Heilig Kreuz für immer beim Reich bleibe; dem Kloster sei aber die Freiheit eingeräumt, mit der wirklichen Ausübung des Schutzes jeden beliebigen Reichsbeamten zu betrauen.[43]

Unter Abt Friedrich (1253–1272) wurde Werd, das in den Pfandbesitz des Bayernherzogs Ludwig II., genannt der Strenge, gelangt war, Schauplatz eines schrecklichen Ereignisses. Herzog Ludwig der Strenge — seit dem 2. August 1254 mit Maria, Tochter des Herzogs Heinrich II. von Brabant, vermählt — zog im Herbst des darauffolgenden Jahres dringender Geschäfte wegen an den Rhein, während seine junge Gemahlin auf Mangoldstein blieb. Am herzoglichen Hofe scheint zu jener Zeit böses Spiel gegen Maria von Brabant betrieben worden zu sein, und möglicherweise absichtlich wurden zwei Briefe vertauscht, die Maria an ihren Gatten und an den Rauhgrafen von Peilstein geschrieben hatte. Jedenfalls müssen einige Mißverständnisse Ludwig in eifersüchtigen Wahn getrieben haben, so daß er unverzüglich zur Burg Mangoldstein zurückeilte. Dort ließ er in der Nacht vom 17. auf den 18. Januar 1256, blind vor Raserei, seine Gattin enthaupten und ihr Hoffräulein Heilka (Helika) aus der Burg in die Tiefe stürzen. Ludwig muß allerdings schnell die Unschuld seiner Gemahlin erkannt und seine voreilige Tat bereut haben. Noch in der gleichen Nacht nämlich ordnete er an, die beiden Toten in das Kloster Heilig Kreuz zu bringen, und am nächsten Morgen richtete er ein feierliches Begräbnis aus. Maria von Brabant erhielt ihre Grabstätte im Kapitelhause des Klosters an der Seite der Klosterstifter. Herzog Ludwig der Strenge von Bayern stiftete zur Sühne Kloster Fürstenfeld und ließ Maria ein ehrenvolles Grabmal errichten, bedeckt mit dem brabantischen, dem bayerischen und dem pfälzischen Wappen. Die Herzogin erfuhr als Märtyrerin zunehmende Verehrung, und so kamen gegen Ende des 13. Jahrhunderts Scharen von Gläubigen, um beim Heiligen Kreuz und der edlen Märtyrerin zu beten.[44]

Im Jahre 1313 wurde Ulrich I. von Raitenbuch, der vorher Abt in Thierhaupten war, nach Heilig Kreuz berufen, um dort als neuer Abt die Geschicke des Klosters zu lenken. Ulrich leitete eine wirtschaftliche und kulturelle Blüte ein; er förderte mit besonderer Hingabe Schule und Studium in seinem Kloster und scheute keine Mühe, feinste Materialien herbeizuschaffen, damit seine Mitbrüder gelehrte und herausragende Werke abschreiben konnten. Durch diesen Eifer und Tatendrang entwickelte sich eine der reichsten Bibliotheken des 14. Jahrhunderts. Neben seinen wissenschaftlichen Tätigkeiten fand Ulrich bis zu seinem Tode im Jahre 1333 die finanziellen Mittel, der Feier des Gottesdienstes einen würdigen Rahmen zu verleihen und alte Schulden zu tilgen. Zudem war es ihm möglich, eine beträchtliche Summe für den Erwerb neuer Güter zu verwenden. Das Kloster Heilig Kreuz konnte seine Besitzungen stetig vermehren, und so gelang es sogar bis zum Jahre 1365 unter Abt Ulrich II. (1347–1369), das ganze Dorf Donaumünster mit dem Patronatsrecht der dortigen Pfarrkirche in Besitz zu bekommen. Im Jahre 1365 erfolgte der Umbau der Heilig-Kreuz-Kirche im gotischen Stil, wie sie sich im wesentlichen bis zur Barockzeit erhalten hat.[45] Auch Schwäbischwerd, bei dessen Eroberung im Jahre 1301 durch die Truppen König Albrechts I., dem Sohn des Habsburger Stammvaters König Rudolf, Burg Mangoldstein zerstört worden war,[46] erfreute sich – wieder beim Reiche – wachsenden Wohlstands. Obwohl das Kloster sicherlich Anteil an dem Gedeihen der Stadt hatte, mußte es sich doch in acht nehmen, daß die besonders seit seiner Einschließung in die Stadtmauer steigenden Rechte und Freiheiten der Stadt nicht zum Nachteil der Benediktiner mißbraucht wurden. Abt Ulrich II. ließ sich aus diesem Grunde von Kaiser Karl IV. alle alten und neuen Privilegien, Rechte und Besitzungen bestätigen, und sein Nachfolger, Abt Albert (1369–1376), erwirkte 1371 ein diesbezügliches Breve von Papst Gregor XI. Bei Streitereien um die Landgüter zu Lederstatt, während derer sich die Stadt gar zu anmaßend zeigte, stellte sich Kaiser Karl 1372 auf die Seite des Klosters, ein Entscheid, dem der kaiserliche Land- und Reichsvogt zu Werd, der zugleich im Namen Kaiser Karls Schirmherr des Klosters war, Vorschub leistete. Die kaiserliche Schirmherrschaft für Heilig Kreuz fand allerdings ihren Abschluß, als Schwäbischwerd im Jahre 1376 von dem ständig von Geldsorgen geplagten Kaiser Karl IV. an die Herzöge von Bayern verpfändet wurde.[47] Abt Wilhelm (1376–1382), der nächste Vorsteher des Klosters, durfte sich während seiner Amtszeit keineswegs von den Zeitumständen begünstigt fühlen: Wetterschläge, Regengüsse, Verwüstungen der Felder und Brände, alles wirkte zusammen, um die guten Absichten Wilhelms, dem es weder an Kenntnissen in der Haushaltung noch an einem religiösen Charakter gemangelt hatte, in ein Nichts aufzulösen. Kaum besser erging es seinem Nachfolger Abt Ulrich III. (1383–1400), dessen Wahl zum Abt im Jahre 1383 zu einer Zeit erfolgte, als sich die im Reiche herrschenden Verwirrungen und Zerrüttungen bis nach Schwäbischwerd ausbreiteten. Der Chronist des Klosters berichtet, daß Werd 1387 in einen Abgrund großer Not gestürzt sei, heimgesucht durch Brände, Plünderei, Elend und Not. Herzog Stephan III. war zwar der Stadt und dem Kloster wohl gesonnen, aber auch er konnte letztendlich die Unruhe und Unsicherheit, die unter dem schwachen Kaiser Wenzel überall im Reiche um sich griff, nicht auslöschen. In erster Linie wohl dadurch entmutigt hat Abt Ulrich III. im Jahre 1400 die Abtei freiwillig niedergelegt.[48]

Er wurde ersetzt durch Abt Johannes Hager (1400–1425), welcher bald nach seinem Amtsantritt durch ein anderes Ereignis gefordert war: 1401 nämlich stürzte der rückwärtige Teil der Kirche ein, und der neue Prälat mußte die Wiederherstellung vornehmen lassen. Nach 1366, dem Jahr des Umbaus unter Abt Ulrich II., fand nun also die zweite umfangreiche Bautätigkeit innerhalb einer doch relativ kurzen Zeitspanne statt, an deren Ende sich das Kloster aber in strahlender Schönheit präsentierte.[49] Am 19. Mai 1404, zwei Jahre nach dem zweiten Raubversuch des Kreuzpartikels, erhielt Abt Johannes von König Ruprecht für das Kloster Heilig Kreuz einen umfassenden Schirm- und Freiheitsbrief[50], der alle Besitzungen, Rechte und Privilegien des Klosters bestätigte und Heilig Kreuz in den unmittelbaren kaiserlichen Schutz nahm; verbunden damit war die Zusicherung, daß ein Advokat frei wählbar sei, Vogtei und Gerichtsbarkeit über alle Leute der Güter des Klosters unabhängig gehandhabt werden dürfe, im Dorfe Donaumünster sogar die Blutgerichtsbarkeit ausgeübt werden könne. Ferner sollte überall freier An- und Einkauf und volle Zollfreiheit gewährt werden. Abgesichert durch diesen Gnadenbrief war es Abt Johannes möglich, sich unbeschwert um sein tief gesunkenes Hauswesen zu bemühen. Er nahm am Konzil von Konstanz (1414–1418) teil, verstand es, das Wohlwollen König Sigismunds zu gewinnen und erreichte, daß der spätere Kaiser 1418 bei der Rückreise vom Konzil zehn Tage in Heilig Kreuz Station machte und zum Kreuze betete.[51]

Während sich Schwäbischwerd mit Unterstützung des Kaisers nur mühsam von dem gewaltsamen Bayernherzog Ludwig im Bart, einem Sohn des edlen Herzogs Stephan,

*Epitaph der
Maria von Brabant.
Kupferstich aus:
Monumenta Boica XV.
München 1795*

23

lossagen konnte und 1435 Aufnahme in den Städtebund fand, war im Kloster, das ebenfalls Schaden durch Ludwig im Bart erlitten hatte, die Zeit für eine Reform reif geworden. Bereits um das Jahr 1418 zogen zwei Mönche von Schwäbischwerd in das für seine Ordenszucht berühmte niederösterreichische Reformkloster Melk, und ihnen folgten weitere Mönche, die sich in Melk für einige Zeit als Gäste aufhielten und Verbindungen knüpften. 1425 aber resignierte Abt Johannes, wie Königsdorfer schreibt, aus gesundheitlichen Gründen, möglicherweise nahm ihn das politisch-kämpferische Geschehen in der Stadt zu sehr mit. Sein Nachfolger, Abt Johannes II. Sulzer (1425–1439), erhielt von König Sigismund für die Herstellung des Kreuzkäses einen Schutzbrief, wodurch die wirtschaftliche Existenz des Klosters gesichert war. Das Verhältnis zu seinem Konvent aber war wenig ersprießlich: Des Abtes eigenwilliges und weltliches Benehmen gab Anlaß zu manchem Ärger, und so sah der Konvent den einzigen Ausweg in einer Beschwerde beim Baseler Konzil. Auf Anordnung des Konzils begaben sich fünf Mönche aus dem Kloster Melk nach Heilig Kreuz; ihre Reformbemühungen erwiesen sich jedoch als wertlos. Eine im Jahre 1435 vom Konzil angeordnete Klostervisitation durch den Abt von Gengenbach, den Prior von St. Benignus in Dijon und den Prior der Kartause Christgarten erreichte, daß Abt Johannes Sulzer drei Jahre in dem von Melk aus reformierten Schottenkloster Wien verbringen mußte. Da nach der Rückkehr des Abts keine Besserung seines Verhaltens eingetreten war, bewog ihn der Fürstbischof von Augsburg, Peter von Schaumburg, 1439 zum Abdanken. Sulzers Nachfolger war Abt Heinrich IV. Schmidlin (1439–1452). Er stammte aus St. Ägidien bei Nürnberg, wo die Reform von Kastl Einzug gehalten hatte; unter dem Wirken des neuen Prälaten konnte sich schließlich die Kastler Reform auch in Heilig Kreuz durchsetzen. Im Jahre 1440 sandte das Konzil von Basel wiederum Visitatoren in das Kloster zu Werd, und bald darauf trat Heilig Kreuz der Bursfelder Kongregation bei, die einen so bedeutenden Einfluß hatte, daß sich Fürstbischof Peter von Augsburg 1453 veranlaßt sah, von einer »heiligen Reformation« im Kloster Heilig Kreuz zu sprechen. Abt Heinrich IV. wurde 1452 auf die Verwendung Kaiser Friedrichs III. hin von Papst Nikolaus V. mit der Inful ausgezeichnet: Heinrich und seinen Nachfolgern war demnach der Gebrauch von Mitra, Ring und Stab, der übrigen Pontifikalkleidung und der damit verbundenen geistlichen Befugnisse gestattet.[52]

1445 war Heilig Kreuz, jederzeit für Abt und Konvent widerruflich, in den Schutz der Stadt aufgenommen worden, nachdem Reichspfleger Walter von Hürnheim, dem auch der Schirm des Klosters oblag, von seiner Stelle abgetreten war. Während dieses Verhältnis, das Leute und Besitz des Stadtgebietes einschloß, am 27. Mai 1463 durch Kaiser Friedrich III. urkundlich bestätigt wurde, übernahm Herzogin Margaretha von Bayern-Ingolstadt 1451 den Schirm für die auswärtigen Klostergüter, ausgenommen der Gebiete, die im Einzugsbereich des Herzogs Ludwig von Landshut lagen.[53]

Als Abt Konrad III. Megenwart (1457–1466) die Prälatur innehatte, erlebte das Kloster eine große Blütezeit, und der Abt konnte sogar im Jahre 1458 auf Verlangen des Bischofs von Augsburg seinen Prior Johann Heß mit noch fünf weiteren Mönchen nach St. Mang zu Füssen senden; dort wurde mit Johann Heß als Abt die klösterliche Zucht auf einen ruhmvollen Stand gebracht. Weitere Patres schickte Abt Konrad nach Plankstetten im Eichstätter Sprengel, wo das geistliche Leben ziemlich verfallen war. Indessen fiel Schwäbischwerd 1458 in den Besitz von Herzog Ludwig von Bayern, wurde 1459 wieder dem Reiche zurückgegeben und mußte 1462 bei kriegerischen Auseinandersetzungen als Sammelplatz für Militär aus Franken, Bayern und Schwaben herhalten; Graf Ulrich von Oettingen machte Heilig Kreuz zu seinem Hauptquartier und

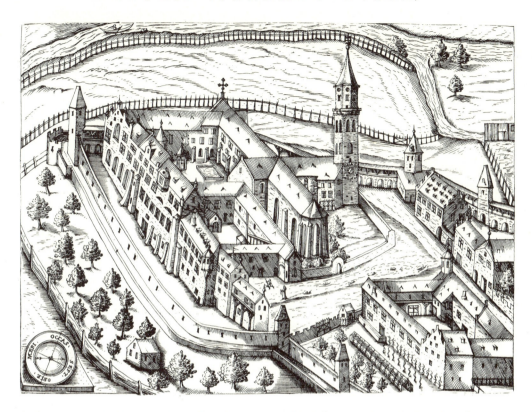

konnte, wenngleich er auch große Schonung für das Kloster walten ließ, nicht allen Schaden, besonders nicht finanziellen, von ihm abwenden. Abt Konrad trat freiwillig ab. Der nachfolgende Abt Johannes III. Ströler (1466–1486) zeichnete sich durch kluge Haushaltung und emsige Bautätigkeit aus; 1467 wurde er auf dem Kapitel der Bursfelder Kongregation zu Erfurt zum ersten Visitator der Benediktinerklöster des Augsburger Sprengels ernannt und stand auch bei Kaiser Friedrich III., der Heilig Kreuz mehrmals die Ehre seines Besuchs erwies, in hohem Ansehen. 1477 bestätigte der Kaiser dem Kloster – wie bereits im Jahre 1442 – mit großem Wohlwollen urkundlich alle Rechte und nahm es zum zweitenmal in seinen und seines Reiches besonderen Schutz; Heilig Kreuz stand also unter dem Schutz der Habsburger, und eigentlich wäre jetzt eine Zeit des Wohlstandes und Aufschwungs im Stift und in Schwäbischwerd zu erwarten gewesen. Doch Stadt und Kloster wurden in den Jahren 1481 bis 1483 schwer getroffen von Befehdungen, schrecklichen Naturereignissen, wie z. B. Hagelgewittern und Sturmwind, einer daraus resultierenden Hungersnot und der Pest.[54]

So waren einige Schicksalsschläge überstanden, als Bartholomäus Degenschmid im Jahre 1486 zum Abt gewählt wurde. Unter seiner Prälatur stand der Habsburger Kaiser Maximilian in enger Verbundenheit zu Heilig Kreuz, ja er entwickelte sogar eine besondere Vorliebe für das Kloster, weilte oft zu Gast und ließ sich in der Abtei eine eigene Wohnung einrichten, das Kaiserzimmer mit den angrenzenden Kammern und

Benediktiner-Kloster Heilig Kreuz im frühen 16. Jahrhundert. Kupferstich aus Karl Stengels Monasteriologia. Augsburg 1619

Kabinetten. Dem Gotteshaus schenkte er seltene Kostbarkeiten, und er zeigte sich überhaupt als sehr großzügig. Als sich der Kaiser 1494 mit Blanca Maria Sforza von Mailand vermählt hatte, wurde das Brautkleid auf ihren Wunsch in Pluviale und Meßgewand umgewandelt und als Geschenk der Kaisergemahlin nach Heilig Kreuz gebracht. Im Jahre 1500 erfuhr Maximilian während eines Aufenthalts im Kloster Heilig Kreuz von der Geburt seines Enkels, des späteren Kaisers Karl V.; auf diese Nachricht hin fand in Schwäbischwerd ein überschwengliches Fest statt. Das wundervollste Geschenk und Denkmal seiner Zuneigung und seiner Verehrung des heiligen Kreuzpartikels hinterließ der Kaiser mit der etwa 1,25 m hohen, aus vergoldetem Silber verfertigten Kaisermonstranz, die von dem Goldschmiedemeister Lukas in Schwäbischwerd bis zum Jahre 1513 geschaffen wurde und bis zur Säkularisation des Klosters dem Kreuzpartikel und seiner kostbaren Tafel als entsprechender Rahmen diente. Als Zugabe schenkte Maximilian einen Dorn, der von der Spottkrone Christi genommen worden sein soll. Dieser Dorn wurde unten mit Silber eingefaßt und in ein rundes Gläschen eingeschlossen; er sollte – so der Wunsch des Kaisers – zusammen mit der Kreuzesreliquie verehrt und in der Mitte der Monstranz über dem Kreuzpartikel angebracht werden.[55] Später habe er laut Überlieferung zur Karwoche Hunderte von Tropfen, ähnlich Blutstropfen, abgesondert. Obwohl Abt Bartholomäus also große Anerkennung von seiten des Kaisers und auch von seiten der Kirche erfahren hatte, besonders nachdem er einen entscheidenden Beitrag zur Reformierung des Klosters Neresheim geleistet hatte, muß er seine Strenge im Kloster Heilig Kreuz übertrieben haben; wie der Chronist zu erzählen weiß, hat der Abt einen Kapitularen dreizehn Jahre lang in der sogenannten Ölkammer eingesperrt. Durch die Reihen des Konvents ging wohl ein kleines Aufatmen, als Bartholomäus im Jahre 1517 starb.[56]

Seit etwa 1500 traten die Bischöfe von Augsburg als Advokaten des Stifts Heilig Kreuz auf. Es ist heute nicht mehr genau nachzuweisen, wann und auf welche Weise die Vogtei an das Hochstift Augsburg gelangt war.[57] Jedenfalls kam es im 16. Jahrhundert bei jeder Abtswahl von Heilig Kreuz zu schwerwiegenden Streitigkeiten zwischen Bischof und Stadt, weil der Magistrat seine Rechte innerhalb des Stadtgebietes geltend machte.[58]

Mit Bartholomäus hatte das Kloster, unterstützt vom Wohlwollen Kaiser Maximilians, einen Kulminationspunkt überschritten. Der neue Abt Franz Rehauer (1517–1519) wurde als großer Verschwender zwei Jahre nach Übernahme der Prälatur abgesetzt. Der Nachfolger Abt Johannes IV. Lener (1519–1523) starb vier Jahre später an körperlicher Gebrechlichkeit, und der 1523 erwählte Nikolaus Haider (1523–1527), der, wie man weiß, eine umfassende Ausbildung in Ingolstadt erhalten hatte, verstand es nicht, mit seinem Konvent ohne Zwistigkeiten zu leben. 1525 verließen acht Mönche aus Empörung über den unlauteren Lebenswandel ihres Prälaten heimlich das Stift und die Stadt. Auch nach ihrer Rückkehr und Aufnahme in Gnaden besserte sich der Lebensstil des Abtes nicht. Der Konvent erhob Klage beim Bischof von Augsburg, und infolge einer bischöflichen Visitation wurde Abt Nikolaus, nachdem ihm ein Fluchtversuch mißlungen war, im Jahre 1527 seines Amtes enthoben. Unter Abt Thomas Römer (1527–1550) befand sich Schwäbischwerd bereits mitten in der wirren Zeit der Glaubensspaltung, die auch von unserem Kloster nur unter großen Anstrengungen und vielfachen Verlusten und Leiden überwunden werden konnte.[59]

II Äbte und Konvent im 17. und 18. Jahrhundert

Im Benediktinerkloster Heilig Kreuz in Donauwörth waren Mönche zusammenge-schlossen, die nach der »Regula St. Benedicti« lebten. Der jeweils an der Spitze des Konvents stehende Abt lenkte die Geschicke des Klosters nach außen hin und übte auch im Inneren starken Einfluß auf seine Ordensgemeinschaft aus.

1 Prälaten

Die Prälaten prägten die Geschichte des Stifts entscheidend; vielen von ihnen muß größte Anerkennung für ihre Verdienste gezollt werden, einzelne erwiesen sich jedoch als weniger fähig, die Aufgaben eines Abtes zu erfüllen.

a) Darstellung der Charaktere

Beim Versuch der Typisierung eines Prälaten ist eine Betrachtung der Zeitereignisse, unter denen er leben mußte, unumgänglich. Denn oftmals sah sich ein Abt den schicksalhaften Einflüssen oder Kriegsnöten, die von außen auf ihn und seinen Konvent hereinströmten, einfach nicht gewachsen, und er mußte erkennen, daß er an die Grenzen seiner Möglichkeiten gestoßen war. Im Kloster Heilig Kreuz hatten die Äbte häufig schwer zu kämpfen; hart wurde ihnen zugesetzt in der schweren Zeit der Glaubensspaltung und in den Wirrnissen des Dreißigjährigen Krieges. Um so mehr ist die Leistung der Barockprälaten hervorzuheben, welche es als eiserne Naturen verstan-den, nach einer langen Durststrecke den Haushalt des Klosters wieder in Schwung zu bringen.
Noch im 16. Jahrhundert, zur Zeit der Glaubenskämpfe, mußte sich Abt Benedikt Glocker (1557–1581) damit auseinandersetzen, daß sein Kloster durch die Plünderung der Schmalkaldener schlimm verwüstet und die Anzahl der Konventualen auf vier und einen Laienbruder zurückgegangen war; die Abgaben an das Kloster waren auf ein Minimum geschwunden, und die Stadt bürdete den Mönchen immense Repressalien auf. Nicht besser erging es Abt Benedikts Nachfolgern Christoph Gering (1581–1602) und Leonhard Hörmann (1602–1621). Auf ihnen lastete der große Druck, in Schwä-bischwerd das letzte Bollwerk des Katholizismus zu sein, die tief eingreifenden Be-schränkungen des Magistrats erleben zu müssen und es doch nicht ganz mit der Stadt verderben zu wollen. Ihre Bemühungen richteten sich darauf, ihren Haushalt wieder zu stabilisieren, den Konvent zu vergrößern und Seelsorge und Religiosität langsam wie-der aufleben zu lassen. Im Kloster herrschte unumstritten der Geist der Gegenreforma-tion, aber gegenüber den Stadtherren zeigten sich die Äbte doch recht vorsichtig, ja

sogar ängstlich. Erst die jungen Konventualen, erzogen an der Dillinger Universität, leisteten energischen Widerstand, der mit dem Kreuz- und Fahnengefecht am Markustag 1606 seinen Höhepunkt fand. Den Bittgang, auf den dieses Gefecht folgte, führte Prior Beck an, Abt Leonhard litt just an diesem Tag an einer »Unpäßlichkeit«. Die Äbte zur Zeit der Gegenreformation waren keine mutigen Staturen, etwa kraftvoll auf ihre Rechte pochend, vielmehr taktierten sie vorsichtig und zurückhaltend, was jedoch verständlich wird, wenn man in Betracht zieht, daß die Anzahl der Katholiken in Schwäbischwerd auf eine winzige Minderheit zusammengeschrumpft war.[1]

Das Kreuz- und Fahnengefecht von Donauwörth läutete keine glücklichen Zeiten ein, es war schon das Vorspiel des Dreißigjährigen Krieges, dessen Schrecken und Wüten im Jahre 1632 zunächst in der Person Gustav Adolfs von Schweden auch in die kleine Donaustadt vordrang. In diesen stürmischen Zeiten, die das Kloster Heilig Kreuz schwer belasteten, konnte die Prälatur der Äbte Konrad V. Ezel (1631–1644), Johann Jakob Jäger (1644–1645)[2] und Lorenz Wanner (1645–1648) unter keinem günstigen Stern stehen; Abt Balthasar Schuster (1621–1631) hatte schon 1631 resigniert. Abt Konrad V. floh allein dreimal aus Angst vor dem Feind aus dem Kloster, Abt Johann gab nach einem Jahr auf, und Abt Laurentius verließ sein Kloster, als er sah, daß nur ein Pater bereit war zurückzubleiben. Diese Äbte scheinen von enormer Furcht und von allzu großer Sorge um sich selbst erfüllt gewesen zu sein. Allerdings ist ihre Angst berechtigt, schließlich haben gerade die Schweden zahlreiche Kirchen und Abteien niedergebrannt oder ausgeplündert, und fast jede Klosterchronik weiß von der bestialischen Ermordung einzelner Ordensleute zu berichten.[3] Den Prälaten von Heilig Kreuz, die in den Wirren des Dreißigjährigen Krieges die Abtei verwalteten, muß zugute gehalten werden, daß die Umstände ziemlich schwer auf ihnen lasteten. Das Kloster war in Schulden verstrickt, und im Konvent herrschte starke Verunsicherung, wenngleich 1632, als die Schweden die Stadt eroberten, einige Konventualen im Stift geblieben waren, um den drohenden Untergang abzuwenden; 1645 harrte bei einer erneuten Annäherung der Schweden nur noch Pater Roman aus. Hoch muß man Abt Konrad V. anrechnen, daß er, immer wieder neue Hoffnung schöpfend, in die Abtei zurückkehrte und sich nicht scheute, als »Bettler« für sein verarmtes Stift Almosen zu sammeln, um sie dem Kloster und seinen Untertanen zufließen zu lassen; unter seiner Prälatur versuchten die Benediktiner, wann immer es möglich war, die Kapuziner, welche Donauwörths Rekatholisierung in die Hand genommen hatten, zu unterstützen. Auch Abt Konrads Nachfolger Lorenz war noch einmal ins Kloster zurückgekommen, voll der Zuversicht, die tiefen Wunden, die der Dreißigjährige Krieg geschlagen hatte, heilen zu können; doch ihn ereilte alsbald der Tod.[4]

Bevor Heilig Kreuz seine hohe Blütezeit erleben durfte, mußte eine Zeit überstanden werden, in der sich die Nachwirkungen des Krieges zeigten: die große Verarmung des Stifts und der Mangel an Konventualen. Konrad VI. Schneid (1648–1651 und 1656 bis 1662) legte die Prälatur sogar zweimal nieder; durch die genannten Zustände mutlos geworden, sah er sich seinen Aufgaben einfach nicht mehr gewachsen. Ebenso fand Abt Martin Oefele (1651–1656) keinen Ausweg mehr aus der Misere der Haushaltung und der zusätzlichen Angriffe von seiten des Hochstifts; und so entschloß er sich, sein Amt aufzugeben. Abt Roman Lindemayr (1662–1669) trat ohne Rücksicht auf seine Gelübde sogar aus dem Kloster aus. All diese Äbte glichen noch nicht jenen altbayerischen

Die Wappen der Äbte und des Klosters von Heilig Kreuz, aus: Eduard Zimmermann, Bayerische Klosterheraldik, München 1930

Donauwörth Heilig-Kreuz.

1508

Kreuz-Partikel
(1452)

Mangold v. Werd.
(1581)

Johann Hager. 1400–1425

Johann Sulzer. 1425–1439

Heinrich Schmidlin. 1439–1457

Conrad Wegenwerth 1457–1466

Johann Streller. 1466–1486

Bartolom. Teggenschmid. 1486–1517

1691

Franz Reauer. 1517–1519

Johann Renner. 1519–1523

Nicolaus Hayder. 1523–1527

Thomas Römer. 1527–1550

Stephan Leutz. 1551–1557

Benedikt Klocker. 1557–1581

Christoph Gerung. 1581–1602

Leonhard Hoermann 1602–1621

Balthasar Gutor. 1621–1630

Conrad Etzel. 1631–1644

Lorenz Wanner. 1645–1648

Conrad Schneid 1648–51; 1656–61

Martin Oefele. 1651–1656

Roman Lindemayr 1663–1669

Andreas Hausmann. 1669–1688

Gregor Roettinger. 1688–1691

Amand Roels. 1691–1748

Coelestin Hegenauer. 1748–1776

Gallus Hammerl. 1776–1793

Coelestin Königsdorfer. 1794–1863

Prälatennaturen, die als knauserige Haushälter und tüchtige Wirtschafter bald wieder Kapital in den Händen hatten;[5] allesamt waren sie zu wenig energisch und gefestigt und gaben vorschnell auf.[6]

Es sollten jedoch auch wieder glückliche Zeiten im Kloster Heilig Kreuz einkehren. Abt Andreas Hausmann (1669–1688) war der erste Lichtblick seit langem. Tatkräftig verstand er es, die Renten zu erhöhen, die Schulden von Jahr zu Jahr zu vermindern und dem religiösen und geistigen Leben neues Ansehen zu verleihen. Sein Nachfolger Gregor Röttinger (1688–1691) hatte es sich zwar zur Aufgabe gemacht, diese Bemühungen fortzusetzen, sah sich aber, von Wankelmut und Melancholie ergriffen, im Jahre 1719 gezwungen, die Prälatur niederzulegen.

Nun folgte ein Abt, durch und durch eine Barocknatur, Amandus Röls (1691–1748), der »Zweite Stifter« des Klosters Heilig Kreuz, der diesem zu einem grandiosen Aufschwung verhalf. Er war tatkräftig, gebildet, geschäftstüchtig, verstand es, die Liebe seiner Zöglinge und der Bevölkerung zu gewinnen und hatte vor allem ein festes Gottvertrauen. Selbst zwei Erbfolgekriege, die Donauwörth berührten, konnten ihn nicht erschüttern. Da über Abt Amandus noch gesondert berichtet werden soll, mag dies einstweilen über ihn genügen.[7]

Natürlich mußte es der Nachfolger eines solchen Prälaten schwer haben. Abt Cölestin I. (1748–1776) hatte schon zu Beginn seiner Amtszeit gegen großes Mißtrauen im Konvent anzukämpfen, als ihn eine schwere, langjährige Krankheit befiel, war er zu schwach und gebrechlich, um ordnend in das Leben seiner Mönche eingreifen zu können. Unter dem nächsten Abt, Gallus Hammerl (1776–1793), stieß die Aufklärung in die Benediktinerabtei vor. Zu seiner Zeit durfte das Kloster eine großartige kulturelle Hochblüte erleben. Der liberal gesinnte Gallus zeigte sich dem Neuen gegenüber aufgeschlossen, liebte die Abwechslung von Jagden, Reisen und Spielen und war ein Abt, der durchaus der Zeit der Aufklärung angepaßt war. Seine Prälatur erlebte aber auch eine dunkle Stunde: im Dorf Donaumünster, wo Heilig Kreuz die hohe Gerichtsbarkeit hatte, wurde die Hirtin von Zusum zum Tode durch das Schwert verurteilt, nachdem sie ihre beiden Kinder ertränkt hatte.[8]

Abt Cölestin II. Königsdorfer, der 1793 die Abtei übernahm, traf das schwere Los, die Aufhebung des Klosters miterleben zu müssen. Seine Zeit und sein Schicksal sollen an anderer Stelle noch ausführlich besprochen werden.

Bei allen Äbten ist auffallend, daß kein einziger es vernachlässigte, sich, soweit es die Möglichkeiten zuließen, um Gottesdienste, Seelsorge und Unterstützung der Armen zu kümmern. Auch die Gastfreundschaft wurde im Kloster ausgiebig gepflegt. Selbstverständlich standen den Prälaten des Barock bzw. des Spätbarock und der Aufklärung ganz andere Mittel zur Verfügung, diese Aufgaben zu erfüllen, als den früheren Prälaten, aber die Anstrengungen waren zu jeder Zeit bemerkenswert. Um die Anschaffung von Büchern und die Belebung der Wissenschaften waren die Äbte schon zur Zeit der Gegenreformation bemüht. Abt Balthasar schickte seine jungen Konventualen zu Studienzwecken an die Dillinger Universität, und so ergab sich, daß Martin Oefele der erste Abt von Heilig Kreuz war, der in Dillingen studiert hatte. Von dieser Zeit an übernahmen gebildete Männer die Prälatur; schon aufgrund ihrer höheren Ausbildung schienen sie dafür prädestiniert, das Kloster zu neuem Ansehen zu führen. So hatte z. B. Andreas Hausmann im Stift (Münster-)Schwarzach am Main seine philosophischen und theologischen Studien hinter sich gebracht. Amandus Röls weilte zu philosophischen und theologischen Studien in Ingolstadt. Im Kloster Heilig Kreuz absolvierte Amandus' Nachfolger, Abt Cölestin I. Hegenauer, seine niederen Studien, die höheren betrieb er in Ingolstadt. Ebenfalls in Heilig Kreuz begann Gallus Hammerl seine Ausbildung und setzte sie anschließend in Neuburg an der Donau und Augsburg fort. Der letzte Abt von Heilig Kreuz, Cölestin II. Königsdorfer, studierte in Augsburg bei den Jesuiten von St. Salvator, wurde dann an die Universität Ingolstadt gesandt und erhielt 1791 sogar den Ruf an die Universität Salzburg, wo er als Professor der Mathematik und Physik wirkte.[9]

Über die Herkunft der Äbte im 17. und 18. Jahrhundert ist zu bemerken, daß allein sechs aus Donauwörth kamen, andere aus der näheren Umgebung, wie Bollstadt im Ries, Wemding, Wallerstein und Flotzheim, wenngleich sich auch Herkunftsorte wie Aichach, München, Erding, Schwandorf, Augsburg und die Gegend des Allgäus nachweisen lassen. Alle Prälaten prägten das Kloster Heilig Kreuz mehr oder weniger entscheidend und beeinflußten durch ihre hohe Stellung das Leben und Wirken der Konventualen des Benediktinerklosters.[10]

b) Abt Amandus Röls (1691–1748), Musterbild eines Barockprälaten

Amandus Röls wurde im Jahre 1662 in Schwandorf in der Oberpfalz (der damaligen Neuburger Pfalz) als jüngster Sohn eines Hufschmieds geboren und am 10. Juli 1663 auf den Namen Johann Leonhard getauft. Schon in jungen Jahren trat Röls in den Orden des heiligen Benedikt in Donauwörth ein; damit war der letzte der vier Gebrüder Röls in der Donaustadt angekommen; der Älteste, Johann Kasimir, wirkte bereits seit 1674 als Stadtpfarrer von Donauwörth. Am 15. Oktober 1680 legte Amandus seine Profeß ab und verbrachte danach sieben Jahre in Ingolstadt, um sich den philosophischen und theologischen Studien zu widmen. Seine Primiz feierte er am 29. September 1688, daran anschließend nahm er, in das Kloster zurückberufen, die Ämter des »Präses confraternitatis sancti Rosarii«, des Subpriors und des Ökonomen an. Am 19. Februar 1691 wurde Amandus Röls im Alter von 28 Jahren zum Abt des Klosters Heilig Kreuz gewählt; er war der jüngste Prälat, den die Benediktinerabtei jemals hatte.[11]

Kein Wunder, daß Schwandorf stolz war auf seine talentierten Söhne, denn nicht nur der jüngste »Rölsbub«, sondern auch Amandus' drei ältere Brüder stiegen zu hohen Ehren auf: Johann Kasimir Röls wurde Weihbischof zu Augsburg, der Zweitgeborene, Johann Georg, Bürgermeister in Donauwörth, und Johann Philipp Röls, der als Pater Rogerius dem Reichsstift Kaisheim angehörte, wurde im Jahre 1698 zum Reichsprälaten gewählt. Lange Zeit sollen sich die Bürger von Schwandorf die Anekdote erzählt haben, daß man den Vater bei einem Besuch seiner vier Söhne laut habe rufen hören: »Schmiedin, unsere Buben kommen.« Die Gebrüder Röls bewahrten ihren Eltern stets ein dankbares Andenken.[12]

Als Amandus die Prälatur übernahm, konnte er zu seiner klösterlichen Gemeinschaft nur sechs Priester und einen Laienbruder rechnen. Gleich von Beginn an setzte der junge Abt seine ganze Energie in das Bemühen um das innerklösterliche Leben und versuchte vor allem, die Religiosität und Ordenszucht im Kloster anzuheben, die Zahl der Konventualen zu vergrößern und seinen Geistlichen eine fundierte wissenschaftliche Bildung zu vermitteln. Bereits 1693 sandte er die ersten Ordenszöglinge in das für Disziplin und Gelehrsamkeit berühmte Stift Neresheim und holte sich von dort den Pater Gregor Schwicker als Prior nach Heilig Kreuz. Neben der Herstellung einer allgemeinen Ordnung kümmerte sich Amandus nicht weniger um die Einhaltung aller religiösen Pflichten; dabei soll er noch strenger gegen sich selbst als gegen seine

Konventualen gewesen sein, die er aber keineswegs lieblos behandelte. Um der Wissenschaft im Kloster zu einem Aufschwung zu verhelfen, engagierte er geeignete Lehrer für seine Klosterschule, erwarb kostbare Bücher und zögerte nicht, bedürftigen Schülern finanzielle Unterstützung zu gewähren. Seine Geistlichen schickte er an Klöster und Universitäten von hoher wissenschaftlicher Bedeutung, bald nach Ottobeuren, Kaisheim und Neresheim, bald an die Universitäten von Dillingen, Ingolstadt und Salzburg. Einer der Kapitularen, Maurus Baumharter nämlich, später Prior von Heilig Kreuz, weilte sogar zu Studienzwecken in Rom. Zweiundvierzig von Amands geistlichen Söhnen legten unter seiner Prälatur das Ordenskleid an, und der Konvent von Heilig Kreuz erlangte im Jahre 1747 eine Mitgliederzahl von 23[13] Geistlichen.[14]

Abt Amandus gelang es nicht nur, die Liebe und das Vertrauen seiner Konventualen zu gewinnen, sondern er stand auch hoch im Kurs bei kirchlichen Würdenträgern und anderen bedeutenden Persönlichkeiten und brachte es dazu noch fertig, die Herzen des einfachen Volkes zu erobern. Eine gesamte Benediktinerkongregation unter dem Titel »des heiligen Geistes« erwies ihm die Ehre als ihrem würdigsten Präses, ehe er 1740 ohne genau ersichtliche Gründe mit seinem Kloster daraus austrat.[15] Vom Fürstbischof zu Eichstätt wurde Abt Amandus 1721 zum Visitator des Klosters Plankstetten ernannt, Fürstbischof Joseph (von Hessen-Darmstadt) von Augsburg zollte ihm 1746 seine Anerkennung mit einem Besuch. Welch großes Ansehen der Prälat von Heilig Kreuz genoß, spiegelt sich auch darin wider, daß ihn selbst Personen von hohem Range oftmals in wichtigen Angelegenheiten um Rat und Beistand baten und ihn, sei es schriftlich oder mündlich, ihren »gnädigen Papa« nannten. Auch die Bürgerschaft von Donauwörth hing sehr an »ihrem Abt« und machte dies besonders deutlich, als Amandus sich 1704 mit den Kostbarkeiten des Klosters in die Festung Ingolstadt geflüchtet hatte, um den Feinden zu entgehen, die sich im Zuge des Spanischen Erbfolgekrieges Donauwörth näherten: Nach der Schlacht am Schellenberg am 2. Juli 1704 drängten die Bürger der Stadt die Konventualen mit inständigen Bitten dazu, den Abt schleunigst zurückzuholen, zumal einige ebenfalls geflüchtete Donauwörther, seinem Beispiel folgend, länger wegblieben als es für sie zulässig war. Natürlich gab Amandus diesem Wunsche gerne und mit großer Freude nach und folgte einer klösterlichen Abordnung am 24. Juli 1704 zurück nach Heilig Kreuz. Von da an wuchs das gegenseitige Vertrauen zwischen dem Abt und den Donauwörthern zusehends. Die Bürger hatten zum einen keinen geringen Anteil an den Bautätigkeiten des Abtes und erfuhren auch im Einzelfalle tatkräftige finanzielle Unterstützung, zum anderen hatte sich das katholische Volk zurückbesonnen auf seine Kirche und seine Geistlichkeit und bewies durch die sich stetig steigernde, barocke Frömmigkeit seine Anhänglichkeit an das Benediktinerkloster. Bei der Einweihung der neuen Klosterkirche im Jahre 1741 und dem zugleich gefeierten fünfzigjährigen Jubiläum der Prälatur Amands wurden, laut Königsdorfer, 13 000 Katholiken gefirmt.[16]

Nicht zuletzt konnte sich Abt Amandus durch eine geradezu beispielhafte Haushaltung auszeichnen, wobei er umsichtig und, wenn es nötig war, auch energisch und entschlossen agierte. Als der Prälat die Abtei mit ihren leeren Geldschränken übernahm, mußte er es sich gefallen lassen, daß auf der Stadtmauer postierte Bürger an seinem Wahltag öffentlich um ihre Bezahlung schrien. Klug jedoch wußte der Abt seine

5   *Kreuzpartikel und Kreuztafel von Heilig Kreuz in Donauwörth. Staurothek im Reliquiar.*
    Gruftkapelle bei Heilig Kreuz
6   *Abt Dietrich (um 1101-1155), erster Abt von Heilig Kreuz, unter dem das Kloster einen Aufschwung erlebte.*
    Aus der Äbtegalerie, um 1620

THEODORICVS ABBAS I.mᵤₛ QVEM Aᵒ. M.C.I. GEBHARDVS CONSTANTIENSIS ANTISTES
ROM.PONT. LEGATVS E D. BLASI COENOBIO EVOCATVM REGENDIS V. PATRIBVS ET VI.
CONVERSIS IMPOSVIT. HOC AVCTORE MONASTERII DOMICILIVM EDITA MONTIS VITO
MART. CEDENS, SIBI CRESCENDO IMAM RADICEM OCCVPAT. FIRMA ETIAMNVM SEDE
PRÆERAT ANN. I III. MEN. V. DIES X. HAVD OBSCVRA SANCTIMONIÆ FAMA.

Geschäfte zu tätigen; trotz zweier Erbfolgekriege nahm der Wohlstand des Klosters somit beständig zu. Schon 1692, nach einjähriger Amtsperiode Amands, konnte ein Gewinn von 188 Gulden verzeichnet werden, der 1694 auf 2600 Gulden angewachsen war und im Jahre 1702, ungeachtet der Ausgaben für den Klosterbau, 7421 Gulden betrug. Nach der Schlacht am Schellenberg im Jahre 1704 mußte der Abt einschneidende finanzielle Verluste in Kauf nehmen, 1709 konnte aber schon wieder ein Überschuß von 3159 Gulden verzeichnet werden, der trotz des Baus und der Ausstattung der festlichen Barockkirche bis zum Jahre 1739 auf 59 936 Gulden gestiegen war. Daß der Abt diese Gewinne nicht nur durch milde Freundlichkeit erreichte, versteht sich von selbst. In Reden und Schriftstücken, die von heftigen Worten gekennzeichnet waren, wußte er die Rechte seines Stifts zu verteidigen. Dies war um so mehr vonnöten, als gerade zu Amands Zeiten Heilig Kreuz durch zahlreiche Eingriffe, Ansprüche und bedrängende Geldforderungen zu einem beliebten Angriffspunkt wurde. Der Abt konnte durch umsichtige Wachsamkeit, entschlossenes Auftreten und nicht zuletzt durch seine Persönlichkeit selbst immer wieder Schaden abwenden. Als er nach siebenundfünfzigjähriger Prälatur am 11. September 1748 starb, hinterließ er dem 1691 noch völlig verarmt gewesenen Stift einen Reichtum von 100 000 Gulden.[17]

Im Jahre 1691, am Anfang der Regierung Amands, war das ganze Kloster baufällig; der Kirche und dem Ökonomiegebäude drohte der Einsturz. Bis zum Jahre 1700 hatte es der Prälat fertiggebracht, daß das Kloster – mit Ausnahme des noch gut erhaltenen Schlafhauses der Konventualen – völlig neu erbaut zu bewundern war. Im Jahre 1717 verwirklichte Abt Amandus seinen großen Traum, den Neubau der Klosterkirche. Durch seinen Bruder Rogerius, den Reichsprälaten von Kaisheim, ließ er den Grundstein zu der neuen Barockkirche legen. Nach drei Jahren hatte der Wessobrunner Baumeister Joseph Schmuzer sein großartiges Werk vollendet; danach wurden weitere berühmte Künstler zur Ausstattung und Verschönerung der Kirche herangezogen; Amandus scheute weder Aufwand noch Kosten. Nicht unerwähnt mögen hier Königsdorfers Worte bleiben: »Würde in der ganzen Anlage, zweckmäßige, weder gigantische noch puppenartige Größe, das Leichte und Feste zugleich in Säulen und Gewölben, das wohlthätige Freye im Raume und im Lichte, das genauste Verhältniß unter allen Theilen nach den richtigsten Regeln der Baukunst, alles zwingt dem Kenner seinen Beyfall ab, und charakterisirt den Urheber eines solchen Tempels selbst als einen vollendeten Mann.«[18] Als letzte bauliche Maßnahme ließ der Prälat 1747 den Kirchturm bis auf seinen unteren romanischen Teil abtragen und so errichten, wie er auch heute noch durch seine grazile Gefälligkeit das Donauwörther Stadtbild krönt. Den »Bauprälaten« Amandus aber jetzt als Verschwender anzusehen, wäre sicherlich falsch: Verschwendung und übertriebene Prachtliebe lagen ihm ferne. Seine Überzeugung war, daß der wahre und große Zweck der Abteien, nämlich Gemeinnützigkeit und Menschenheil, nur erreicht werden könne, wenn zuallererst das Hauswesen gesichert sei. Amandus Röls, der gebürtige Schwandorfer, war einer jener Bayern, die bei aller Liebe zu Kunst und Wissenschaft, bei aller Frömmigkeit, doch mit beiden Füßen fest auf dem Erdboden standen.[19] [20]

Der Tod des Abtes am 11. September 1748[21] bedeutete einen unvergleichlichen Verlust

---

7 *Herzog Ludwig der Strenge von Bayern und seine Gemahlin Maria von Brabant. Kopie eines älteren Gemäldes, von Wenzel Wirkner, 1896*
8 *Klosteransicht von Heilig Kreuz in Donauwörth in der Art des Benediktinerchronisten Gabriel Buzelin, um 1630, aus dem Archiv der Benediktiner-Reichsabtei Elchingen bei Ulm stammend. Dillingen, Studienbibliothek (XII 351)*

für das Kloster. Amandus hatte Ordnung in den Orden gebracht und trotz gelegentlicher Strenge die Zuneigung seiner Mönche, der hohen Geistlichkeit, angesehener Bürger und vor allem seiner Donauwörther gewonnen, und dies nach so manchen Jahrhunderten, in denen es zwischen Kloster und Stadt nicht immer zum allerbesten gestanden war. Mit großem Gottvertrauen hatte er auf wirtschaftlichem Gebiet glänzende Erfolge errungen und durch seine baulichen Tätigkeiten dem Benediktinerkloster zu einer einzigartigen Schönheit verholfen. Mit Recht wird er der »Zweite Gründer« des Klosters Heilig Kreuz genannt. Die Rotel berichtet treffend über diesen großen Abt: »Quidquid novitatis, quidquid splendoris et decoris in monasterio nostro invenitur, opus est Amandi; *alterius* Mangoldi *fundatoris* munifici – ... – *Supereminet omnes abbates* ....«[22]

2 Konvent

Zu den Konventualen des Benediktinerstifts Heilig Kreuz gehörten Männer von unterschiedlicher Herkunft, Bildung und Wesensart. Manch einer der Mönche zeichnete sich durch besondere Fähigkeiten aus, das Gros der Ordensgemeinschaft erfüllte jedoch seine Aufgaben und Pflichten im Sinne der Regula St. Benedicti im täglichen klösterlichen Leben, ohne jemals besondere Beachtung gefunden zu haben.

a) Erscheinungsbild, Ausbildung und Ämter der Konventualen unter
    Abt Amandus Röls

Die Kapitularen von Heilig Kreuz, die im Kloster nach der Regel des hl. Benedikt von Nursia lebten, mußten gemäß dieser Regel einen Abt wählen, welcher auf Lebenszeit der klösterlichen Familie als »Vater« vorstand. Die Ordensgemeinschaft setzte sich – neben dem Abt – aus Mönchen und einigen Laienbrüdern zusammen, wobei letztere als Sondergruppe ohne Mönchsweihe, ohne Verpflichtung zum Chorgebet und ohne Kapitelsrechte am klösterlichen Dasein Anteil hatte. Die Kleidung der Benediktinermönche bestand aus einer schwarzen Tunika mit einem »Cingulum« aus Leder oder Tuch, dem Skapulier, das mit einer Kapuze versehen war und der faltenreichen Kukulle (Flocke), die beim Chordienst angelegt wurde.[23]

Wie sehr die Mitgliederzahl des Konvents aufgrund der erbarmungslosen Härte der Kriegszeiten zusammengeschrumpft war, soll bei der späteren Beschreibung des religiösen Lebens geschildert werden; an dieser Stelle sei das Bild des Konvents dargestellt, wie es sich, in der Blütezeit des Barock und Spätbarock auf einen Höchststand gebracht, gegen Ende der langjährigen Prälatur des Abtes Amandus im Jahre 1747 zeigte.[24]

Aus der Zusammenstellung Pirmin Lindners und Johannes Trabers wird ersichtlich, daß in diesem Jahre dem Konvent 23 Kapitularen angehörten. Die Mönche stammten nicht selten aus Donauwörth selbst oder aus Orten von nicht allzu weiter Entfernung wie Höchstädt, Monheim, Oberndorf/Lech, Rain, Tagmersheim oder Wemding; es finden sich aber ebenso entferntere Herkunftsorte wie Augsburg, Dillingen, Dinkelsbühl, Eichstätt, Ingolstadt, Neuburg, Neumarkt, Welden in Schwaben oder sogar Wien. Fast durchwegs hatten die Konventualen eine fundierte Ausbildung erhalten, weshalb man sich von vornherein eine nutzbringende Tätigkeit im Kloster von ihnen erhoffen durfte.[25]

Der Prior des Klosters, Pater Maurus Baumharter, hatte in jungen Jahren Studien zu

Neuburg absolviert, ehe er nach seiner Profeß im Jahre 1712 von Abt Amandus für sechs Jahre zum Studium der Theologie nach Rom in das »Collegium Germanicum« geschickt wurde; Pater Maurus war das einzige Mitglied des Konvents, das in Rom wissenschaftlich unterwiesen worden war. Vom Subprior des Klosters, Amand Röls, einem Neffen des Abtes und Sohn des Bürgermeisters Johann Georg Röls, ist zwar keine Studientätigkeit bekannt, es ist aber fast anzunehmen, daß auch er, ein Sprößling eines der berühmten Röls-Brüder, einiges an Bildung erfahren haben dürfte. Der Senior des Klosters, Kasimir Waibl, hatte sich in Neuburg mit den »Humaniora« beschäftigt, ehe er zum Theologiestudium in Ingolstadt weilte.[26]

Von den Patres Aemilian Mayr, Willibald Beringer und Candidus Schwab wird keine wissenschaftliche Ausbildung berichtet, doch auch diese drei Mönche konnten im Benediktinerstift Verdienstvolles leisten und waren keinesfalls nur mit untergeordneten Aufgaben vertraut. Pater Aemilians Ämterlaufbahn reicht vom Kustos, Kellermeister, Subprior bis zum Spiritual, der damit beauftragt war, die geistliche Leitung und Obsorge der studierenden Religiosen zu übernehmen und die Zöglinge auf das klösterliche Leben vorzubereiten. Pater Willibald war hauptsächlich Provisor der Pfarrei-Filiale Gunzenheim, er begab sich also an Sonn- und Feiertagen dorthin, um den Gottesdienst zu feiern und sich um die Belange der Pfarrei-Mitglieder zu kümmern. Pater Candidus hingegen war »Subsacrista«, der Stellvertreter und Untergebene des »Sacristas«, dem die Altar- und Kirchengeräte anvertraut waren; von ihm muß besonders seine Volksnähe und Hilfsbereitschaft erwähnt werden, welche er durch unermüdliche Besuche bei den Kranken unter Beweis stellte, die an einer in Donauwörth grassierenden Epidemie litten.[27]

Pater Roman Rimmele, Klosterzögling von Heilig Kreuz, hatte in Dillingen Philosophie gehört, ehe er zur Zeit des Abtes Amandus die Aufgabe des »Granarius« übernahm, demnach also mit der Getreideversorgung beauftragt war. Pater Ernest Gratter, der Waldinspektor, hatte in Augsburg studiert, Pater Kolumban Sellinger in Bamberg; Pater Kolumban erhielt im Jahre 1747 die Ernennung zum Präses der »Bruderschaft zum Heiligen Rosenkranz« und zum klösterlichen Professor der Dogmatik. Nach Absolvierung seiner philosophischen Studien in Dillingen wurde Pater Ildephons Rimmele von Abt Amandus als Pfarrer in Mündling eingesetzt. Von Pater Korbinian Klee, dem Chorregenten von Heilig Kreuz, ist bekannt, daß er in Neuburg/Donau studiert hatte, während Pater Joseph Naderhirn seine Ausbildung in Eichstätt erfuhr.[28]

Der spätere Abt Cölestin I. Hegenauer war 1747 noch »Cellerarius«, hatte sich also um die Wirtschaftsverwaltung des Klosters zu kümmern; zugleich fungierte er als Sekretär des Abtes Amandus. Cölestin hatte – wie schon erwähnt – die niederen Studien in Heilig Kreuz, die höheren theologischen in Ingolstadt abgelegt.[29]

Mit dem einzigen Adeligen im Konvent, Pater Karl Freiherr von Hartmann, verbindet sich eine besondere Geschichte: Er war bei den Schotten zu Wien, bei den Jesuiten zu Dillingen und in Neuburg/Donau unterrichtet worden, widmete sich daraufhin den Rechtswissenschaften und arbeitete als kurfürstlich bayerischer Assessor, bevor er der Beamtenlaufbahn entsagte und ungefähr im Jahre 1742 in den Benediktinerorden in Donauwörth eintrat.[30]

Ein anderes Mitglied des Konvents, Pater Michael Krazer, absolvierte in Neuburg die »Humaniora«, hörte nach seiner Profeß Theologie in Ingolstadt und war 1747 »Sacrista«, mußte demnach für die Sakristei sowie für die Kirchen- und Altargeräte sorgen; diesem Amt sollten später noch eine ganze Reihe anderer folgen, angefangen vom Professor der Klosterzöglinge, über Kustos, »Granarius«, Präses der »Bruderschaft zum

Heiligen Rosenkranz« und Novizenmeister bis zum Professor der Moraltheologie, der Dogmatik und des kanonischen Rechts und zum Pfarrer von Mündling. Als weitere Patres seien genannt: Bernhard Schneid, der Professor der »Humaniora« für die Klosterzöglinge – er hatte in Augsburg studiert –, und Anselm Mayr, der 1747 noch kein Amt bekleidete, später aber als Kustos, Kellermeister, Ökonom und wiederum als Keller- und Küchenmeister eingesetzt wurde; seine Ausbildung hatte im Stifte St. Gallen ihren Anfang genommen und wurde teils in Dillingen, teils in Freising zum Abschluß gebracht.[31]

Bei den damaligen »Fratres clericales« des Ordens, welche nach ihrer im Jahre 1746 gefeierten Primiz zum Studium weggeschickt worden waren, fällt auf, daß Abt Amandus keinen besonderen Wert darauf legte, die jungen Konventualen zusammen an einen Studienort zu senden bzw. sie dort zu belassen. Benedikt Nezer tätigte seine Studien in Dillingen, Magnus Heisler in Augsburg und Edmund Eiselin widmete sich der Mathematik, Theologie und den Rechtswissenschaften in Dillingen und dann in Ingolstadt. Der Abt wollte ihnen wohl die Möglichkeit geben, auf eigenen Füßen zu stehen, was sicherlich im Hinblick auf verantwortungsvolle spätere Tätigkeiten im Kloster nicht von Nachteil gewesen sein dürfte. Von den »Fratres clericales« Placidus Hoser und Leonhard Kriegl und dem Frater Bonifaz Brugger ist kein Studium bekannt; während Kriegl und Brugger durch keinerlei besondere Tätigkeiten von sich reden machten, erreichte Hoser in späteren Jahren Anerkennung als Verfasser eines Nekrologiums von Heilig Kreuz und als vorzüglicher Musiker, wobei er es bis zum »Instruktor« der Klosterzöglinge brachte.[32]

Aus dem hier geschilderten Bild des Konvents wird ersichtlich, daß seit der Zeit der Gegenreformation, als die ersten jungen Konventualen aus Heilig Kreuz an der Universität Dillingen studiert hatten, die Anhebung des Bildungsgrades der Ordensmitglieder unermüdlich vorangetrieben wurde. Das Kloster stand unter Abt Amandus auf einem Glanzpunkt seiner Geschichte und strebte immer mehr einem kulturellen Höchststand zu, dessen volle Blüte sich unter Abt Gallus entfalten konnte.

b) Leben im Konvent

Ein im Archiv Wallerstein erhaltenes Visitationsdekret für Heilig Kreuz vom 29. Oktober 1664 benennt die wesentlichen Grundlagen des benediktinischen Zusammenlebens, die den Mönchen von Heilig Kreuz nach dem Dreißigjährigen Krieg neu eingeschärft werden mußten. In dem Dekret, das Paulus Weißenberger wiedergibt, heißt es, daß alle Mönche zu den kanonischen Tageszeiten beim Chorgebet und den übrigen gemeinschaftlichen Verpflichtungen wie der täglichen Konventmesse und dem gemeinsamen Tisch anwesend sein sollten. Die gegenseitige Liebe und Achtung sollte, nachdem sie im Dreißigjährigen Krieg stark gelitten hatte, durch Gottes Gnade aber wieder zurückgewonnen wurde, gefestigt werden. Den Konventualen wurde ans Herz gelegt, gewissenhaft die Befehle ihrer Oberen und die Regel des hl. Benedikt zu beachten; Eigenbesitz sollten sie meiden und nichts ohne Wissen der Oberen zurückbehalten. Unter Androhung schwerer Strafe erhielten die Mönche das Verbot, die Bürgerhäuser der Stadt oder außerhalb zu besuchen, es sei denn, sie besaßen die ausdrückliche Erlaubnis dazu. Nach der Komplet hatte niemand mehr zu sprechen oder die Zelle eines anderen Mönches zu betreten. Weiter waren private Zusammenkünfte oder gar Trinkgelage untersagt. Das Dekret berichtet uns zwar, daß 1664 unter Abt Roman

Lindemayr manche klösterliche Pflicht unzureichend befolgt wurde, aber nach den Wirrnissen des Dreißigjährigen Krieges trat auch im Kloster wieder eine langsame Normalisierung und Stabilisierung der Verhältnisse ein.[33]

Noch detaillierter und weitreichender sind die Bestimmungen eines Visitationsdekretes von 1669, das folglich auch einen besseren Einblick in das innerklösterliche Leben vermittelt. Zunächst einmal ist hier die Rede von einem »apostata«, einem entlaufenen Mönch, mit dem vielleicht auch der gerade im Jahre 1669 apostasierte Abt Roman Lindemayr[34] gemeint sein könnte. In dem Dekret wird gefordert, eine Aufstellung darüber anzufertigen, was der »apostata« mit sich genommen, veräußert oder verpfändet habe. Ferner sollte über die Schulden des Klosters ein genauer Rechenschaftsbericht aufgestellt werden, der ersichtlich machen mußte, zu welchen Ausgaben der Konvent der Abtei seine Zustimmung erteilt hatte. Zum Studium durften nur geeignete Mönche geschickt werden, soweit es die Finanzen erlaubten. Im Kloster sollte bei Tisch immer eine Lesung stattfinden, es sei denn, ein höherer Gast wünschte die Möglichkeit einer Unterhaltung mit seinen Gastgebern. Diese Anordnung setzte voraus, daß eine gute Bibliothek vorhanden war. Ausgänge in die Stadt hatte man tunlichst zu vermeiden und Zechereien inner- und außerhalb des Klosters waren den Konventualen strengstens untersagt; ausdrücklich wurde es einem Pater Placidus verboten, sich in andersgläubige Ortschaften zu begeben. Zur Intensivierung des religiösen Lebens sollten zwei ordentliche Beichtväter erwählt werden, zum Chordienst oder zur Konventmesse waren alle aufgefordert, sofern keine dringliche Aufgabe vorlag, und sie durften den Chor während der Messe nicht verlassen. Die Metten sollten um Mitternacht gehalten werden, und hierzu hatte sich, wenn möglich, auch der Prälat einzufinden. Dieser mitternächtliche Chordienst erhielt sich in vielen Benediktinerabteien bis in das 18. Jahrhundert hinein. Daneben wird durch die Bestimmung, Figuralmusik nur noch an Sonn- und Feiertagen aufzuführen und an Duplex- oder Semiduplextagen zum Choralgesang nur die Orgel zu benutzen, klar, daß schon bald nach den Schrecken des Dreißigjährigen Krieges die Musik im Kloster in hohem Kurse stand; hierbei war zweifelsohne auch die Mitwirkung der Mönche gefordert, sei es beim Spielen der Orgel oder bei der Aufführung des mehrstimmigen Gesangs, den ein Orchester feierlich umrahmte. Als nette und heitere Bestimmung erscheint der Befehl, unpassende und altmodische Bärte, die nach dem Dreißigjährigen Krieg in den Benediktinerklöstern anzutreffen waren, in geeignete Form zu bringen. Vermutlich empfand man die Schnurr- und Spitzbärte, die man gelegentlich auf Bildern von Äbten und Mönchen des 17. Jahrhunderts erblicken kann, als untragbar. Alles in allem vermittelt dieses Dekret von 1669 einige Aufschlüsse über das Leben im Konvent von Heilig Kreuz mit all seinen Schönheiten und kleinen Schwächen.[35]

Aus dem 18. Jahrhundert zur Zeit des Abtes Gallus Hammerl (1776–1793) ist eine Selbstbiographie des Franz Xaver Bronner erhalten, die hier, obwohl sie recht einseitig und manchmal etwas übertrieben ist, dennoch herangezogen werden soll; sie bietet nämlich einen Einblick in das klösterliche Leben, vermittelt dabei zwar kein vollständiges Bild, aber doch zahlreiche Eindrücke über das Dasein der Mönche. Bronner selbst verbrachte in Heilig Kreuz die Zeit seines Noviziats und einige Jahre als Mönch, ehe er sich im Jahre 1785 zur Flucht aus dem Kloster entschloß.

Beim Eintritt, so schildert Bronner, war ein Novize schon ganz am Anfang verpflichtet, sein Geld dem Novizenmeister auszuhändigen; fand er jedoch einen geneigten Mitbruder, so gab der Novize auf dessen Anraten dem Novizenmeister nur einen Teil der Barschaft und hatte somit Mittel zur Verfügung, um sich mit Kleinigkeiten zu versorgen. Bronner schreibt, in seiner Zelle nahe der Konventglocke habe er ein Bett mit wollenem Bettuch und einer Matratze, einen Tisch mit Schreibzeug, einen alten Kasten mit Schubladen, einen Betschemel nebst einem hölzernen Stuhle und Gemälde, die den hl. Benedikt und seine Schwester Scholastika darstellten, vorgefunden. Allerdings seien die Wände vom Rauch bräunlich gewesen und Unrat habe sich in den Spalten des Bodens gesammelt; nachts sollen sogar die Mäuse hervorgekommen sein. Trotzdem bedauerte Bronner sogar, daß die Zellen nur als Schlafkammern benutzt werden durften und sonst das gemeinschaftliche Noviziatszimmer als Aufenthaltsort vorgeschrieben war; er liebte nämlich die schöne Aussicht ins Freie, die sich von seinem Raum aus bot.[36]

Zunächst einmal wurde ein Novize bei seinem Eintritt zu geistlichen Exerzitien herangezogen, wobei ihn der Novizenmeister mit der Regel des hl. Benedikt vertraut machte und dann Unterricht im Brevierlesen gab. Es folgte der erste Frühchor, das Scheren der Haare, das Bronner als Umformung in einen Mönchskopf bezeichnet, und die feierliche Einkleidung. Der junge Novize fand nun seine Beschäftigung mit dem Erlernen des Katechismus, dem Erscheinen zum Chorgebet, dem Lesen von asketischen Werken, dem Beten des »Cursus Marianus« oder des Rosenkranzes und nicht zuletzt mit seiner täglichen Meditation in lateinischer Sprache. Durch Auskehren oder Wetterläuten im Sommer konnte er sich einen großen Krug hellen Bieres, den sogenannten »Trunk«, verdienen. Bronner berichtet weiter, daß der Novizenmeister jeden Sonntag einen Kommentar über die Ordensregel vorgelesen und eine Abrechnung der in der vorherigen Woche begangenen Fehler gehalten habe. Dabei mußten die Novizen »prosternieren«, d.h. – das Haupt mit der Kapuze bedeckt – vor dem Pater Magister niederfallen, bis dieser »surgite« rief und ihnen nach ihrem Abbeten der »Culpa« je nach Vergehen die Strafe verkündete. War ein Novize beispielsweise in den Gängen des Klosters ohne Kapuze angetroffen worden, so durfte er bei Tische keinen Wein trinken oder hatte auf Salat zu verzichten, bei größeren Fehlern wurde ihm befohlen, auf dem Boden sitzend oder am Tisch stehend zu essen. Wie es scheint, gönnte man den Novizen unter ihrem weltoffenen Abt Gallus auch einige Abwechslung, sei es durch einen kühlen Abendtrunk, sei es durch Spaziergänge im Klostergarten, durch gemeinsame Ausflüge oder einfach dadurch, daß nach kleineren Vergehen gerne ein Auge zugedrückt wurde. Wahrscheinlich nützten die angehenden Kapitularen diese Zugeständnisse aus, denn Bronner erwähnt heimliche nächtliche Zusammenkünfte im Kloster, während derer einige Mönche dem Wein ziemlich zusprachen.[37]

Nach einem Jahr war es soweit, daß die Novizen, die in Heilig Kreuz zur Zeit Bronners zu viert waren – darunter auch der spätere Abt Cölestin Königsdorfer – feierlich die Profeß ablegten, die drei Gelübde des Gehorsams, der Armut und der Keuschheit. Äußerlich verändert durch einen anderen Namen und das faltenreiche Chorkleid, die Flocke, wurden diese jungen Mönche nun zu Studien herangezogen, die im Jahre 1777 Pater Beda Mayr leitete; daneben durften sie aber auch das Chorgebet nicht vernachlässigen. Nachdem der Prälat in der Klosterkirche die »Ordines Minores« erteilt hatte und ein gewisser Bildungs- und Reifestand erreicht war, entsandte der Abt seine jungen Konventualen zu weiteren Studien an die Universitäten. Es folgten die Weihenstufen des Subdiakonats und Diakonats und schließlich Priesterweihe und Primiz; diese feierten die jungen Geistlichen in der Klosterkirche Heilig Kreuz.[38]

Nach Vollendung ihrer Studien wurden sie endgültig zurück an das Kloster gerufen, um dort ihre Aufgaben im Konvent zu erfüllen. Bronner berichtet, zu seiner Zeit habe eine Parteienbildung zwischen »Alten« und »Jungen« geherrscht. Der Machtkampf habe beispielsweise auch zur Folge gehabt, daß die Älteren ihr Chorgebet stets langsam verrichteten, während die Jüngeren immer etwas munterer beteten, wodurch sich ein regelrechter Stimmenkampf darbot. Der Autor liefert uns einen Einblick in den Tagesablauf der Kapitularen, welcher allerdings schon deshalb unvollständig ist, weil sich laut Benediktinerregel der Tagesablauf jeweils nach der Jahreszeit richtete,[39] besonders aber, weil Bronner nur vom frühen Morgen und vom Vormittag erzählt. Von 3 Uhr 30 bis 5 Uhr bestand die Pflicht des ersten Chorgangs; danach stand eine halbe Stunde zur freien Verfügung. Um 5 Uhr 30 wurde zur geistlichen Betrachtung geläutet, die bis 6 Uhr dauerte. Von 6 bis 6 Uhr 45 mußte im Chor die Prim gesungen werden. Danach hatte jeder bis 8 Uhr Muße, um seine Messe zu lesen oder ein Frühstück einzunehmen. Um 8 Uhr 30 begann wieder der Chor, wobei zuerst die Terz, im dann folgenden Hochamt meist ein Choralgesang zur Orgel und am Ende die Sext und Non gesungen wurde. Den Abschluß bildete die Gewissenserforschung, die jeder einzelne kniend und laut vornahm und mit der Lauretanischen Litanei beschloß. Kurz vor 10 Uhr endete der vormittägliche Chor und bis 11 Uhr blieb Zeit zur Arbeit. Hier beendet Bronner seine diesbezüglichen Ausführungen, so daß es unklar bleibt, zu welch bestimmten Stunden die Mönche ihre weiteren Gebete verrichten mußten, wann es beispielsweise Zeit zur Vesper und zur Komplet war. Aber auch aus dem unvollständigen Bericht Bronners geht hervor, wie ausgefüllt der Tag für die Ordensmitglieder war und wie eng bemessen einem tatkräftigen jungen Mönch die freie Zeit erscheinen mußte; daneben wird jedoch auch deutlich, daß in der zweiten Hälfte des 18. Jahrhunderts bei einigen Konventualen ein unbedingter Eifer für das Klosterleben nicht mehr vorhanden war, und wohl nicht nur Franz Xaver Bronner legte zu dieser Zeit eine große Aufgeschlossenheit für weltliche Belange an den Tag.[40]

III Geistlicher Charakter des Stifts

Der geistliche Charakter eines Stifts darf nie isoliert von den politischen Zeitumständen gesehen werden. Das Kloster Heilig Kreuz hatte vor allem in der Reformationszeit und während des Dreißigjährigen Krieges Schlimmes zu überwinden und schwere Erschütterungen zu überleben, aber nur so konnte es innerlich gefestigt seine Wirkungskraft neu entfalten und seine große Blüte in der Barockzeit erleben.

1 Religiöses Leben

Das Kloster Heilig Kreuz hat in seinem Glauben nie gewankt, es war sogar zeitweise der einzige Stützpunkt des Katholizismus in Donauwörth; bis aber der Geist der Gegenreformation voll wirksam werden konnte und die Abtei nach dem Dreißigjährigen Krieg innerlich gestärkt dastand, mußten viele Gewalttaten hingenommen werden.

a) Wirren und Leiden in der Reformationszeit

Als sich das Kloster aufgrund der Verschwendung der vorangegangenen Jahre in desolatem Zustand befand, sah sich Abt Thomas Römer (1527–1550) gezwungen, vom Magistrat Schwäbischwerds 1000 Gulden auszuleihen. Dadurch ihrem Gläubiger gebunden, ließen sich Abt und Konvent am 25. Februar 1530 dazu bewegen, das Patronatsrecht der Stadtpfarrei, des Benefiziums auf der Emporkirche und des Benefiziums in der St.-Leonhards-Kapelle für immer an Bürgermeister und Rat der Stadt abzutreten, ein Schritt, der sich noch als folgenschwer erweisen sollte.[1]
Zu dieser Zeit war der Stadtrat noch fest entschlossen, den katholischen Glauben aufrecht zu erhalten, aber ein Teil der Bürger zeigte schon Zuneigung zur Lehre Luthers, bestärkt durch protestantische Prediger aus Augsburg und durch einen jungen Priester, Andreas Hofmann, der als Hilfsprediger an der Stadtpfarrkirche durch versteckte Bemerkungen in seinen Predigten die Bevölkerung mehr und mehr für die neue Lehre gewinnen konnte. In der Bürgerschaft tauchte bereits der Plan auf, die Klosterstiftung von Heilig Kreuz solle eingezogen und den Zwecken der Stadt, angeblich für das städtische Spital, zugeführt werden. Man scheute sich nicht einmal, 1538 bei Bischof Christoph von Augsburg um Genehmigung zu bitten, natürlich erfolglos. Verhängnisvoll für das Stift war der von Kaiser Friedrich III. im Jahre 1463 ausgestellte Privilegienbrief, der der Stadt u. a. die Schirmherrschaft über Heilig Kreuz zusprach, welche zwar nie zur Wirkung kam, wohl aber offiziell zu Papiere stand.[2] Erst als König Ferdinand 1538, nachdem er Anton Fugger die Reichspflege anvertraut hatte, die Schwäbischwerder vor Übergriffen eindringlich warnte, entschloß sich der Rat, alle Pläne bezüglich

Heilig Kreuz »ad acta« zu legen und verkündete sogar, daß Anhänger des Protestantismus unverzüglich die Stadt zu verlassen hätten. Doch – offenbar wankelmütig geworden – berief derselbe Rat 1544 den Augsburger Protestanten Wolfgang Meußlin, einen Mann zwinglisch-straßburgischer Richtung, als Prediger an die Stadtpfarrkirche von Schwäbischwerd, in der in diesem Jahre noch der katholische Pfarrer Manser den Gottesdienst feierte. Selbst 1546, als schon seit einem Jahr der katholische Gottesdienst in der Stadtpfarrkirche abgeschafft war und die katholische Seelsorge nur noch von den Mönchen von Heilig Kreuz ausgeübt wurde, versicherte der Magistrat dem katholischen Kaiser Karl V. seine Treue. Zur gleichen Zeit rückten die Schmalkaldener, die Verfechter der protestantischen Bewegung, an der Donau vor, in der Absicht, sich auf eine kriegerische Auseinandersetzung mit dem Kaiser einzulassen. Trotz seiner offiziellen Treueerklärung für Karl V. und wohl wissend um das Herannahen der Schmalkaldener stand der Rat von Schwäbischwerd in Verhandlung mit den protestantischen Augsburgern, um sich auch nach dieser Seite hin abzusichern.[3]

Noch bevor ein Schutzbrief des Kaisers in der Stadt eintraf, der den kaiserlichen Beistand gegen die Neugläubigen zusicherte, begehrten am 20. Juli 1546 zwei zum Schmalkaldischen Bund gehörende Fähnlein-Knechte Einlaß in die Stadt, unter dem Vorwande, Schwäbischwerd gegen Widersacher verteidigen zu wollen. Nach Androhung von Gewalt und nachdem ein »Schirmbrief« der Schmalkaldener in die Stadt gelangt war, wurde ihnen schließlich durch das Rieder Tor Einlaß gewährt. Sogleich folgten ihnen Scharen schmalkaldischer Soldaten und stürzten in Richtung Kloster Heilig Kreuz, für das der Schmalkaldener »Schirmbrief« nicht galt. Dieser Trupp, dem sich das Stadtgesindel anschloß, stürmte das von Abt Thomas und seinem Konvent in größter Eile geräumte Kloster und plünderte es in grauenvoller Weise: Alles, was von Wert erschien, wurde aus Küche, Kellern, Zimmern, Zellen, aus Kirche, Kapellen und der Sakristei geraubt. Gotteshaus und Kloster boten ein entsetzliches Bild, und die wertvollen Stücke aus Bibliothek und Archiv schürten ein loderndes Feuer. Der Kreuzpartikel und die Monstranz überstanden unbeschadet und wohlverborgen bei katholischen Bürgern die katastrophale Verwüstung, bis nach drei Tagen, als die Vorräte für die Plünderer zur Neige gegangen waren, die Rückkehr der Mönche ins Kloster erfolgte.[4]

Am 9. Oktober 1546 wurde die Schmalkaldische Besatzung vom Kaiser aus der Stadt getrieben, und Karl V. nahm die Bewohner wieder in seine und des Reiches Gnade auf. Der katholische Kultus wurde erneut heimisch, da sowohl die Patres von Heilig Kreuz segensreich wirkten, als auch der vertriebene katholische Stadtpfarrer Manser zurückgeholt worden war. Die Protestanten wurden aus dem Rat geworfen, und danach akzeptierte dieser ohne Widerstreben das Interim in Glaubenssachen, das der Kaiser 1548 auf dem Reichstag zu Augsburg verlauten ließ. Als aber im Jahre 1552 Kurfürst Moritz von Sachsen und Markgraf Albrecht von Brandenburg-Kulmbach auf ihrem Kriegszug gegen den Kaiser für einige Tage in der Stadt weilten, wurde in Schwäbischwerd wiederum der Protestantismus eingeführt, das Interim außer Kraft gesetzt und der katholische Gottesdienst ganz abgeschafft, denn auch Heilig Kreuz, inzwischen als städtisches Eigentum angesehen, wurde von seinen Benediktinern verlassen. Nach Abzug des Kriegsvolks kehrten Abt Stephan und sein Konvent aber zurück und konnten, unbehelligt vom Rate, den Gottesdienst im Kloster und auch im Deutschordenshaus erneut aufnehmen. Bereits am 21. Oktober 1552 erklärte der unschlüssige Magistrat dem Kaiser das Festhalten am Interim, gestand der Stadtpfarrkirche wieder den katholischen Kultus zu, begründete dann aber wegen starken Widerstandes der protestantischen Religionsanhänger gegen die katholische Bevorzugung ein Simultaneum in der Stadtpfarrkirche; Katholiken und Protestanten waren somit nebeneinander im Gotteshaus zugelassen. Vier Jahre später, 1556, nahm dieses Simultaneum ein Ende, wobei die Kirche den Protestanten überlassen wurde. Nun waren die Katholiken ein weiteres Mal ganz auf Heilig Kreuz, die Bastion des katholischen Glaubens, angewiesen; die Mönche lebten zunächst in friedlichem Einvernehmen mit dem Rate der Stadt, zumal sich der im Jahre 1555 zwischen Lutheranern und Katholiken geschlossene Religionsfriede wirksam machte, gemäß dem beide Religionsparteien gleichberechtigt nebeneinander standen.[5]

Dennoch schien sich ein schleichendes Ende des Klosters anzudeuten: Abt Stephan Lenz nämlich, von 1551 bis 1557 Vorsteher des Klosters, war zwar ein sehr gelehrter Mann, der sogar am 21. Mai 1554 als »Subdelegatus« des Bischofs von Speyer die von Kardinal Otto Truchseß von Waldburg, Bischof von Augsburg, gegründete neue Universität in Dillingen eröffnen durfte und Visitator derselben war, aber er genügte seinen Pflichten als Abt weder in religiöser noch sittlicher Hinsicht. Seine Maxime hieß »Genießen«. Kirchliche Angelegenheiten waren ihm nicht sehr am Herzen gelegen, er trug nicht einmal Bedenken, für das Kloster nachteilige Geschäfte mit dem Magistrat einzugehen. Unter seiner Prälatur war die Zahl der Konventualen auf vier zusammengeschrumpft, die zusammen mit einem Laienbruder ein ebenso freizügiges Leben wie ihr Abt führten. Erst Stephans Nachfolger, Georg Glocker, der sich Abt Benedikt (1557–1581) nannte, begann sich um die Herstellung des noch von den Schmalkaldenern verwüsteten Klosters, um die Mehrung seiner Zöglinge und um die Ordnung der Einkünfte zu kümmern; dabei flehte er sogar Kaiser Ferdinand um Hilfe an, worauf dieser dem Abt von Heilig Kreuz, wie ehemals König Ruprecht und Kaiser Friedrich III., alle Rechte und Freiheiten des Stifts bestätigte und das Kloster in den kaiserlichen Schutz nahm. Jedoch auch Prälat Benedikt war weit entfernt von religiösem Fanatismus; vielmehr erwies er sich als prachtliebender, gutmütiger und gastfreundlicher Mann, der dem Nepotismus nicht abgeneigt war. Zwölf Jahre lebten die beiden Religionsparteien einträchtig in Schwäbischwerd zusammen, bis im Jahre 1567 zwischen Abt Benedikt und dem Rate über die niedere Gerichtsbarkeit Streitigkeiten ausbrachen, die noch einmal, allerdings sehr zum Nachteil des Klosters, beigelegt wurden. Doch dies stellte erst den Anfang einer langen Liste von Beschränkungen für Heilig Kreuz dar.[6]

b) Mühsames Ringen um die Gegenreformation

Die erste Anmaßung des Magistrats war das Verbot für den Konvent, Leichen von Katholiken auf städtischem Gebiet nach Heilig Kreuz zu begleiten; dies sollte nur noch dem Klosterpfarrer oder Kustos nebst zwei Mönchen gestattet sein; die übrigen Konventualen mußten bei der Veitskapelle warten, die die östliche Seite des Vierecks der Klostergebäude nach Süden abschloß und die Grenze des Gebietes von Heilig Kreuz zur Stadt hin bezeichnete. 1568 wurde den Mönchen untersagt, das heiligste Sakrament weiter als bis zu St. Veit feierlich zu Sterbenden zu bringen; der Mesner mußte von da ab das Licht unter seinen Mantel nehmen und durfte sein Glöcklein erst wieder an der Haustür des Schwerkranken läuten lassen. Im Jahre 1569 erteilte der Rat das Verbot, das Kreuz bei Begräbnissen voranzutragen, 1570 wurde lautes Singen und Beten sowie der Gebrauch von Lichtern, Trauerfackeln und Weihrauch eingeschränkt, und nur noch ein einziger Priester, dem es nicht einmal erlaubt war, seine Stola sichtbar zu tragen, durfte einem Toten das letzte Geleit geben.[7] Bald diese, bald jene katholische Zeremonie wurde unterdrückt. Über das Verbot der Anerkennung des Bischofs Marquard von Augsburg als Schirmherrn konnte sich der Abt hinwegsetzen, um so mehr, als der Habsburger-Kaiser Rudolph II. den Schwäbischwerdern am 24. Mai 1578 ausdrücklich das Schutzrecht über das Gotteshaus absprach.[8] Im gleichen Jahr bestimmte der Rat, zweifelsohne gegen Heilig Kreuz gerichtet, das Abendmahl nebst Taufen und Trauungen nur noch in der Stadtpfarrkirche stattfinden zu lassen. Letztendlich kam es so weit, daß die Katholiken ganz aus der Stadt beseitigt werden sollten; seit Ende des 16. Jahrhunderts fand kein Katholik mehr in Schwäbischwerd Aufnahme, und die Erteilung bürgerlicher Rechte und Ämter wurde vom Übertritt zum Luthertum abhängig gemacht. Zwar verhandelten die Bischöfe von Augsburg wegen der Verletzung des Religionsfriedens mit der Stadt, zwar nahmen die katholischen Stände auf dem Reichstag von 1594 die Bedrückungen der Schwäbischwerder Bürger in ihre Beschwerdeschrift auf, aber es kam trotzdem dazu, daß Anfang des 17. Jahrhunderts nur noch etwa zwanzig katholische Familien, meist arme Leute, in Schwäbischwerd wohnten.[9] [10]

Bei den Konventualen von Heilig Kreuz, deren Zahl unter Abt Benedikt auf sechzehn anstieg, gewann allmählich immer stärker der Geist der Restauration die Oberhand, der vor allem nach dem Konzil von Trient (1545–1563) durch das ganze Reich hindurch dem Katholizismus neues Leben schenkte. Unter den geistlichen Fürsten war Kardinal Otto Truchseß von Waldburg, von 1543 bis 1573 Bischof von Augsburg, eine treibende Kraft der Gegenreformation; er übergab die von ihm 1563 gestiftete Universität Dillingen den Jesuiten,[11] die als stärkste Stütze der katholischen Reformbestrebungen tragenden Einfluß auf das Benediktinerkloster Heilig Kreuz ausübten. Schon in den sechziger Jahren hatte Abt Benedikt die unter Abt Stephan abgeschafften Prozessionen in der Bittwoche und an anderen Festtagen wieder eingeführt. Im Jahre 1573 wurde erstmals ein Kreuzgang zum nahen fuggerischen Dorf Auchsesheim veranstaltet; er erfreute sich großen Zuspruchs bei den Katholiken aus Schwäbischwerd und den Nachbardörfern und fand von da an alljährlich statt. Die Prozessionsteilnehmer stellten in der Stadtregion von der Veitskapelle bis zum äußeren Donautor ihren Gesang und ihr lautes Gebet ein und zogen durch die Seitengassen der Stadt, wobei sie auf Befehl des Rates die Kreuzfahne zusammengerollt lassen mußten. Als sich im Jahre 1580 der Klosterpfarrer auf dem Weg zur Spendung des letzten Sakramentes für einen Sterbenden »erdreistete«, das Licht im Stadtgebiet voranzutragen und mit seinem Glöcklein zu läuten, erhob der Rat unverzüglich energischen Einspruch gegen diese »Anmaßung«. Die Beschwerden Bischof Marquards von Augsburg und der Mönche, die auf die Bestimmungen des Religionsfriedens pochten, waren zwecklos. In Heilig Kreuz muß sich zu dieser Zeit wohl infolge der vielen Repressalien eine merkwürdige Art von Melancholie unter Abt Benedikt und seinem Konvent entwickelt haben. Der Prälat resignierte entmutigt am 19. April 1581. Als sein Nachfolger Abt Christoph Gering (1581–1602) die Prälatur übernommen hatte, trat im Verhalten des Magistrats gegenüber dem Kloster eine plötzliche kurzzeitige Veränderung zum Positiven ein.[12] Der Magistrat war nicht nur bei Festlichkeiten und Trauungen im Kloster zugegen, sondern entließ auch den radikalen protestantischen Stadtpfarrer Wieland zusammen mit dem den Pfarrer unterstützenden Stadtarzt. 1591 durfte sogar der neu eingesetzte Bischof Heinrich von Augsburg als Schirmvogt im Kloster begrüßt werden. Dort versuchte Abt Christoph die Religiosität seiner Zöglinge durch Messen, Kapitelreden, geeignete Bücher und väterliche Zusprüche zu fördern und vor allem den jungen Kapitularen, die er zur Ausbildung an die Dillinger Universität sandte, einen gefestigten Glauben zu vermitteln.[13]

Im Jahre 1595 nahm der Rat die Feindseligkeiten gegen den Katholizismus wieder auf, in der Absicht, den alten Glauben in der Stadt »auszurotten« – und das zu einer Zeit, als im Reiche die Restaurationsbewegung zu großen Kräften gelangt war. Eine Beschwerdeschrift der katholischen Reichsstände aus dem Jahre 1594 mag zur Fortsetzung des Unwillens und der Anmaßungen gegen die Katholiken geführt haben, daneben aber sicher auch das Emporstreben des Sattlermeisters Georg Wurm aus Zirgesheim, der, 1595 zum Bürgermeister erwählt, zusammen mit dem machtstrebenden Stadtschreiber Georg Cuno in Schwäbischwerd seine Befehle unerbittlich durchsetzte und sich als energischer Gegner des Katholizismus erwies. Heilig Kreuz hingegen stand ganz im Zeichen der Gegenreformation, obwohl Abt Christoph selbst dann noch Freundschaft zum Rate pflegte, als bereits gewaltsam gegen die Katholiken vorgegangen wurde. Die jungen Konventualen, ausgebildet bei den Dillinger Jesuiten, waren von religiösem Eifer erfüllt, und die Repressalien des Rates weckten ihren Widerstand. 1598 fühlte sich der Kustos Georg Frick »durch sein Gewissen getrieben«, die öffentlichen Zeremonien wieder zur Ausübung zu bringen. Mit umgehängter Stola begleitete er einen Leichenzug, ließ vor einer Spendung des letzten Sakramentes Laternen herantragen und das Glöcklein läuten und außerdem in der Bittwoche die Fahne beim Kreuzgang nur vom oberen Ende des Marktes bis zum inneren Donautor senken. Trotz energischen Einspruchs des Rates wurde im Jahre 1600 noch einmal mit fliegender Fahne bis zum Pfleghaus nahe St. Veit marschiert. Die Kampfeslust der jungen Mönche schwand nicht; Zusammenstöße waren zu befürchten, sobald das gegenseitige Einvernehmen zwischen Abt und Rat gestört würde, was zwangsläufig beim Tod Abt Christophs im Jahre 1602 geschehen mußte.[14]

Gleich nach dem Tode Christophs brach der Streit des Klosters mit dem Magistrat über die Schirmherrschaft wieder auf. Schon im September 1601 hatte der Rat, wohl im Hinblick auf den nahenden Tod des Abtes, um Entscheidung beim Kammergericht angesucht; man war fest entschlossen, die Ansprüche der Stadt durchzusetzen. Wegen der beständigen Anmaßungen der Stadtoberen vorsichtig geworden, forderten die Patres von Heilig Kreuz sofort nach dem Hinscheiden ihres Abtes einen Bevollmächtigten des Bischofs Heinrich von Augsburg an. Der Rat schickte daraufhin Abgeordnete nach Heilig Kreuz, die gegen jeden Eingriff in das Recht der Stadt Verwahrung einlegen sollten; sie mußten aber schon die Klosterpforte gewaltsam aufbrechen, damit sie in der Abtei überhaupt Quartier nehmen konnten. Der Kaiser befahl auf Beschwerde Bischof Heinrichs die unverzügliche Räumung des Klosters; dagegen wagte der Magistrat keinen Widerspruch.[15]

Unmittelbar nach der Räumung wählten die Benediktiner den Prior Leonhard Hörmann (1602–1612) zum Abt. Dieser war ein Freund der Jesuiten, zog sie bei seiner Amtsführung als Ratgeber heran und regelte in ihrem Sinne sein Leben wie auch das seiner Konventualen mit straffer Zucht. Der städtischen Obrigkeit war er nicht nur durch seine religiöse Richtung, sondern auch durch die Umstände, unter denen seine Wahl erfolgte, ein Dorn im Auge. Wenn Abt Leonhard auch den direkten Kampf mit der Stadt nicht suchte, fühlte er sich doch keineswegs dazu getrieben, dem Eifer seiner Mönche allzu große Schranken zu setzen. So unternahm der Klosterpfarrer Pater Ulrich Lector im Dezember 1602 und im Februar 1604 den Versuch, Leichenzüge mit umgehängter Stola bzw. mit Lichtern zu begleiten, und im April 1603 flatterte beim Bittgang nach Auchsesheim die Fahne bis über St. Veit hinaus. Das Einschreiten städtischer

Beamter unterdrückte die Auflehnungsversuche der Patres von Heilig Kreuz keineswegs. In der Bittwoche des Jahres 1604 glückte es den Mönchen endlich, beim Kreuzgang nach Auchsesheim, den der Abt selbst begleitete, die Fahne bis zum Pfleghaus und dann wieder vom inneren Donautor ab wehen zu lassen. Wohl versuchte der Stadtammann abermals einzuschreiten, aber der schon ganz im Zeichen der Gegenreformation stehende Reichstag von 1603 und die Vorgänge in Kaufbeuren, wo die Protestanten vom Bischof von Augsburg und vom Herzog von Bayern zu großen Zugeständnissen an die Katholiken gezwungen worden waren, hatten ihre Wirkung auf die Schwäbischwerder Obrigkeit nicht ganz verfehlt, und man war zum Nachgeben bereit. Dadurch fühlten sich die Benediktiner noch mehr in ihrer Haltung bestärkt, zumal die Religiosität durch folgendes Wunder sprunghaft angestiegen war: Während Prior Beck vom Kloster Heilig Kreuz im Jahre 1603 in der Wallfahrtskirche zu Buggenhofen eine Messe las, konnte plötzlich ein seit sieben Jahren gelähmter Mann seine Glieder bewegen. Die Kunde von der Heilung verbreitete sich schnell, und als der Konvent am 15. Mai 1603 von Heilig Kreuz aus zur Feier dieses denkwürdigen Ereignisses nach Buggenhofen zog, wuchs die Zahl der Teilnehmer auf 1900 Personen an; die Menge begleitete die Mönche zurück nach Schwäbischwerd und zog sich großen Unmut beim Rat und den protestantischen Bürgern zu, weil sie laut singend und keck voranschreitend vom Kloster zur Deutschhauskapelle zog. Daraufhin beschloß der Rat aufs neue, den Katholizismus auszumerzen und allen Neuerungen entgegenzutreten; aber, wie schon angeführt, gelang trotzdem 1604 der Kreuzgang mit wehender Fahne, die hierbei nur vom Pfleghaus bis zum inneren Donautor gesenkt wurde.[16]

Eine große Dummheit begingen der Bürgermeister Wurm und sein Stadtrat im Zuge der Ereignisse des Jahres 1605: Georg Fugger, der Inhaber der Reichspflege, hatte in Schwäbischwerd nahe Heilig Kreuz ein Haus erworben; die Stadt betrachtete ihn als »Fremden«, und so bedurfte er laut Stadtratsbeschluß einer Genehmigung des Kaufes. Die städtischen Anführer, die Fugger nicht zu mächtig lassen werden wollten, sperrten das Haus, ein Handeln, das Schwäbischwerd noch teuer zu stehen kommen sollte. Empört wandte sich Fugger an den Prager Hof, erhielt dort das kaiserliche Bestätigungsschreiben für den Hauskauf und verklagte daraufhin die Stadt beim Reichshofrat. Der Kampf zwischen Fugger und der Stadt erfuhr nun auch eine Ausdehnung auf das religiöse Gebiet: Fugger verbot den Bürgern an Festtagen des nach der Bulle von Gregor XIII. neu eingeführten Kalenders, ihre Äcker in der Reichspflege zu bestellen; der Rat untersagte daraufhin Arbeiten und Fahrten durch die Stadt an lutherischen Festtagen. Zu allem Überflusse verbreitete sich beim Herannahen der Bittwoche des Jahres 1605 außerdem noch das Gerücht, daß die Mönche von Heilig Kreuz die Absicht hätten, mit fliegender Fahne durch die ganze Stadt zu ziehen. Der Stadtammann Augustin Schmid, der als Klostermetzger in Heilig Kreuz arbeitete, trat um so entschiedener auf, als er im Jahr zuvor beschuldigt worden war, es mit den Katholiken zu halten. Gleich hinter St. Veit, bei dem von Fugger erkauften Haus, schritt er am 16. Mai der vom Abte selbst angeführten Prozession entgegen und ordnete an, die Fahne niederzulegen. Nachdem Abt Leonhard schließlich die Anweisung erteilt hatte, sie an das Fugger-Haus zu lehnen, beauftragte Schmid daraufhin katholische Bürger, sie zurück an die Veitskapelle auf Klostergebiet zu tragen, um jeden Anschein einer Gewaltanwendung zu entkräften. Gerade ihre Auflehnung gegen den Zwang des Magistrats wollten die Mönche aber betonen, ließen deshalb nach ihrer Rückkehr vom Bittgang die Fahne an der Kapelle stehen und versäumten nicht, die Vorfälle dem Bischof Heinrich von Augsburg zu berichten, der als einer der eifrigsten Verfechter der Restauration in Prag gegen die Anmaßungen Schwäbischwerds Beschwerde einreichte. Auf diese Klage hin erhielt die Stadt am 18. Februar 1606 vom Prager Hof ein am 24. Oktober 1605 ausgestelltes Mandat zugesandt, in dem unter Androhung der Reichsacht befohlen wurde, die Mönche von Heilig Kreuz in keiner Weise mehr an ihrer Glaubensausübung zu hindern und etwaige Ansprüche gegen dieselben nur auf dem Rechtswege zu entscheiden und in dem daneben der Rat aufgefordert wurde, sich innerhalb von 36 Tagen wegen der Störung der Prozession zu rechtfertigen. Während man in der Stadt äußerst kurzsichtig war und nicht im entferntesten an eine solche Rechtfertigung dachte, im Gegenteil sogar erneut heftig gegen Prozessionen und Zeremonien von Heilig Kreuz wetterte, zeigten sich auch die Patres nicht untätig: Der predigende Mönch von Heilig Kreuz erklärte, der Konvent werde beim nächsten Bittgang mit fliegenden Fahnen durch die Stadt in das nahegelegene Auchsesheim ziehen.[17]

Der 25. April 1606, St.-Markus-Tag, der als Tag des Kreuz- und Fahnengefechts in die Geschichte eingehen sollte, begann damit, daß ein am 21. April vom Rat verfaßtes Warnungsschreiben in aller Frühe ins Kloster gebracht wurde; die Mönche jedoch waren entschlossen, dieses Mal keine Einschränkungen hinzunehmen, und so eröffnete Prior Beck mit vier anderen Konventualen den geplanten Bittgang, dem sich die Gräfin Fugger, Beamte des Klosters Heilig Kreuz und des Fuggerhauses und einige andere Männer und Frauen anschlossen, darunter der Notar Johann Schrall. Dieser hatte vom Abt den Auftrag erhalten, dem Kreuzgang mit verpflichteten Zeugen beizuwohnen und das Geschehen zu protokollieren. Abt Leonhard war an jenem Tage bettlägrig. Es ist auffällig, daß ein Notar beauftragt wurde, Abt Leonhard just am St.-Markus-Tag krank war und auch die älteren Mönche zu Hause blieben. Nach Stieves Meinung sind dies Indizien dafür, daß alles auf eine gewaltsame Auseinandersetzung gefaßt war, die Konventualen diese sogar erwünschten, um damit einen weiteren Grund für Klagen beim Kaiser zu haben. Der Bittgang sollte aber wohl nicht von vornherein in so schlechtem Lichte gesehen werden, eine gewaltsame Störung werden sich die Mönche nicht unbedingt gewünscht haben, sie hatten ja schon ein Mandat des Kaisers in Händen; sie wollten – so ist anzunehmen – nur trotzig auf ihre Rechte pochen, vielleicht sogar prüfen, wie weit sie diese Rechte durchsetzen konnten. Auch die Gräfin Fugger paßt bei einem Bittgang, bei dem ein gewaltsamer Kampf vorauszusehen war, überhaupt nicht ins Bild; sie wäre doch wohl von Prior Beck gewarnt worden.[18]

Mit fliegenden Fahnen und lautem Gesange bewegte sich der Zug jedenfalls den Markt hinunter durch die Stadt. Der Hinweg nach Auchsesheim gestaltete sich noch relativ ruhig, obwohl die Stimmung in Schwäbischwerd schon angeheizt war, dramatisch jedoch verlief der Rückweg. An den Palisaden zwischen dem inneren und äußeren Donautor wurde die Prozession von Stadtammann, Ratseiniger und acht bewaffneten Bürgern erwartet, und nur diejenigen erhielten die Erlaubnis, durch das Tor an den Palisaden einzutreten, welche ihren Wohnsitz in der Stadt nachweisen konnten. Als sich der Zug dem inneren Donautore näherte, warf sich ihm ein zusammengelaufener Volkshaufen entgegen, aus rohen Männern und Frauen bestehend, die mit Schaufeln, Spießen, Kolben, herbeigeholten Hopfenstangen und ähnlichem bewaffnet waren; mit wildem Geschrei wurden die Gläubigen aufgefordert, auf herkömmliche Weise weiterzuziehen, und als keine Gegenreaktion kam, schritt die Horde zum Angriff. Brutal und wild schlug sie auf die Prozessionsteilnehmer ein, rücksichtslos wurden Fahnen von Heilig Kreuz und vom Deutschordenshaus zerfetzt und ebenso die Kreuzfahne zerschlagen. Steine und Prügel flogen durch die Luft, seltsamerweise gab es kein Blutvergießen. Zelzer schreibt dazu: »Vielleicht waren die damaligen Schädel so hart, daß ihnen ein Hieb mit Stangen und Schaufeln nicht schadete.«[19] Bürgermeister Wurm zog sich langsam von seiner Aussichtsposition auf der Stadtmauer zurück, und die Prozession mußte sich – begleitet von höhnischem Gelächter – durch die kniehoch mit Schmutz und Mist verdreckten Gassen einen Weg bahnen. Dies war der Verlauf des »Kreuz- und Fahnengefechts«, das in Schwäbischwerd als ein Sieg des Protestantismus gefeiert wurde; es sollte aber noch schwerwiegende Folgen für die Stadt haben und sogar als Mitauslöser des Dreißigjährigen Krieges seinen Platz in der Weltgeschichte erhalten.[20]

Wertvolle Zeit blieb ungenutzt; manches wäre vielleicht noch zu retten gewesen, als Abt Leonhard trotz dieser Vorfälle die Ratsherren zum traditionellen »Laetare- oder Fastenküchleinessen« einlud. Die Antwort von Bürgermeister Wurm war jedoch eine flegelhafte Absage. Während der Rat der Stadt dann, doch etwas nachdenklich geworden, die Hilfe der benachbarten protestantischen Stände zu gewinnen suchte, beauftragte Kaiser Rudolf II. am 16. März 1607 den Herzog Maximilian von Bayern, die Katholiken in Schwäbischwerd zu schützen.[21] Herzog Maximilian sandte zwei Kommissäre, die allerdings kurzerhand aus der Stadt hinausgejagt wurden, und daraufhin konnte der Herzog schon am 26. April dem Kaiser von tumultartigen Zuständen in Schwäbischwerd berichten: böse Reden gegen Kaiser und Herzog, Verhinderung der Prozession von 1607, Bedrohung der bayerischen Kommissäre. Maximilian war zur Ausführung weiterer Befehle bereit, er hatte wohl schon längst ein Auge auf die Reichsstadt geworfen. Am 3. August verhängte der Kaiser über Schwäbischwerd die Acht, die am 12. November 1607 vom Dorfe Nordheim aus verkündet wurde. Zu dieser Zeit drohte dem Kloster Heilig Kreuz, Unsägliches an Hohn, Spott und Unterdrückung erleidend, schon fast der Untergang. Es herrschte Niedergeschlagenheit und Mutlosigkeit. Abt Leonhard, schon zum zweiten Mal geflüchtet, ließ sich sogar den heiligen Kreuzpartikel ins Kloster Kühbach bringen. Einige Konventualen waren ebenfalls einer Flucht nicht abgeneigt. Prior Beck berichtet in seiner Chronik, daß die Mönche bei den Bürgern sehr verhaßt waren, nicht einmal mehr allein zum Lesen der Messe in das Deutschordenshaus gehen oder zu einem Spaziergang vor die Stadt hinaus treten konnten, denn die Bevölkerung schrie bei ihrem Anblick und pfiff sie als »Judasse« aus.[22] In dieser bedrohlichen Situation richtete der edle und mutige Prior Beck die Wankenden auf und wurde auch vielen Schwäbischwerdern ein Wohltäter. Selbst die Väter der Stadt ersuchten ihn um Rat, als sie von der Angst einer Exekution geplagt wurden. Tatsächlich stand am 16. Dezember 1607 das bayerische Exekutions-Heer vor den Toren Schwäbischwerds und ließ sich, ohne daß es zu Gewalt kam, am folgenden Tag die Schlüssel der Stadt überreichen. Bis zur feierlichen Lossprechung von der Reichsacht am 23. Juli 1609 stand die Stadt unter bayerischer Besatzung, daraufhin wurde sie, gezwungen durch die hohen Exekutionskosten von 22 500 Gulden,[23] bayerische Pfandstadt und erhielt den Namen »Thonauwerd«, woraus schließlich Donauwörth wurde.[24]

c) Geist der Gegenreformation

Nicht nur den Benediktinern von Heilig Kreuz, sondern auch dem bayerischen Herzog Maximilian lag die Rückkehr Donauwörths zum alten Glauben sehr am Herzen. Schon beim Einzug der bayerischen Besatzungstruppen zogen im Gefolge einige Ordenspriester als Feldgeistliche mit. Königsdorfer weiß zu berichten, daß zwei Jesuiten in Donauwörth belassen wurden, um sich für die Wiederherstellung und Aufrechterhaltung der katholischen Religion einzusetzen; nachdem einer der beiden Geistlichen aus der Stadt wegbeordert worden war, rückten Jesuiten aus dem Kollegium von Dillingen nach.[25] Am 21. Dezember 1607 konnte sich von Heilig Kreuz aus, wo der bayerische Befehlshaber Haslang mit seinem Gefolge wohnte, eine feierliche katholische Prozession in die von den protestantischen Predigern verlassene Pfarrkirche bewegen. Die bayerischen Kommissäre verfuhren recht schonend mit den Protestanten. Keinem lutherischen Geistlichen war zwar die Ausübung des Gottesdienstes innerhalb der Stadt erlaubt, es wurde jedoch auch niemand zum Besuch des katholischen Gottesdienstes gezwungen, im Gegenteil, den evangelischen Bürgern war sogar erlaubt, ihre religiösen Bedürfnisse in den pfalz-neuburgischen Ortschaften Berg und Zirgesheim zu stillen. In der Pfarrkirche durften die Jesuiten zunächst nur predigen, ihre geistlichen Funktionen erst dann völlig erfüllen, als am 5. April 1608 die Bewilligung hierzu vom Kaiser eintraf. Der Zulauf zum Katholizismus war anfangs nicht sehr ausgeprägt. Vielleicht hofften die Donauwörther auf eine Wiederherstellung früherer Verhältnisse, vielleicht verstanden es die Jesuiten aber auch ganz einfach nicht, die Herzen des Volkes für ihren Glauben zu gewinnen. Die Mönche von Heilig Kreuz legten zunächst keine überschwengliche Hilfsbereitschaft an den Tag; sie hatten nämlich ihren eigenen kleinen Kampf mit den Jesuiten auszufechten, von denen sie annahmen, daß ihnen die Einkünfte der Benediktinerabtei und das Kloster als Residenz nicht unangenehm wären.[26] Später begann die Rekatholisierung immer größere Fortschritte zu machen, denn Maximilian betrachtete Donauwörth mehr und mehr als eine bayerische Landstadt, und auch die Pfalz nahm – nach der Heirat eines Sohnes des Pfalzgrafen Wolfgang Wilhelm mit Herzog Maximilians Schwester Magdalena – wieder den katholischen Glauben an. Die Geistlichen, Benediktiner wie Jesuiten, arbeiteten nun unermüdlich an der Belehrung des Volkes und suchten die lebendige Teilnahme der Bürgerschaft an Gottesdiensten zu erreichen, etwa durch Verschönerung der Kirchen, durch Hymnen-, Psalmen- und Litaneien-Gesang, durch Spendung von Kommunion und Beichte und durch feierliche Prozessionen und Bittgänge. So wurde 1615 von Donauwörth aus eine Prozession nach Kaisheim abgehalten, an der Hunderte von Menschen teilnahmen, um ihre Dankbarkeit für die freie Ausübung des katholischen Glaubens in den pfalz-neuburgischen Gebieten unter Beweis zu stellen, und ebenso fand aus gleichem Grunde eine beeindruckende Prozession von Dillingen nach Donauwörth mit der gesamten Akademie zu Dillingen, den Mitgliedern der großen und kleinen Kongregation und vielen anderen Gläubigen statt.[27] Das Volk bekannte sich immer mehr zum alten Glauben. Im Jahre 1627 gab es noch ungefähr siebzig Protestanten in Donauwörth, die man schließlich zum Glaubensübertritt zwang.[28]

Das Kloster Heilig Kreuz hatte unter Abt Leonhard eine seiner schlimmsten Perioden durchgestanden und noch dazu mit Erfolg hinter sich gebracht und das, obwohl es zwischen dem Abt und seinen Konventualen nicht gerade zum besten stand, denn der Prälat hatte es nie vermocht, die Zuneigung seiner Zöglinge zu gewinnen, ja sich sogar ihren Unmut zugezogen, als er es nicht wagte, dem apostolischen Nuntius Spinella auf dessen Reise durch Donauwörth ein gefordertes Stückchen des Heiligen Kreuzes zu verweigern. Bei der Frage, wie das Kloster aus den fortwährenden Angriffen der Prote-

9   Gruftkapelle bei Heilig Kreuz: Kreuzaltar mit geöffnetem Tabernakel, 1705,
     von Johann Paulin (nicht: Paul) Tschiderer
10   Abt Amandus Röls (reg. 1691-1748). Ölporträt aus dem Jahre 1695

48

ÆTATIS SVÆ 32.
MDC.XCV.

AMANDVS RÖLS SCHWANDORFFENSIS VIX 27 ANNIS NATVS IAM MITRÆ MATVRVS.
EXSTRVCTVS ACERRIMO INGENIO PER MVLTOS ANNOS HVIC MONRIO PRÆSE„
DIT. BREVI PERSOLVIT INGENTEM ÆRIS ALIENI VIM, AVXIT REDITVS, EXSTRV.
XIT FVNDITVS MONORIVM. HODIE TEMPLVM PRÆCLARISSIMVM TESTIMONIVM
PERHIBET PIETATIS ET VENERATIONIS S.CRVCIS. ALTER FVNDATOR APPELLATVS
OBIIT 11. SEPT. 1748 ‹ ABBATIÆ. 57 ‹ SACERDOTII 61 ‹ PROFESSIONIS 66 ‹ ÆTATIS 86.

stanten letztendlich dennoch gestärkt und nicht geschwächt hervorgehen konnte, ist ein Mann wichtig, der als Prior dem Konvent vorstand, nämlich Georg Beck. Er bildete das Bollwerk, an dem die Reformation abglitt. Nachdem Abt Leonhard nach Kühbach geflohen war, ließ Prior Beck seine ordnende Hand walten, ermunterte und stärkte seine Mitbrüder und wurde zur Stütze der Katholiken der Stadt; ihn ersuchten die Frauen und sogar die Stadtobrigkeit um Rat und Hilfe, als das Exekutions-Heer nahte. Im Jahre 1610 erhielt er – neben dem Abt Thomas von Elchingen – von Bischof Heinrich von Augsburg infolge einer Diözesan-Synode die Ernennung zum Visitator aller Klöster des Benediktinerordens im Augsburger Sprengel. Allerdings war auch Georg Beck nicht ganz frei von den allgemeinen Vorurteilen seiner Zeit, wie dem Glauben an Hexen, Kobolde, Spiele des Teufels und ähnlichem. Noch hatte der Jesuitenpater Friedrich Spee von Langenfeld das große Unrecht der Hexenprozesse nicht aufgedeckt[29], als Georg Beck am 24. März 1619 im Alter von 43 Jahren der Tod ereilte.[30] In Donauwörth war die Hexenverfolgung ein Bestandteil der Gegenreformation. Ausschließlich Frauen fielen der Verfolgung anheim. So wurde z. B. die angesehene Bürgerin Anna Buecher Opfer jener Prozesse. Nach ihrer Folterung ließ sie sich u. a. zu folgenden Aussagen bewegen: sie sei vom schon hingerichteten »Loderfreyle« in ihrem Haus verführt worden, und zusammen mit dem »Loderfreyle« habe sie mit dem in ihr Haus gebrachten Teufel gegessen und getanzt; da sie aber wegen ihres krummen Fußes nicht recht tanzen konnte, habe sie mit dem Teufel Unzucht getrieben und sich ihm mit Leib und Seele ergeben. Sie habe an weiteren Tänzen mit Unholden teilgenommen und Kinderfleisch verzehrt, danach mit dem Teufel Unkeuschheit getrieben. Ferner habe sie ein Unwetter über Donauwörth kommen lassen und drei Nebel gemacht. Am 18. März 1609 endete die Donauwörther Bürgerin auf dem Scheiterhaufen. Die Stadt hätte vielleicht von dem Hexenwahn verschont bleiben können, aber ein grausamer Statthalter, Konrad von Bemelberg, sorgte dafür, daß die Scheiterhaufen loderten.[31] Prior Beck wurde von seinem Abt Leonhard um zwei Jahre überlebt. Der neue Abt hieß Balthasar Schuster (1621–1630); in ihm besaß der Konvent ab dem Jahre 1621 einen väterlichen Freund und Ratgeber. Da es noch ziemlich an Weltpriestern mangelte, übernahmen die Konventualen die Seelsorge von Lederstatt, Stillberg, Zusum, Donaumünster und Tapfheim. Zu einer prachtvollen Gestaltung des öffentlichen Gottesdienstes ließ Abt Balthasar eine neue Orgel aufbauen. Mit dem Ziel, den christlichen Unterricht, die wahre Andacht und die häufigere Teilnahme an den Sakramenten zu fördern, gestattete er, daß die Erzbruderschaft mit dem Namen »Maria vom Siege« oder des »heiligen Rosenkranzes« am 2. Juli 1623, am Feste der Heimsuchung Mariä, in Heilig Kreuz eingeführt wurde. Von da an begannen an Nachmittagen der Feste der Himmelskönigin und jedem ersten Sonntag eines Monats, wenn er nicht zu nahe an eines der Feste fiel, die freudig besuchten Marianischen Versammlungen. Die Beispiele der Frömmigkeit unter den Mitgliedern der Bruderschaft, die rührendsten Gesänge und Gebete in ihren Versammlungen, die damit zusammenhängenden heiligen Beichten und Kommunionen sowie die Kanzelreden trugen viel dazu bei, daß der Katholizismus in Donauwörth auch von innen heraus eine gewisse Festigung erfuhr. Doch schon war der Dreißigjährige Krieg ausgebrochen, der das Kloster Heilig Kreuz in Donauwörth ein weiteres Mal in schwere Nöte treiben sollte.[32]

11 *Gruftkapelle am Westflügel des Kreuzganges gelegen, mit dem Wallfahrtsaltar zum Heiligen Kreuz und dem Wallfahrtsaltar zur Schmerzhaften Muttergottes, seit 1450 bestehend, um 1680 und später barockisiert*
12 *Kreuzpartikelostensorium, unter Abt Amand Röls 1716 gefertigt von dem Augsburger Goldschmied Franz Anton Bettle*

d) Schrecken des Dreißigjährigen Krieges

Auf die Vorgänge des Markus-Tages 1606 in Donauwörth mit seinen bekannten Folgen hin war es im April 1608 auf dem Reichstag zu Regensburg zu einer Sezession der protestantischen Stände gekommen; ohne Abschied hatte man sich getrennt.[33] Als Gegenschlag auf Donauwörth wurde im Mai 1608 die protestantische »Union« im Kloster Ahausen an der Wörnitz geschlossen. Ihr setzte sich das katholische Verteidigungsbündnis, die »Liga«, entgegen, eine Vereinigung zwischen Herzog Maximilian von Bayern und einigen Bischöfen und Reichsprälaten im Jahre 1609, der im folgenden Jahr Kurmainz und die übrigen katholischen Reichsstände beitraten. Auch die Neuburger schlossen sich eng an München an, nachdem sich Herzog Maximilian im Streit um das niederrheinische Erbe gegen den Kurfürsten von Brandenburg und für die Interessen des Pfalzgrafen von Neuburg eingesetzt hatte. Kaiser Matthias versuchte bei dieser Auseinandersetzung noch zu vermitteln; darüber kam es zu einer ernsthaften Verstimmung zwischen München und Wien. Doch die Ereignisse ließen alle Vermittlungen außer acht, in Prag brach 1618 die Revolution aus. Als Kaiser Matthias im Jahre 1619 starb, schlossen die protestantisch gesinnten böhmischen Stände Ferdinand II. einfach von der Thronfolge aus und wählten dafür den jungen Friedrich V. von der Pfalz, den »Winterkönig«. Schon standen die böhmischen Truppen vor Wien. Daraufhin schloß Herzog Maximilian von Bayern aus Sorge für das Reich und den Katholizismus mit Ferdinand II. den Vertrag von München, der ihm den Oberbefehl über das ligistische Heer zusicherte. Nach der Schlacht am Weißen Berg bei Prag am 8. November 1620 konnte Maximilian als Sieger über die böhmisch-pfälzischen Truppen in die »Goldene Stadt« einziehen. Der Krieg, der anfangs nicht mehr als eine Episode war, mußte sich fast zwangsläufig ins Reich hineinbewegen, denn Maximilian kämpfte dafür, daß der Gegner endgültig die Waffen streckte, zumal die »Union« unter dem Eindruck der böhmischen Niederlage auseinandergebrochen war. Die Parteigänger Friedrichs V. von der Pfalz, die den Kampf auf eigene Faust fortsetzten, und auch Christian IV., König von Dänemark und Herzog von Holstein, und die niedersächsischen Kreisstände konnten von den Kaiserlichen besiegt werden. Mit dem Restitutionsedikt von 1629, wonach die Protestanten alle seit 1552 eingezogenen Kirchengüter zurückerstatten mußten, war jedoch der Anstoß zur Einmischung des Auslands gegeben, und unerwartet traf ein neuer Gegner des Katholizismus ein, der Schwedenkönig Gustav Adolf, der Bayern und auch unserem Kloster Heilig Kreuz noch großen Schaden zufügen sollte.[34]

Am 6. April 1632 stand Gustav Adolf mit seinem Heer vor Donauwörth; die kaiserliche Besatzung unter Herzog Rudolf Maximilian von Sachsen-Lauenburg war zu energischem Widerstand viel zu schwach, so daß nach dem Rückzug der Kaiserlichen zu Tillys Heer nach Rain der schwedische König als Eroberer in die Stadt einziehen konnte. Konrad V. Ezel, von 1631 bis 1644 Abt von Heilig Kreuz, hatte vorsorglich das sogenannte Münzhaus für 2200 Gulden an das Reichsstift Kaisheim verkauft, die Schätze des Gotteshauses längst in Sicherheit gebracht und durch eine Flucht vor dem Feinde auch seine eigene Haut gerettet; ebenso waren mehrere seiner Konventualen geflüchtet. Über die zurückgebliebenen Mönche stellte Gustav Adolf sogleich einen eigenen Kommandanten, der für zahlreiche Einquartierungen ins Kloster sorgte, öffentliche Gottesdienste verbot, die Mönche drangsalierte und das Kloster als förmliches schwedisches Eigentum betrachtete. Gustav Adolf selbst zog indessen schon Richtung München. Die Donauwörther ließen an den König und den Stadtkommandanten Bittgesuche überreichen, in denen sie ihre verzweifelte Lage darstellten und um eine

Minderung der finanziellen Belastungen baten. Mit einem Schlag schien die Stadt wieder protestantisch zu sein; die Bürgerschaft machte sogar in einer Bittschrift das Benediktinerkloster für alle Leiden verantwortlich: »Weil auch das Kloster zum h. Kreutz, wie nicht weniger der deutsche Orden und Herr Georg Fugger der ältere an unserm Unheil und Verderben meistenteils die Schuld tragen, als könnten (jedoch ohne eigene Maßgebung) dergleichen Beschwerden, damit es dem Bürger desto leichter wäre, Ihnen zum Theil aufgetragen werden.«[35] Die Bittsteller hatten jedoch keinen Erfolg: die Lasten blieben, und die gemeinen Soldaten stahlen und raubten immer kühner. Heilig Kreuz dienten Schirmwachen, eine sogenannte »Salva guardia«, zum Schutze, die Schirmsoldaten hatten jedoch auch ihren persönlichen Vorteil im Sinn und kosteten dem Stift ungeheure Summen. Im Anschluß an den Tod Gustav Adolfs im Jahre 1632 blieb Donauwörth weiter fest in schwedischer Hand, bis König Ferdinand von Ungarn, der Sohn Ferdinands II. und spätere Kaiser Ferdinand III., das Generalkommando über die Kaiserlichen erhielt, nach der Einnahme Regensburgs an der Donau vorrückte und am 14. August 1634 am Schellenberg bei Donauwörth stand. Nach dreitägigem erbittertem Feuergefecht waren Stadt und Kloster wieder in den Händen der Kaiserlichen. Mit der Besatzung der Ligierten aber nahmen die Belastungen vorerst kein Ende; die letzten Lebensmittelreserven mußten an die Soldaten ausgeliefert wer-den. Am 6. September 1633 endlich siegten die kaiserlichen Truppen in der Schlacht bei Nördlingen. Donauwörth, erlöst vom schwedischen Drucke, wurde wieder feierlich in den Reichsverband aufgenommen und war von da an endgültig katholisch. Noch mußte die Stadt allerdings – ihrer Lage gemäß von Freund und Feind durchlaufen – Unsagbares erdulden, ehe der ersehnte Friede kam.[36]

Im Kloster hatten die wenigen zurückgebliebenen Mönche nur mit Mühe ihr Eigentum behaupten und den drohenden Untergang abwenden können, bis Abt Konrad ins Klo-ster zurückkehrte. Der Abt versuchte sein Möglichstes zu geben und mußte in größter Dürftigkeit im Kloster ausharren, denn die Höfe und Güter, von denen das Kloster seine Einnahmen bezog, waren so verwüstet, daß sich für längere Zeit nichts erwarten ließ. Trefflich geschildert wird die Situation in einem Empfehlungsschreiben, das Heinrich, Bischof von Augsburg, Abt Konrad im Jahre 1636 ausstellte. Hier heißt es u. a.: »..., geben wir eben diesem Abte in Kraft des gegenwärtigen Briefs die Erlaubnis, sich in entferntere Orte zu begeben, Almosen zu sammeln, und sich und seiner geistli-chen Familie mit den unentbehrlichsten Nahrungsmitteln Vorsehung zu thun...«[37] Anstatt also mit frischer Energie einen Neuaufbau zu beginnen, mußte man peinigende Armut, die sich in den Klosterzellen eingenistet hatte, erdulden. Abt Konrad war gar gezwungen, als »Bettler« für die weitere Existenz zu kämpfen. Neben diesen schweren Sorgen hatte sich auch die Hoffnung auf Frieden zerschlagen, denn durch die Einmi-schung Frankreichs als schwedischer Verbündeter ging es um internationale politische Machtinteressen, und die Schrecken des Dreißigjährigen Krieges dauerten fort. Abt Konrad sah sich ein zweites Mal genötigt, seine Abtei zu verlassen. Finanziell gestärkt konnte er im Jahre 1641 wiederkommen, als die Schweden den Rückzug von Regens-burg angetreten hatten und immer weiter zurückgedrängt wurden. Nun hoffte der Prälat auf eine Erholung für sich und sein Stift. Freudig begrüßte ihn, wie Königsdorfer mitteilt, seine kleine Schar Konventualen und die ganze Stadt, galt er doch als Vorbote einer glücklichen Zukunft, waren doch die Bürger in dieser Zeit zu allem Übel noch von einer schlimmen Seuche geplagt. In Armut und Not hatten die Donauwörther den Hunger mit Kleienmehl und unreifen Früchten gestillt.[38] Die meisten der von ihren landwirtschaftlichen Sitzen vertriebenen Untertanen des Klosters fanden sich wieder ein, und ihnen ließ der Abt zur Bebauung des Grund und Bodens großzügige Unterstützung zukommen. Der Prälat muß viele gute Freunde in der Fremde gehabt haben, die ihm die entsprechenden Geldmittel zur Verfügung stellten; er war sogar in der Lage, eine alte Schuld von 75 Gulden an das bischöfliche Vikariat in Augsburg zu begleichen. Finanziell abgesichert konnte Abt Konrad seine Bemühungen auf das geistige Wohl seiner Mönche und all derer richten, auf die er Einfluß hatte. Zahlreich eilte das katholische Volk der Kirche zum Heiligen Kreuze zu, und der Abt versäumte nicht, die katholische Religion in den Herzen seiner Gläubigen durch Gottesdienste und christlichen Unterricht im Beichtstuhl und von der Kanzel herab zu festigen.[39]

Für die Hilfe und Unterstützung der Benediktiner waren die Kapuziner, von denen im Jahre 1630 sechs zur Rekatholisierung der Bürger in die Stadt gekommen waren, sehr dankbar. Mit den Kapuzinern stand Heilig Kreuz in gutem Einvernehmen, denn im Gegensatz zu den Jesuiten, die 1632 wieder aus der Stadt gezogen waren, gründeten sie ihr eigenes Kloster und standen nicht in Verdacht, auf die Einkünfte der Benediktinerabtei zu schielen. Sogar einen Teil ihrer Räume im Kloster hatten die Patres von Heilig Kreuz den Kapuzinern bei ihrer Ankunft in Donauwörth zur Verfügung gestellt, und einer der neu eingetroffenen Mönche übernahm für einige Zeit das Predigtamt in der Heilig-Kreuz-Kirche. Bei der Rekatholisierung Donauwörths waren sicherlich die Kapuziner die treibende Kraft, denn während Heilig Kreuz noch um seine eigene Existenz kämpfen mußte, konnte im Mai 1635 der Statthalter Seiboltstorf an den bayerischen Kurfürsten berichten: »Durch die Gnade Gottes hat sich nunmehr die ganze Stadt und Bürgerschaft mit Weibern, Kindern und Ehehalten zu der katholischen allein seligmachenden Religion auf vielfältiges Zusprechen und große Mühe gutwillig bequemt.«[40] An der Seelsorge-Tätigkeit der jungen katholischen Gemeinde hatten allerdings nicht nur die Kapuziner, sondern auch die Benediktiner von Heilig Kreuz einen entscheidenden Anteil.[41]

Mitten in diesen Aufbaubestrebungen nahten 1643 schwedische und französische Truppen. Der Abt brachte sich schleunigst in Sicherheit und empfahl seine Mönche den Gläubigen. Die Abwesenheit des Prälaten währte jedoch nicht lange, und die Arbeit im Kloster konnte zu einer Fortsetzung gelangen; die Kaiserlichen hielten den Feind in Schach. Verzagt durch die vielen Wirren des Krieges und niedergebeugt von den Schwierigkeiten der Haushaltung resignierte Konrad am 25. April 1644; zu seinem Nachfolger wurde Johann Jakob Jäger gewählt, der schon nach einem Jahr, am 9. Mai 1645, die Prälatur niederlegte,[42] eine Entscheidung, die ihm um so leichter fiel, als 1645 die Franzosen ins Ries eindrangen. Die französischen Truppen errangen am 3. August bei Alerheim einen entscheidenden Sieg; daraufhin zog sich das geschlagene bayerische Heer nach Donauwörth zurück und ließ nicht gerade größte Schonung im Umgang mit der Stadt und ihrer Umgebung walten. Im Herbst 1646 fielen die Franzosen und auch die Schweden ins bayerische Land ein, und am 16. September war Donauwörth wieder in schwedischer Hand, ohne daß die bayerische Besatzung größeren Widerstand entgegengesetzt hätte. Die Sporkische Schwadron, die den alsbald abgezogenen Schweden nachfolgte, wurde ohne Schwierigkeiten von erneut attackierenden schwedischen Truppen aus der Stadt getrieben. Bis zum 30. April 1647 stand Donauwörth nun unter schwedischer Besatzung, ehe vom bayerischen Kurfürsten Maximilian mit den Feinden ein Waffenstillstand ausgehandelt wurde, der die Stadt aus der fremden Hand befreite, aber eine bayerische Garnison nachrücken ließ.[43]

Bis dahin mußte das Kloster eine schlimme Zeit überstehen. Der im August 1645 zum Abt erwählte Lorenz Wanner (1645–1648) hatte sich bei der Annäherung der Schweden eilends mit seinem Konvent in Sicherheit gebracht. Nur ein Mönch, Pater Roman Sattler, brachte den Mut auf, im Stift zu verharren. Allein zurückgelassen konnte er die beständigen Drohungen und Übeltaten, die er vor allem durch die im Kloster Einquartierten zu erleiden hatte, nicht mehr durchstehen und fand am 4. Dezember 1646 den Tod. Die Schweden betrachteten sich nun als die Herren des verlassenen Klosters. Sie ordneten an, der Leichnam Pater Romans solle zuerst ausgelöst werden, bevor sie ihn zur Bestattung freigeben könnten. Auf die wertvolle Bibliothek wollten sich sogleich die schwedischen Feldprediger stürzen, um sie unter sich aufzuteilen; Einwendungen des klösterlichen Obervogts Sebastian Härpfer wurden dabei wenig beachtet. In dieser bedrängten Lage kam dem Obervogt der Rat der Stadt zu Hilfe, der in Anspielung auf sein altes Schirmrecht das Benediktinerstift vor dem Totalruin zu bewahren wünschte. Bürgermeister und Rat legten eine »Salva guardia« nach Heilig Kreuz, versorgten diese im Hinblick auf eine spätere Wiedererstattung aus der Stadtkasse und streckten sogleich das geforderte Auslösungsgeld für den Leichnam Pater Romans vor. Dem Stadtschreiber gelang es durch sein energisches Auftreten, die Bibliothek ganz zu retten. Wie der klösterliche Obervogt, so bemühte sich auch der Magistrat, beim Generalvikariat in Augsburg anstelle des verstorbenen Paters einen neuen Seelsorger für Heilig Kreuz zu erhalten. Aus dem Antwortschreiben aus Augsburg geht hervor, daß dem Generalvikar der Aufenthalt des geflüchteten Abtes Lorenz recht wohl bekannt war: »..., dahero habe ich nit unterlassen des Herrn Prälaten zu heil. Kreutz selbst diesen Statum, und daß er uneingestellt die Verfügung thun wolle, beweglich zu schreiben. Sobald nun von ihm eine Antwort erfolgt, ...«[44]; vermutlich wird der eine oder andere der Konventualen nach Heilig Kreuz zurückgerufen worden sein. Als Donauwörth 1647 wieder unter bayerischer Besatzung stand, kehrten die Patres allmählich von ihrer Flucht heim, und der gleichfalls eingetroffene Abt Lorenz hoffte, es würde ihm gelingen, die tiefen Wunden des Klosters zu heilen. Noch bevor Lorenz seinen Wunsch verwirklichen konnte, erkrankte er und starb am 21. Januar 1648. Nach seinem Tod erwählten die Kapitularen, deren Zahl inzwischen wieder auf zwölf angestiegen war, Konrad VI. Schneid (1648–1651; 1656–1662) zum Abt. Dieser mußte erleben, wie nach dem Abzug der Bayern am 4. April 1648 der Magistrat die Schlüssel der Stadttore ins schwedische Hauptquartier sandte und eine schwedische Besatzung als Schutz erbat; diesen Dragoner-Schwadronen, die sich recht unbeliebt machten, drangen bayerische Truppen nach, um dann schließlich wieder einem schwedischen »Schutz« zu weichen, ehe endlich am 24. Oktober 1648 der Westfälische Friede unterzeichnet wurde und damit der Dreißigjährige Krieg sein Ende nahm. Ein Jahr später verließen die Schweden endgültig die Stadt Donauwörth.[45]

e) Zeitalter des Barock

Schwer hatten Stadt und Land gelitten unter der Vernichtung und Verwüstung von seiten der Schweden. Nicht unerwähnt sollte aber auch der Druck der bayerischen Garnisonen bleiben, die in Donauwörth manche Spuren hinterlassen hatten. Der Dreißigjährige Krieg hatte vor allem im bayerischen Raum schlimm gewütet. Bei all den schrecklichen Ereignissen darf jedoch nicht übersehen werden, daß das Land neu gestärkt und gefestigt wurde und sich so der Weg für eine Zeit öffnete, die besonders auf geistig-kulturellem Gebiet glänzte, für das Zeitalter des Barock.
Während Donauwörth – immer noch mit den Exekutionskosten belastet – nach dem

Dreißigjährigen Krieg dem Hause Bayern zufiel, wurde das Kloster Heilig Kreuz dem Hochstift Augsburg zugerechnet. Somit dem Schwäbischen Kreise zugehörig, mußte es alle Kräfte mobilisieren und beträchtliche Zahlungen leisten, um eine militärische Exekution zu verhindern. Zugleich mußte Abt Konrad VI. seine ganze Energie aufbieten, um einem inneren Zerfall entgegenzuwirken; die im Kriege oftmals geflohenen Konventualen wurden mit Nachdruck zur Heimkehr aufgefordert, ein Befehl, dem sich jedoch drei Mönche widersetzten. Noch waren keine glücklichen Zeiten ins Kloster eingekehrt. Abt Konrad VI. resignierte angesichts der wirtschaftlichen und religiösen Schwierigkeiten im Jahre 1651. Abt Martin Oefele (1651–1656) hatte nicht nur mit den Problemen seines Vorgängers zu kämpfen, sondern sah sich auch noch damit konfrontiert, daß das Hochstift Augsburg die Klosterbewohner als Untergebene betrachtete und sie ganz an das Hochstift binden wollte; man drohte den Benediktinern sogar mit den Jesuiten, die der Abtei in Donauwörth gewiß nicht abgeneigt gegenüberstanden. Martin Oefele fühlte sich seinen Aufgaben nicht mehr gewachsen, gab im September 1656 auf und machte noch einmal seinem Vorgänger Konrad VI. Platz, der schließlich im Januar 1662 zum zweiten Mal die Prälatur niederlegte. Sein Nachfolger, Abt Roman Lindemayr, apostasierte 1669.[46]

Ein großer »Lichtblick« war Andreas Hausmann, am 25. Oktober 1669 zum Abt erwählt. Auf ihm, der im Kloster (Münster-)Schwarzach am Main eine umfassende philosophische und theologische Ausbildung erhalten hatte, ruhten die Hoffnungen des Konvents. Der Prälat zeichnete sich durch großen Eifer auf der Kanzel und im Beichtstuhl aus; neben seiner Seelsorge-Aushilfe im nahegelegenen Dorf Riedlingen versuchte er vor allem die Donauwörther Bevölkerung zu wahrer Andacht aufzurufen. Abt Andreas traf Anordnungen zur Erneuerung der Kreuzkapelle, der sogenannten Gruft, die bis zum Jahre 1680 ihre barocke Gestalt erhielt, und zur Renovierung der baufälligen Veitskapelle; zu seiner Zeit wurde der ganze Westflügel des Klosters umgebaut.[47] Mit Erlaubnis des Generals des Karmelitenordens setzte er in der Kirche die Skapulierbruderschaft ein und vereinigte sie 1682 mit der Bruderschaft des hl. Rosenkranzes. Ganz besonders achtete der Prälat auf die Wiederherstellung der Ordenszucht, nahm so z. B. den alten Brauch auf, die Metten um Mitternacht zu begehen, und nicht zuletzt versuchte er durch die Anschaffung neuer Bücher bei seinen Geistlichen und den Schulbuben die Liebe zur Wissenschaft zu wecken. In Anbetracht der Tatsache, daß dem Stift von der fürstbischöflichen Regierung verschiedene Rechte strittig gemacht wurden, und um die dem Kloster zustehende hohe Gerichtsbarkeit über das Dorf Donaumünster zu wahren, bewies Andreas Hausmann Umsicht, indem er seinem Wappen den Reichsadler anfügte. Zur wirtschaftlichen Sanierung seines Klosters konnte der Abt einen bedeutenden Beitrag leisten; als er am 26. März 1688, erst 48 Jahre alt, aus dem Leben gerissen wurde, hatte sich die Schuldenlast beträchtlich gemindert.[48]

Nach dem Tode von Andreas Hausmann kam ein schon länger schwelender Streit zwischen Kurbayern und dem Hochstift zum Ausbruch. Der bayerische Kurfürst Max Emanuel war entschlossen, seine Rechte über Donauwörth auch auf das Kloster auszudehnen, zumal die Stadt schon als Reichsstadt das Recht der Advokatie über das Kloster und seine zum Stadtbezirk gehörigen Leute und Güter beansprucht hatte. Kurbayern trat um so energischer auf, je mehr auch das Hochstift Augsburg versuchte, die Fäden seines Advokatie-Rechtes ganz in die Hand zu nehmen. Gleich im Anschluß an den Tod von Abt Andreas hatte Bischof Johann Christoph von Augsburg den Stadtpfleger von Dillingen als seinen Kastellan zur Behauptung seiner Interessen in das

Kloster geschickt, worauf die bayerischen Kommissarien, vor verriegeltem Eingang stehend, das Kloster von außen absperren ließen. Es entspann sich ein lebhafter Schriftwechsel, infolgedessen schließlich am 8. April als neuer Abt Gregor Röttinger (1688–1691) gewählt werden konnte. Am 31. Mai 1688 schlossen die bayerischen Abgeordneten, der Vizekanzler des geheimen Rats, Johann Baptist Freiherr von Leiden, und Hofrat Franz Maria Freiherr von Guidobon-Cavalchino und die bischöflichen Gesandten, Domherr Johann Dietrich Hauser von Gleichensdorf und Hofrat Wratislaus Metzger, in München einen Vergleich über die »Advocatie- und Temporalien-Verhältnisse«; dieser hatte, ohne hier genauer auf die einzelnen Punkte einzugehen,[49] zur Konsequenz, daß die künftigen Prälaten zwei Herren dienen mußten, dem Kurfürsten von Bayern und dem Fürstbischof von Augsburg.[50]

Abt Gregor bemühte sich – ungeachtet jener Vorgänge – vor allem um die geistlichen Angelegenheiten in seinem Kloster und setzte einen fast übertriebenen Eifer in die Aufrechterhaltung der Klosterzucht. Aus seiner tiefen Religiosität heraus entwickelte er eine besondere Verehrung der Gottesmutter Maria: Jeden Samstag nach der Vesper ließ er den Konvent vor dem Marienbilde in der Gruft die lauretanische Litanei singen. Mit gleicher Inbrunst hing der Abt am Leiden Christi, am heiligen Gregor und an den Heiligen Benediktus und Scholastika. Zeugnis dieser Verehrung gibt ein von ihm erhaltener Kelch, an dem die drei Heiligen, die fünf Wundmale Jesu, das Vesperbild seiner schmerzhaften Mutter und eine Dornenkrone angebracht sind. Leider fiel der Prälat in tiefe Melancholie und sah sich schon 1691 gezwungen, die Abtei niederzulegen.[51]

Am 19. Februar 1691 wurde ein Mann in das Amt des Abtes berufen, der das Kloster trotz zweier Kriege in eine hohe Blütezeit hineinführen sollte und der es verdient, der »Zweite Stifter« von Heilig Kreuz genannt zu werden: Amandus Röls. Als er die Prälatur übernahm, bestand die klösterliche Gemeinschaft neben dem abgetretenen Prälaten und einem Laienbruder aus nur fünf Mitgliedern des Konvents, die er, der mit 28 Jahren Jüngste, lenken und leiten sollte. Das Kloster befand sich größtenteils in baufälligem Zustand, der Kirche und auch dem Ökonomiegebäude stand der Einsturz drohend bevor. Die Geldschränke waren geleert, und Amand mußte es sogar hinnehmen, daß er am Tag seiner Wahl öffentlich beschimpft wurde. All diesen widrigen Zeitumständen jedoch hatte er, wie Königsdorfer berichtet, etwas entgegenzusetzen, das Heilig Kreuz aus der Misere herausführen sollte, nämlich einen geistvollen, gefestigten Charakter, große ökonomische Einsicht, strenge Häuslichkeit, die Kunst, sich Freunde zu gewinnen und ein starkes, mit Tugend und Rechtschaffenheit verbundenes Gottvertrauen. Im Jahre 1696 schon konnte der Abt den umfangreichen Neubau des Klosters in Angriff nehmen; dieses große Unternehmen Abt Amands war im Jahre 1700 kaum zum Abschluß gebracht, als Donauwörth Schauplatz eines neuen Krieges werden sollte. Im Verlauf des Spanischen Erbfolgekrieges zogen die Truppenverbände Richtung Donauwörth, und am 2. Juli 1704 kam es zur Schlacht am Schellenberg. Die verbündeten Franzosen und Bayern setzten dem Reichsheer und Herzog Marlborough heftigen Widerstand entgegen, aber nach hartem Kampf erwiesen sich die Kaiserlich-Alliierten als überlegen. Tausende von Gefallenen bedeckten das Schlachtfeld. Die Stadt selbst entging zwar einer Plünderung, sah jedoch vierzig Häuser in Flammen aufgehen und erlitt insgesamt einen Verlust von etwa 270 000 Gulden, den auch das Kloster mitzutragen hatte. Insbesondere mußten die Geistlichen 400 verwundete Lüneburger und Hessen vier Wochen lang verpflegen und zudem noch eine Summe von 6390 Gulden an die kaiserliche Kontributionskasse nach Neuburg bezahlen. Abt Amandus hoffte auf das

Hochstift und sandte drei Bittschriften an die fürstbischöfliche Regierung, bis er endlich im Jahre 1709 erreichte, daß ihm wenigstens ein Teil der Steuern, die er an die hochfürstliche Staatskasse zu entrichten hatte, erlassen wurde. Die Donauwörther indessen stifteten, froh darüber, doch noch verhältnismäßig gut aus den Kriegsgeschehnissen davongekommen zu sein, für die Gruftkapelle einen Altar zur Aufbewahrung des Kreuzpartikels, den »Kreuzaltar«. Dieser Altar, ein Werk des aus Tirol stammenden Bildhauers Johann Paul Tschiderer (Tschidter), trägt auf einer Inschrift das Datum des 17. Dezembers 1705.[52] [53]

Noch einmal wurde das zu jener Zeit bayerische Donauwörth reichsfrei, also dem Kaiser unterstellt. Kaiser Joseph I. beurkundete am 20. Mai 1705 diese Reichsfreiheit und die gänzliche Zurückstellung an den Schwäbischen Kreis. Mit der städtischen Unmittelbarkeit kehrte auch die klösterliche Unabhängigkeit von Bayern wieder, denn Bayern konnte nur infolge der über Donauwörth als Pfandstadt gewonnenen Landesherrlichkeit Ansprüche auf das Kloster Heilig Kreuz geltend machen. Groß war der Jubel, als 1706 der kaiserliche Kämmerer nach Donauwörth kam, um den Treueid für den Kaiser entgegenzunehmen; die Herren statteten auch dem Benediktinerstift einen Besuch ab und zollten dem Kreuzpartikel gebührende Verehrung. Mit überschwenglicher Freude wurde am 9. Dezember 1711 Kaiser Karl VI. empfangen, der auf dem Weg zum Krönungsort Frankfurt in Donauwörth halt machte; hier ließ er sich persönlich von seinen Untertanen huldigen und versäumte es nicht, einem feierlichen Gottesdienst in der Fuggerkapelle beizuwohnen, wobei Abt Amandus Röls die heilige Messe las und auf Wunsch des Kaisers den Kreuzpartikel in der kostbaren Kaisermonstranz mitgebracht hatte. Die Bestrebungen um die kaiserliche Gunst waren letztlich aber vergebens, denn mit den Friedensschlüssen von Rastatt und Baden 1714 mußte auch Donauwörth seine Reichsfreiheit aufgeben und wieder bayerisch werden.[54]

Nicht nur der Spanische, sondern auch der Österreichische Erbfolgekrieg belastete das strategisch bedeutsame Donauwörth sowie das Kloster Heilig Kreuz in großem Maße. 1742, beim Einzug der französischen Truppen in die Stadt, hatten das Klostergebäude und die Pfisterei allein 300 Franzosen mit Frauen und Kindern, die zum Teil an ansteckenden Krankheiten litten, zu beherbergen. Daß die ständig nachrückenden französischen Truppenverbände schweren Schaden anrichteten, ergibt sich von selbst. Kaum waren diese abgezogen, stürzten 1744 königlich-ungarische Soldaten die Donauwörther in schlimme Bedrängnis. Im September desselben Jahres umlagerte gar das königlich-ungarische Heer mit 21 Generälen fünf Tage lang die Stadt. Für den Unterhalt der Soldaten sollten die Bürger und das Kloster Heilig Kreuz sorgen. Hätte nicht Abt Amandus dem Magistrat noch die fehlende Geldsumme vorgestreckt, dann wären wohl Stadt und Kloster geplündert und niedergebrannt worden, noch ehe ein kaiserlichbayerisches Freikorps zur Befreiung hätte zur Stelle sein können. Als endlich 1745 Frieden geschlossen war, mußten noch zahlreiche Einquartierungen und Truppendurchzüge erduldet werden.[55]

Aber welch großartige Leistungen vollbrachte Abt Amandus Röls trotz unruhiger Zeiten und oben geschilderter widriger Umstände während seiner Prälatur. 1696 hatte er ja bereits begonnen, das fast gänzlich baufällige Kloster in barockem Gewande neu zu errichten. Vom alten Komplex blieb lediglich das Schlafhaus der Konventualen im Westflügel bestehen, das sich noch in bester Verfassung befand. Auf den Grundmauern des ehemaligen Frauenklosters entstand das neue Ökonomiegebäude. Daneben ließ Amandus bis zum Jahre 1700 wesentliche Teile der Pfarrkirche zu Donaumünster und jener zu St. Thomas in Gunzenheim, welche zu Mündling gehörte, erstellen. Ungeachtet der Wirren der beiden Erbfolgekriege schickte er sich tatkräftig an, seinen Lieblingsplan zu verwirklichen, den Neubau der Klosterkirche. Dabei mag ihn vielleicht die Bautätigkeit seines Bruders, des Reichsprälaten Rogerius Röls von Kaisheim, beflügelt haben, in dessen Zisterzienserabtei seit 1716 der Vorarlberger Baumeister Franz Beer sein Können unter Beweis stellte.[56] Amandus ließ jedenfalls das schon ziemlich verfallene gotische Gotteshaus abreißen und am 5. Juli 1717 durch seinen Bruder Rogerius den Grundstein zu einem Neubau setzen. Drei Jahre arbeitete der Wessobrunner Baumeister Joseph Schmuzer an der Klosterkirche. Im Jahre 1720 hatte Schmuzer sein großartiges Werk vollendet, und der Konstanzer Maler Jacob Carl Stauder leistete durch seine Arbeit einen glänzenden Beitrag zur Verschönerung der Kirche. Hinzu kamen der funkelnde Hochaltar, die dekorativen Seitenaltäre, die herrlich klingende Orgel des Orgelbauers M. Fux aus Donauwörth, das kunstvolle Chor- und Kirchengestühl, die Reliquien, und so lebt in dieser Kirche bis heute ein Zusammenspiel von Farben und Formen, wie es eben nur der Geist des Barock hervorbringen konnte. Eingeweiht wurde die Kirche erst im Jahre 1741 durch den Augsburger Weihbischof Johann Jakob von Mayr[57], obwohl die Arbeiten schon 1722 weitgehend abgeschlossen waren. Als letzte bauliche Tätigkeit ließ Abt Amandus 1747 den Kirchturm fast ganz abtragen und einen neuen von weithin sichtbarer Schönheit und Gefälligkeit errichten. Großen Geschmack bewies der Prälat auch bei der Neuanschaffung von gottesdienstlichen Gerätschaften und Hauseinrichtungen für sein Kloster. Trotzdem zeichnete er sich nicht etwa durch maßlose Verschwendungssucht aus, sondern durch vernunftgeprägte Sparsamkeit. Neben seinen ökonomischen und architektonischen Fähigkeiten galt sein intensives Bemühen den Religiosen und einer strengen klösterlichen Ordnung. Wie schon erwähnt, schickte er bereits im Jahre 1693 Zöglinge an das sich durch Zucht und Gelehrsamkeit auszeichnende Stift Neresheim und holte sich von dort einen Pater als Prior nach Heilig Kreuz. Abt Amandus war sehr daran gelegen, seinen Konvent zu vergrößern, denn er sah dies zur Verbesserung der Seelsorge und zu einer würdigen Gestaltung des Gottesdienstes als unumgänglich an. Tatsächlich erreichte der Prälat, daß 42 Zöglinge von Heilig Kreuz in die Benediktinergemeinschaft aufgenommen wurden und daß sich 1747 der Konvent aus 23 Mitgliedern zusammensetzte.[58] Ferner sollte im Kloster – und darauf richtete Amandus seine besondere Aufmerksamkeit – eifrig das Studium der Wissenschaften betrieben werden. Zu diesem Zwecke bemühte er sich um die fähigsten Pädagogen und die besten Bücher, und er sandte seine Geistlichen an Klöster und Universitäten von höchstem wissenschaftlichem Ruf. Das Kloster Heilig Kreuz gehörte in jener Zeit zu der Schwäbischen Benediktiner-Kongregation unter dem Titel »des Heiligen Geistes«, ebenso wie St. Ulrich-Augsburg, Elchingen, Fultenbach, Füssen, Irsee, Kempten, Deggingen und Ottobeuren.[59] Diese Kongregation erwies Amandus eine große Ehre, als sie ihn zu ihrem würdigsten Präses ernannte; allerdings trat er, wie schon angeführt, im Jahre 1740 aus der Kongregation aus. In glänzender Weise verstand es der Abt, überall außerordentlich hohe Sympathie zu erringen. Selbst das einfache Volk brachte ihm Liebe und Vertrauen entgegen. Laut Königsdorfer erhielten im Jahre 1741 bei der Einweihung der Kirche und der gleichzeitigen Feier des fünfzigjährigen Jubiläums der Prälatur Amandus' 13 000 Menschen das Sakrament der Firmung. Mag diese Zahl vielleicht auch etwas übertrieben sein, so zeugt sie doch davon, daß das katholische Volk erheblichen Wert auf seine Kirche und seine Geistlichen legte und daß die Volksfrömmigkeit im Barock große Bedeutung hatte. Es war die Zeit der Wallfahrten und Prozessionen, der Heiligen- und Reliquienverehrung, der Ölbergandachten und Auferstehungsfeiern, der Umritte und Passionsspiele, der Bruderschaften und Kongregationen.[60] Abt Amandus hatte sich als der herausragende Barockprälat wie kein anderer um Heilig Kreuz verdient gemacht, als er am 11. September 1748 nach einer 57 Jahre langen Prälatur für immer die Augen schloß.[61]

f) Spätbarocke Frömmigkeit und langsames Vordringen der Aufklärung

Zum Nachfolger des unvergeßlichen Amandus wurde am 9. Oktober 1748 Abt Cölestin I. Hegenauer (1748–1776) erwählt. Nach einem Abt, wie ihn Röls verkörpert hatte, mußte es zwangsläufig für seinen Nachfolger schwer werden. Cölestin konnte nie die Liebe seines Konvents gewinnen, schon dadurch bedingt, daß dieser Prälat von Natur aus sehr streng war, er verdient aber trotzdem Achtung für die Art seiner Klosterführung. Hinsichtlich religiöser Haltung legte er Wert darauf, daß Chorgesang und überhaupt jede öffentliche Andacht, die er, wann immer möglich, mitfeierte, mit Würde und frei von bloßer Gewohnheit stattfanden. Zur Verherrlichung des Kreuzes ließ er einen goldbestickten Ornat aus rotem Samt verfertigen und schmückte den Hochaltar der Kirche mit einem prachtvollen Baldachin. Keineswegs jedoch ging es dem Abt nur um das Äußere! Wie Königsdorfer schreibt, wollte er unermüdlich durch Beispiel und Lehre, durch öffentliche und private Unterredungen und Zusprüche, durch genaue Beobachtung der Vorgänge im Kloster, durch Entfernung jeglicher Ausschweifung und Aufmunterung zur Arbeitsamkeit sowie durch Wetteifer in guten Handlungen den religiösen Geist wirksam werden lassen. Abt Cölestin bereicherte durch vielfältige Musik- und Theateraufführungen auch das kulturelle Leben im Kloster, ohne daß daran aber allzu viele Liebhaber teilnehmen durften, denn peinlich genau und geradezu menschenscheu sollten »Schmarotzer« und »Frauenzimmer« von Heilig Kreuz ferngehalten werden. Trotzdem kümmerte er sich um das Wohl seiner Mitmenschen und ließ den Hilfsbedürftigen nicht nur geldliche Zuwendungen, sondern auch Naturalien wie Getreide und Holz zukommen. Indessen wuchs der Wohlstand des Stifts ohne Unterlaß, obwohl die Verschönerung der Klosterkirche, der Bau der Pfarrkirche zu Mündling und des Schlößleins zu Donaumünster sowie weitere Bauten und Ankäufe große Summen verschlangen. Wenn Königsdorfer allerdings meint, das Kloster sei, nachdem sich unter Cölestin I. die Kapitalien auf mehr als das zweifache erhöht hätten, in den Ruf gekommen, eine der reichsten Abteien in Schwaben und Bayern zu sein,[62] so mag hier schon eine kleine Portion Übertreibung mitgespielt haben; gleichwohl war das Kloster nicht so arm, wie es gerne dargestellt wird.[63] [64]
Nicht nur ein zufriedenes Leben, sondern auch einige Fehden kennzeichnen die Prälatur Cölestins, denn von der kurfürstlichen Regierung in München kam ein einschneidender Befehl nach dem anderen. Der erste vom 15. November 1768 ordnete die Einsendung des klösterlichen Stiftungsbriefes an den kurfürstlichen geistlichen Rat an, ein zweiter forderte 1769 von jedem bayerischen Kloster genaue Angaben über den Schuldenstand, ein dritter belegte die Geistlichkeit mit einem Beitrag zum gemeinsamen Landesschutz für die Abwehr von Müßiggang, Vagieren und Betteln, ein vierter drang auf die Abstellung aller in die Ordensgemeinschaften eingeschlichenen Mißbräuche und Unordnungen, ein fünfter schließlich enthielt das Verbot der Wirksamkeit von geistlichen Verordnungen und Gesetzen ohne vorherige landesherrliche Einsicht und Genehmigung. Für das Stift Heilig Kreuz kam es weniger auf den Inhalt, als vielmehr auf die Frage an, ob diese landesherrlichen Befehle überhaupt angenommen werden

mußten, denn es bestand immer noch der im Jahre 1688 geschlossene Vergleich zwischen dem Kurfürsten Max Emanuel und dem Fürstbischof Johann Christoph. Cölestin wandte sich an die fürstbischöfliche Regierung in Dillingen, und es kam zu einem harten Briefwechsel zwischen Dillingen und der kurbayerischen Regierung. Im Jahre 1771 spitzte sich die Situation zu: Das Reich litt unter großem Getreidemangel, und Cölestin fragte in München untertänigst an, ob es ihm erlaubt sei, in Bayern Getreide einzukaufen. Auf diese Bitte hin, die dem Abt mit dem Hinweis verwehrt wurde, Bayern habe für sich schon zu wenig Getreide, mußte sich die bayerische Regierung selbst im Widerspruch sehen und rückte von ihren bisherigen Forderungen an das Kloster ab.[65]

Dort begann sich unterdessen ab 1767 eine langwierige Krankheit des Abtes negativ auf das Ordensleben auszuwirken. Der Abt, der – vermutlich von einem Schlaganfall heimgesucht – rechtsseitig gelähmt war, bemühte sich zwar noch den gemeinschaftlichen Tisch zu besuchen und zuweilen in seiner Kapelle die Messe zu lesen, aber die klösterliche Disziplin ließ doch merklich nach. Die Lebensvorstellungen so mancher Geistlicher hatten freies Spiel, und es kam zu großen Nachlässigkeiten; diese konnte der Prälat freilich nur noch mündlich und oftmals sehr verzerrt erfahren. Allgemein hegte man die Erwartung, der geschwächte Abt werde die Prälatur niederlegen, aber zu diesem Schritt sah er sich nicht genötigt, denn geistig war er seinem Amt gewachsen. Unter diesen besonderen Umständen herrschte nicht nur zwischen Abt und Konvent eine andauernde Spannung, sondern auch unter den Konventualen selbst ein fortwährendes Klima des Mißtrauens und der Eifersucht, dem Abt Cölestin bis zu seinem Tode entgegenzuwirken versuchte.[66]

Der neue Abt Gallus Hammerl (1776–1793) fand bei seiner Wahl im Juli 1776 nicht die Zustimmung aller Konventualen, wenngleich der größere Teil die weltoffene Lebensart von Gallus bejahte; ein Teil jedoch, dem die älteren Kapitularen angehörten, witterte gar Gefahr in Gallus' aufgeschlossener Familie: Der Vater hatte sich nämlich als Bürgermeister von Donauwörth verdient gemacht, die Schwester war Gattin des bekannten Stadt- und Garnisons-Physikus Niklas Düval und sein Bruder von mütterlicher Seite, Dr. Schwemmer, tat sich als Hofmedikus in München hervor. Einige der Senioren sahen Gallus als verdächtig an, weil er Reisen, Spielen und Jagden nicht abgeneigt schien. Deshalb wollten sie durch Protestieren bei den bischöflichen Abgeordneten seine Einsetzung verhindern, doch war man sich bald zwischen dem bischöflichen Ordinariat und der bayerischen Regierung einig, daß einer Weihe zum Prälaten nichts im Wege stand. Königsdorfer beschreibt die liberale Gesinnung Gallus' folgendermaßen: »Selbst kein Freund von allem dem, was man längst und besonders zu seiner Zeit, größtentheils nur zu einseitig, als mönchisches Unwesen zu verschreien anfieng, und empfänglich für alles, was den Seinigen zum Vergnügen, Nutzen und Ruhm gereichen konnte, that er das möglichste oder ließ doch das möglichste geschehen, wodurch dieser Zweck zu erreichen war.«[67] Zunächst entschloß sich der Abt, das Konventgebäude des Klosters um einen dritten Stock zu erhöhen, nur der Westflügel bedurfte dieser Erhöhung nicht. Die neuen Räume sollten den Patres als Bibliothek, physikalisch-mathematisches Armarium, Meditations- und Kapitelsaal zur Verfügung stehen. Nicht vergessen werden sollten die Gästezimmer und Speisesäle, an deren Einrichtung man nicht sparte. Johann Nepomuk Hauntinger, der im Jahre 1784 auf seiner Reise durch Schwaben und Bayern auch durch Donauwörth gekommen war, äußerte sich in seiner Reisebeschreibung mit folgenden Worten: »Der kaisersheimsche Beamte hatte die Güte, uns in das Benediktinerkloster zum hl. Kreuz zu führen, wo wir vom Herrn Prälaten Gallus sehr verbindlich aufgenommen wurden ... Das Gebäude ist überhaupt neu, und so viel es Raum zuläßt, regulär gebaut und die nicht unfeine Kirche mit einer Galerie versehen ... Der berühmte Professor Beda Mayr wurde sogleich auf unser Begehren uns vorgeführt, der uns dann in den Büchersaal, ... begleitete ..., es werden auch nach und nach alle Gattungen Bücher angeschafft, so daß sich schon einige Klassen gut ansehen lassen ...«[68] Beim Kauf der Bücher für die neue Bibliothek und wissenschaftlicher Geräte bediente sich der Abt stets des Rates seines Freunds und Mitbruders Beda Mayr, über den an anderer Stelle noch ausführlicher berichtet werden soll. Ihm, einem Vertreter der Aufklärung, vertraute Gallus die Bibliothek und Leitung der Studien an, und so war es verständlich, daß auch die Aufklärungstheorien mühelos in das Kloster Heilig Kreuz vorstoßen konnten. Bauerreiss betrachtet die Benediktiner-abtei Heilig Kreuz in Donauwörth sogar als einen gewissen Mittelpunkt der klösterli-chen Aufklärung im Süden.[69] [70]

Abt Gallus war bestrebt, sein Kloster zu einem glanzvollen Zentrum der Kunst, Musik, Bildung und Wissenschaft zu machen. Er schätzte den Umgang mit Fremden jeden Standes und jeder Konfession, nahm gerne Gäste auf und bewilligte, selbst jederzeit zu einer kleinen Reise bereit, auch seinen Mönchen mehr oder weniger lange Abwesen-heit von der Abtei. So braucht es nicht zu verwundern, daß gerade zur Zeit des Abtes Gallus bedeutende Geister in Kunst und Wissenschaft hervorstachen. Erwähnt seien nur Beda Mayr, der Theologe und Literat, Franz Xaver Bronner, der Idyllendichter, Gregorius Bihler, der Musiker, Bernhard Stocker, der Geschichtsschreiber und Cölestin Königsdorfer, der spätere letzte Abt des Stifts, der in seiner »Geschichte des Klosters zum Heiligen Kreutz in Donauwörth« dem Kloster ein ewiges Denkmal setzte. Romu-ald Bauerreiss bemerkt in seiner Kirchengeschichte Bayerns, daß die neue geistige Erneuerungsbewegung der Aufklärung dringend notwendig war, denn im Klosterwesen war eine geistige Verengung eingetreten, hervorgerufen durch eine Überbelastung des klösterlichen Tagewerks mit ausgedehntem Chorgebet und zahlreichen Vigilien, durch eine Einengung in klösterliche und kirchliche Kleinvorschriften und in das klösterliche Strafrecht mit Geißelungen und Klosterkerker.[71] Auf der anderen Seite trug die neue Entwicklung im Kloster Heilig Kreuz auch einige bedenkliche Züge, die Königsdorfer anführt: man liebte Zerstreuung und Unterhaltung, ließ Klosterzucht und Hausord-nung zu sehr außer acht, ja es muß schließlich sogar so weit gekommen sein, daß geheime Gesellschaften ihre Fühler bis in die Klosterzellen auszustrecken wußten. Erschwerend kam in Heilig Kreuz hinzu, daß der Abt gegen versteckte Intrigen der Konservativen im Konvent kämpfen mußte. Die ältere Generation, noch ganz in »ihrer« Zeit verhaftet, wehrte sich energisch gegen das Neue; mißfällig schielte sie auf die schwindende Zucht und konnte und wollte die Jüngeren nicht verstehen, die sich aufgeschlossen mit der neuen Philosophie auseinandersetzten und sich dankbar die Erkenntnisse der Naturwissenschaften wie Mathematik und Physik zu eigen machten; das »sapere aude« hatte eben auch die jüngeren Benediktinermönche erreicht. Joseph Hörmann beurteilt in der Festschrift für Alois Knöpfler den beständigen Unfrieden im Kloster Heilig Kreuz so, daß die Zwistigkeiten ursprünglich nicht hervorgerufen wur-den durch den Gegensatz alter und neuer Grundsätze, sondern durch Streitereien um Klosterämter und persönliche Parteiungen.[72] Vermutlich gingen die persönlichen Gründe und die Konfrontation zwischen Altem und Neuem Hand in Hand, verschärf-ten somit die Positionen und führten eine Zerrüttung des klösterlichen Zusammenle-bens herbei. Als Abt Gallus' Gegner im Konvent Klage beim Ordinariat in Augsburg wegen der abnehmenden klösterlichen Disziplin und der Verschwendungssucht des

Abtes erhoben, konnte Gallus aber die Bedenken des Ordinariats schnell in den Wind schlagen. Er wußte seine finanziellen Ausgaben zu rechtfertigen und seine Gastfreundschaft, die die Zeit mit sich brachte, war ihm nicht anzulasten; von auffallender Unordnung oder einem Vergehen des Abtes und seiner Zöglinge konnte ebenfalls keine Rede sein; die bayerische Aufklärung, die in das Kloster vorgedrungen war, wollte ja nicht kirchenfeindlich und revolutionärer Anstoß sein, sondern stilles Weiterwachsen und innere Erneuerung.[73] Der Prälat war rehabilitiert, sein auffallendster Gegner vorerst in das Reichsstift Ottobeuren versetzt. Mit der von innen wiederhergestellten Ruhe dehnte sich der kulturelle Glanz des Stifts ständig weiter aus, zumal sich keine Schwierigkeiten wirtschaftlicher Art ergaben. Der Abt bewirtete zahlreiche Gäste jeden Ranges in seinem Kloster und genoß auch selbst Gastfreundschaft in nahen und fernen Abteien, Schlössern und Häusern hochangesehener Herren. Als Gallus am 18. Mai 1793, von seinem Konvent und vom Volke gleichermaßen betrauert, gestorben war, hielt kein anderer die Trauerrede auf ihn als der große Theologe Johann Michael Sailer.[74] [75]

2 Seelsorge

Die Benediktiner von Heilig Kreuz bemühten sich nicht nur innerhalb ihrer Ordensgemeinschaft um ein reges religiöses Leben, sondern wirkten auch nach außen und gaben der Bevölkerung – soweit es ihnen möglich war – vielfach Halt und Unterstützung, gerade in Zeiten der Not; besonders war den Mönchen natürlich an ihrer eigenen kleinen Pfarrei gelegen.

a) Orte und Höfe der Pfarrei Heilig Kreuz

Zweifelsohne hat das Kloster Heilig Kreuz schon seit frühen Zeiten selbständige Seelsorge-Tätigkeit in den Orten Lederstatt und Zusum und später auch am Quell-Haus und Stillberg-Hof ausgeübt. Der Weiler Lederstatt, bei Steichele angegeben mit drei Bauernhöfen, 32 »Seelen«, eine Stunde nordöstlich von Donauwörth, gehörte ehemals den Herren von Werd, die den Ort an die Klosterstiftung Heilig Kreuz übergaben; die Seelsorge hat das Kloster aber erst 1167 im Zuge eines Tauschverfahrens vom Pfarrverband Berg übernommen. Die Landeshoheit über Lederstatt besaßen Bayern und Pfalz-Neuburg. Zusum, angegeben mit sechs Häusern (= Schwaighöfen), 46 »Seelen«, eine Stunde südlich der Donau am Flüßchen Zusam, gehörte, abgesehen von dem Wirtshaus des Ortes, ebenfalls zur Pfarrei Heilig Kreuz. Von den fünf Schwaighöfen Zusums, die besonders durch ihre Kreuzkäseherstellung für das Kloster berühmt wurden,[76] waren vermutlich vier Schenkungen der Herren von Werd. Die hohe Obrigkeit über den Ort stand bei der Markgrafschaft Burgau, die niedere übte Heilig Kreuz. In Zusum erbauten die Bewohner im Jahre 1630 die Kapelle St. Sebastiani, wo 1637 die Erlaubnis zur Feier der heiligen Messe erteilt wurde. In dieser Kapelle beging man alljährlich in würdiger Form das Fest des heiligen Sebastian, und einige Male im Jahr lasen die Mönche von Heilig Kreuz Messe. Die Kapelle war für die Bewohner von Zusum besonders wichtig, weil sie in Regenzeiten durch die über die Ufer tretende Donau von ihrer Klosterpfarrei abgeschnitten wurden; nun war ihnen wenigstens die Möglichkeit eines Kirchenbesuchs gegeben, zumal sich die Mönche bemühten, Zusum bei Hochwasser auf dem

Wasserweg zu erreichen. Weiter gehörte zur Pfarrei das Quell-Haus, eine Stunde süd-westlich Donauwörths, mit sechs »Seelen«, und der Stillberger Hof, östlich von Donau-wörth, der nach der Säkularisation im Jahre 1810 von der Pfarrei Heilig Kreuz getrennt und der Pfarrei Neffsend (= Schäfstall) angegliedert wurde. In Lederstatt und Zusum wurde schon im Mittelalter eine unabhängige Seelsorge mit eigenem Baptisterium und Cömeterium gehandhabt. Aus einer Urkunde vom 5. April 1569 geht hervor, daß der Augsburger Bischof Kardinal Peter v. Schaumberg (1424–1469) dem Abt Johannes von Heilig Kreuz und seinen Nachfolgern die Vollmacht erteilt hatte, bei den Einwohnern von Lederstatt und den Dienstleuten des Klosters selbständige Seelsorge auszuüben.[77] Ein Taufbuch von Heilig Kreuz zeigt, wer im Jahre 1579 zum Baptisterium gehörte: alle Dienstleute im »Umfange« des Klosters, das Amthaus, der Bauhof und die Pfisterei, alle Untertanen in Zusum mit einer Ausnahme und alle Untertanen in Lederstatt.[78] [79]

b) Patronatsrechte in Mündling und (Donau-)Münster

Dem Kloster Heilig Kreuz war nicht nur eine eigene Pfarrei angegliedert, es verfügte auch über die Patronatsrechte in Mündling und Donaumünster. Das Patronatsrecht der Pfarrei Mündling, die im Eichstätter Sprengel lag, ging vermutlich, wie Steichele schreibt, von den Herren von Werd als Patrimonialgut an die Staufer über und wurde am 9. April 1226 von Heinrich VII. an das Kloster Heilig Kreuz geschenkt; Bischof Heinrich von Eichstätt inkorporierte am 7. Dezember 1230 die Kirche von Mündling dem Kloster.[80] Das unmittelbare Reichsdorf Donaumünster mitsamt dem Patronats-recht der dortigen Pfarrkirche und dem Kirchensatz gelangte durch Ankäufe des Abtes Ulrich II. bis zum Jahre 1365 ganz in den klösterlichen Besitz; die Pfarrei Donaumün-ster wurde dem klösterlichen Gotteshause am 25. Februar 1363 durch Bischof Mar-quard von Augsburg angeschlossen.[81] Der Gnadenbrief König Rupprechts (von der Pfalz) aus dem Jahre 1404 bestätigte dem Kloster u. a. die unabhängige Vogteilichkeit und niedere Gerichtsbarkeit über alle Untertanen; im Dorfe Donaumünster durfte es sogar den Blutbann ausüben.[82] Die Blutgerichtsbarkeit wurde aber nur einmal, zur Zeit der Prälatur Gallus Hammerls (1776–1793), vollzogen; die Hirtin von Zusum hatte ihr sieben Jahre altes Töchterchen und ihr elf Wochen altes Söhnchen in der Donau ertränkt und sich freiwillig dem Gerichtsdiener von Donaumünster gestellt. Damit war der Anlaß für die Ausübung einer traurigen Pflicht gegeben: Nach langwierigen Unter-suchungen und einem Prozeß verurteilte man die Hirtin am 15. Mai 1787 zum Tode durch das Schwert.[83]

Das Patronatsrecht von Donaumünster sollte den Äbten von Heilig Kreuz einige Sorgen bereiten. Nachdem Abt Stephan Lenz (1551–1557) im Jahre 1553 Ottheinrich, dem Pfalzgrafen und Herzog von Neuburg, eine Besteuerung der Leute und Renten Donaumünsters für vier Jahre erlaubt hatte, währte die pfalzgräfliche Gunst nicht allzu lange, und dem Dorfe wurde ein Jahr später ein lutherischer Pfarrer aufgezwungen. Natürlich beharrte Heilig Kreuz auf seinem Patronatsrecht und dem Kirchensatz, aber alle Protestationen, Verhandlungsversuche und Bemühungen, rechtliche Schritte ein-zuleiten, blieben zwecklos. Erst als das Herzogtum Neuburg wieder katholisch gewor-den war, ohne Befragung des Abtes selbständig einen katholischen Priester einsetzen wollte und die Bewohner von Donaumünster in dem Installationsdekret wie Untertanen behandelte, konnte durch Protestation und Kontradiktion von seiten des Klosters erreicht werden, daß Pfalzgraf Wolfgang Wilhelm Nachgiebigkeit zeigte.[84] Ab 1616 übte Heilig Kreuz sein Patronatsrecht wieder voll aus, wenngleich es auch später noch in gelegentliche Streitereien mit der Pfalzgrafschaft verwickelt war: Im Jahre 1746, als es von Pfalz-Neuburg aus beschuldigt wurde, es entziehe Donaumünster dem Bayerischen Reichskreis, und 1794, vor der Wahl des Abtes Cölestin Königsdorfer, als die Pfalzgrafschaft erneut Rechte auf Donaumünster geltend machen wollte.[85]

In Donaumünster, das ungefähr 400 Gläubige zählte,[86] wurde nur einmal aushilfsweise unter Abt Balthasar (1621–1631) die Seelsorge von den Benediktinermönchen übernommen[87], und ein Pater von Heilig Kreuz, Symbert Gerstner, versorgte zur Zeit der Auflösung des Klosters Heilig Kreuz die dortige Gemeinde; man faßte bezüglich Donaumünster das Patronatsrecht der Benediktinerabtei im Sinne eines Bestimmungsrechts bzw. Präsentationsrechts der Pfarrei auf. Dagegen hat das Kloster zur Zeit des Abtes Amandus im Jahre 1712 das Patronatsrecht Mündlings im Zuge eines Vertrags mit dem damaligen Mündlinger Pfarrer dahingehend geändert, daß die dortige Pfarrei ständig von Konventualen des Klosters besetzt wurde.[88] Erster Pfarrer der 900-Seelen-Gemeinde[89], der von Heilig Kreuz kam, war Pater Kolumban Mayr; ihn ersetzte Pater Anselm Seidel, der sogar sechzehn Jahre dort wirkte; schließlich folgten Patres, die mehr oder weniger lange in Mündling belassen wurden. Der Mündlinger Pfarrei-Filiale Gunzenheim nahmen sich ebenfalls die Mönche von Heilig Kreuz an; das Benediktinerstift hatte seit Abt Amandus Röls genügend Kapitularen, die es mit solchen Seelsorge-Pflichten beauftragen konnte.[90]

Auch zur Zeit der großen Bautätigkeit im 18. Jahrhundert wurden die Pfarreien Donaumünster und Mündling nicht vergessen. Für den Bau und Unterhalt des Pfarrhofs von Donaumünster wollte Abt Amandus Röls allerdings auch seinen Bruder, den Reichsprälaten von Kaisheim, zur Kasse bitten; dieser nämlich hatte das Patronatsrecht von Erlingshofen, das mit Donaumünster zu einer Pfarrei zusammengewachsen war, inne. Nachdem eine endgültige Einigung zustandegekommen war, durch die Kaisheim das Benediktinerstift Heilig Kreuz in der Pfarrei Baierfeld entschädigte, trug Abt Amandus allein die Kosten für Bau und Unterhalt des neuen Pfarrhofs von Donaumünster.[91] Ebenso ging der Bau des Langhauses der Donaumünsterer Pfarrkirche auf Kosten des Barockprälaten von Heilig Kreuz vonstatten.[92] In Gunzenheim ließ Abt Amandus die Kirche mit einem neuen Schiff versehen.[93] Die Pfarrkirche in Mündling wurde 1753 von Abt Cölestin Hegenauer neu errichtet.[94] Von Heilig Kreuz aus bemühte man sich also nicht nur um die Erfüllung der Seelsorge-Pflichten in den Pfarreien Donaumünster und Mündling, sondern war auch bestrebt, dort das Aussehen der Kirchen und Pfarrhöfe zu verschönern und ihnen eine würdige Gestalt zu verleihen.

c) Aufgaben der Seelsorge und Nächstenliebe

Das Gotteshaus von Heilig Kreuz stand für die Gläubigen von nah und fern immer offen. Wenn die Mönche nicht durch Kriegsgeschehnisse daran gehindert wurden, versorgten sie das gläubige Volk mit öffentlichem Gottesdienst, standen auf der Kanzel und saßen im Beichtstuhl. Als Donauwörth in der Reformationszeit protestantisch war, erhielten auch die katholischen Einwohner der Stadt und zusätzlich die in benachbarten protestantischen Orten der Pfalz wohnenden Katholiken gemäß einer von Kardinal und Bischof Otto erteilten Vollmacht vorübergehend von Heilig Kreuz aus Seelsorge und Sakramente.[95] Bis 1630 die Kapuziner den Konvent von Heilig Kreuz entlasteten, feierten die Benediktiner öffentlichen Gottesdienst in der Deutschordens-Commende, wobei dieser an Sonn- und Feiertagen mit Predigt, mittwochs und freitags jedoch ohne Predigt ablief.[96] Wie oben erwähnt, kamen die Mönche von Heilig Kreuz ihren priesterlichen Pflichten auch in Zusum nach, wo sie einige Male im Jahr in der Kapelle St. Sebastiani die heilige Messe lasen, und ebenso mußten im Stillberg-Haus und Lederstatt die Aufgaben der Seelsorge erledigt werden. Unter Abt Balthasar (1621–1631) war es vonnöten, daß die Konventualen zusätzlich die Betreuung von Donaumünster und Tapfheim übernahmen, denn zu seiner Zeit fehlte es merklich an weltlichen Priestern.[97] Abt Andreas (1669–1688) ließ sich – so ist bekannt – selbst bei der schlimmsten Witterung durch nichts daran hindern, zu Fuße zum nahegelegenen Dorf Riedlingen zu laufen, um dort den Gottesdienst zu zelebrieren.[98]

Die festliche Gestaltung öffentlicher Messen lag den Äbten von Heilig Kreuz sehr am Herzen. Abt Leonhard (1602–1621) ordnete an, die besten Chorbücher, Missalen, priesterliche Gewänder und Gemälde herbeizuschaffen;[99] Abt Balthasar bemühte sich, wahre Andacht und häufigere Teilnahme an den Sakramenten des Altars und der Bußanstalt besonders unter den Neubekehrten der Stadt- und Landbevölkerung zu fördern und führte unter Mitwirkung des Dominikanerordens 1623 die Erzbruderschaft »Maria vom Siege« bzw. »des heiligen Rosenkranzes« ein. Von dieser Zeit an begannen die Marianischen Versammlungen, die an jedem Marienfest und jedem ersten Sonntag des Monats, sofern er nicht zu nahe an einem solchen Fest lag, stattfanden und nach folgendem Muster verliefen: feierliche, musikalisch umrahmte Vesper, Predigt, Abbetung des Rosenkranzes, Prozession durch Gruft und Kreuzgang oder auch im Freien und zuletzt eine Marianische Hymne mit Figuralmusik.[100] Abt Andreas erschien die Verkündigung des Wortes Gottes so wichtig, daß er sehr oft, besonders an Marienfesten, selbst auf die Kanzel stieg, um zum Volke zu sprechen. Ebenso eifrig war er im Beichtstuhl tätig, denn er hielt es für die beste Gelegenheit, »Wunden kranker Seelen« und »Leiden der Armut« an seinen »Schäflein« heilen zu können.[101] Besonderes Vertrauen und die Liebe der Donauwörther konnte Amandus Röls gewinnen, sicherlich hervorgerufen durch die Charaktergröße dieses Abtes, ebenso durch das Frömmigkeitsstreben der Barockzeit und den Wohlstand, der sich infolge der Bautätigkeit im Kloster auch auf die Bürgerschaft auswirkte. Der Zulauf zur Kirche war so groß, daß laut Königsdorfer beim fünfzigjährigen Jubiläum der Prälatur Amands 13 000 Menschen das Sakrament der Firmung erteilt werden konnte.[102]

Die Äbte und Konventualen von Heilig Kreuz führten auch so manche Prozessionen, Wallfahrten, Bitt- und Kreuzgänge der Donauwörther an oder nahmen zumindest daran teil. Dem bekanntesten Kreuzgang, der, wie schon genau geschildert, im Jahre 1606 das geschichtsträchtige Kreuz- und Fahnengefecht zur Folge hatte, schritt Prior Georg Beck voran; es war ein Auflehnen gegen den Protestantismus.[103] Erinnerungswürdig ist auch der Kreuzzug nach Kaisheim im Jahre 1615, bei dem die Patres von Heilig Kreuz von Hunderten von Gläubigen aus Donauwörth und Umgebung begleitet wurden, die ihrem Dank für die wiedergewonnene freie katholische Religionsausübung im pfalzneuburgischen Gebiet Ausdruck verleihen wollten.[104] Prachtvoll waren die Bußprozessionen der Rosenkranzbruderschaft, die alljährlich dreimal stattfanden und ihren Höhepunkt in der Karfreitagsprozession hatten, an die sich ein Passionsspiel anschloß. Unter Mitwirkung der Bevölkerung wurden bei diesen Prozessionen lebende Bilder aus dem Alten und Neuen Testament sowie Sinnbilder dargestellt. Bis in das 18. Jahrhundert hinein nahmen Geißler (Flagellanten) in eigenen Geißelröcken an den Umzügen teil und unterzogen sich öffentlich ihren Bußübungen.[105] Bittgänge waren in Donauwörth, das von vielen Kriegsnöten – verbunden mit Seuchen und ansteckenden Krank-

13   *Stuckierte Decke im Vorraum zur Prälatur und Initialen: AA SC (Amandus Abbas Sanctae Crucis)
      und dem Wappen des Abtes Amand Röls, datiert 1698*

14 *Kloster Heilig Kreuz, mit Veitskapelle und Klostergarten und Wappen von Abt Amand Röls.*
Stuckvedute von Dominikus Zimmermann im Festsaal von Kloster Neresheim

15   *Kombiniertes Stifter-, Kloster- und Abtswappen vor der Prälatur, 1698*

heiten – heimgesucht wurde, oft nötig. Da die Kriegszeiten bereits ausführlich Erwähnung fanden, sollen hier nur kurz die Krankheiten angesprochen werden, die, wie in den Pfarrbüchern vermerkt, in Donauwörth erhöhte Sterbeziffern zur Folge hatten: Im Jahre 1627 grassierte die »Pestis«, 1689 die »Weiße Ruhr«, 1704 »Lues«, 1742 und 1743 waren »Gefährliche Kranckh.- und Sterbszeiten«, um 1775 trat das Faulfieber »Febris putrida« auf, und vor allem 1780–1783 und 1790 suchten die Städter schlimme Seuchen heim. Hier griffen die Patres von Heilig Kreuz tatkräftig im Dienst der Nächstenliebe ein und wurden unersetzlich in der Krankenpflege. Manch einen kostete die schwere Pflicht sogar das Leben.[106] Namentlich traf es 1742 den Pater Marian Littich, der sich bei einem Krankenbesuch ansteckte, Pater Benedikt Mair, der sich 1794 am Krankenbett mit Typhus-Erregern infizierte und im gleichen Jahr Pater Edmund Eiselin, den dasselbe Schicksal ereilte.[107]

Aufgrund der Verbote, welche der städtische Magistrat dem Kloster in der Reformationszeit erteilte, weiß man, daß das hochwürdigste Sakrament auch von Heilig Kreuz aus zu den Sterbenden gebracht wurde, wobei der Mesner mit Lichtern und Klingel den Weg bahnte. Leichname von Katholiken wurden gewöhnlich vom ganzen Konvent mit lautem Singen und Beten begleitet; bei diesem Gang trugen die Kapitularen das Kreuz voran und setzten Windlichter, manchmal Trauerfackeln und Weihrauch, ein.[108] Die Benediktiner versorgten aber nicht nur Schwerkranke und Tote, sondern sie erteilten auch die Sakramente der Taufe, Firmung und Ehe.[109]

Besonders den Armen und Bedürftigen ließen die Prälaten und Konventualen von Heilig Kreuz große Fürsorge zukommen. Zur Zeit der Gegenreformation war Prior Beck den Hilfesuchenden ein Helfer in Rat und Tat, er richtete die Ängstlichen auf und spendete Trost.[110] Ebenso bemühte man sich im Kloster, den Notleidenden finanzielle Unterstützung zu gewähren, oder, wenn die Not ganz groß war, die Bevölkerung mit Naturalien zu versorgen. Von Abt Cölestin (1748–1776) beispielsweise weiß man, daß er Hilfsbedürftigen jeder Art und jeden Standes reichlich Almosen an Geld, Getreide, Holz und ähnlichem schenkte.[111]

Durch besondere Nächstenliebe zeichnete sich Abt Gallus Hammerl aus, nach dessen Tod im Jahre 1793 der große Theologe Johann Michael Sailer die Trauerrede hielt. Sailer schildert die Mildtätigkeit des Abtes folgendermaßen: »Diesen milden Sinn, ..., hatte Gallus; darum kam er seinen Unterthanen so gerne zu Hülfe, milderte so gerne ihre Abgaben, so oft Hagel oder Mißwachs Anlaß dazu gaben, oder ein anderes Unglück dazu aufforderten... Am schönsten zeigte sich seine Liebe – gegen die Armen und gegen die Studirenden, denen es zum Studiren nur am zeitlichen Vermögen fehlte. Er ließ jährlich zehn aus diesen die Kost reichen ... Einigen ließ er auch Kleider machen, andere bekamen von ihm ein Wochengeld, und nur zu Schul- und anderen nützlichen Büchern, die er den Dürftigen und andern austheilen ließ, wurden jährlich hundert Thaler verwendet. Vielen Jünglingen machte er einen Beytrag zur Erlernung eines Handwerks... Die Hausarmen, solche Familien, die sich zu betteln schämen, auch Kranke und Presthafte fanden seine Hand – besonders milde und offen zum Geben... Seine Almosen waren aber nicht nur groß, edel in sich, sie waren auch groß der Summe

16 *Aus dem Deckenbilderzyklus von Jakob Carl Stauder in der Klosterkirche: Kaiser Maximilian I.*
   mit der 1513 gestifteten Monstranz und Amand Röls mit dem Klosterplan von 1721.
   Die Kreuzreliquie mit den adorierenden vier Erdteilen.

nach – denn sie stiegen, ..., jährlich auf zweytausend Gulden, die er größtentheils aus seinem eigenen Depositum bestritt.«[112]

So waren also Abt und Konvent von Heilig Kreuz ein Zufluchtsort der Seelsorge und Caritas, und die Patres versuchten stets, die Not der Bevölkerung zu lindern und ihr die Stütze des katholischen Glaubens in Wort und Tat zu vermitteln.

IV Wirtschaftliche Verhältnisse

Es würde wohl den Rahmen dieser Ausführungen sprengen, eine genaue Auflistung der Schenkungen, Käufe und Wechsel des Klosterbesitzes zu unterbreiten oder genaue Angaben über Einkäufe und Abgaben zu liefern; es sollen hier jedoch verschiedene Gesichtspunkte der Wirtschaftskraft des Stifts angerissen werden, denn als finanzielles Fundament des Klosters nimmt die Ökonomie eine Stellung von nicht geringer Bedeutung ein.

1 Güter des Stifts und klösterliche Haushaltung

Der älteste Güterbesitz von Heilig Kreuz, der dem Kloster durch die Stiftungen der Mangolde von Werd zugefallen war, fand schon eine Erwähnung bei der Abhandlung der Klostergründung. Dieser Besitz hat im Laufe der Jahre und Jahrhunderte durch Schenkungen an die Abtei, Zukauf und Tausch mancherlei Veränderungen erfahren, deren genauer Nachvollzug sicher eine interessante Aufgabe wäre.

a) Grundherrschaftliche Güter und Gefälle gegen Ende des 18. Jahrhunderts

An Hand einer geographischen Karte vom Jahre 1807 sollen hier, soweit möglich, die Orte und Höfe aufgeführt werden, aus denen das Kloster Abgaben empfing. Sicherlich ist damit kein Hinweis für irgendwelche Veränderungen des Güterbesitzes im Laufe der Zeiten gegeben, und die folgende Auflistung will auch nicht den Anspruch auf bis in das kleinste Detail gehende Vollständigkeit erheben, aber es wird doch ein Überblick über die geographische Ausdehnung der grundherrschaftlichen Güter des Klosters und der Gefälle geliefert; dabei lag das Hauptausdehnungsfeld in der Reichspflege Wörth, in pfalz-bayerischen und Oettingen-Wallersteinschen Gebiet, darüber hinaus aber auch in der Markgrafschaft Burgau und in der Grafschaft Pappenheim.
Nach dem Gült-Register des Jahres 1795 war das Kloster in folgenden Orten Obereigentümer über Güter, von denen es die darauf haftenden Getreidegülten bezog:

Auchsesheim (Auxesheim)	vier Höfe
Berg	zwei Drittellehen
Binsberg	zwei Höfe
Kleinsorheim	eine Hube
Dorfen (Dorfheim)	ein Hof
Ebermergen	ein Lehen, eine Mühle
Erlingshofen	drei Höfe
Galgenhof (= Kreuzhof bei Berg)	
Gaishardt	zwei Höfe

Gremheim	ein Hof
Großelfingen	ein Hof, eine Hube
Großsorheim	ein Halbhof, ein Hof
Gundelfingen	zwei Höfe
Hamlar	ein Hof
Herbertshofen	ein Lehen
Heroldingen	ein Hof
Höfstetten (Hofstätt)	ein Hof
Huisheim	zwei Halbhöfe, eine Hube
Hungerstall (= Schießerhof)	
Leinisberg (= Bergershof)	
Lutzingen	ein Hof, ein Lehen
Ober- und Untermagerbein (Magerbaind)	ein Hof
Maitingen (Mayingen)	ein Hof
Mertingen	zwei halbe Lehen
Möttingen (Mettingen)	ein Hof
Möggingen	ein Hof, eine Hube
Mörslingen (Mörschlingen)	fünf Höfe, ein Lehen, zwei Halbhöfe
Mündling (Mündlingen)	sechs Höfe, vier Viertelhöfe, zwei Halbhöfe, eine Hube
Donaumünster (Münster)	sechs Höfe, ein Lehen
Oppertshofen	ein Hof, ein Lehen
Reimlingen	ein Hof
Riedlingen	neun Höfe, drei Lehen
Salchhof	
Seibertsweiler (= Faulhof)	
Schellenbergerhof (Schellenberg)	
Schrattenhofen	ein Lehen
Stillberghof (Stillberg)	ein Hof
Dittelspoint (Tittlsbaind)	ein Hof
Unterglauheim	ein Hof
Unterwallbach (Wallbacherhof)	ein Hof
Ursheim	ein Hof
Wechingen	ein Lehen
Zusum	fünf Schwaighöfe[1]

Gemäß einer »Auszeigung« hat das Kloster Heilig Kreuz in den Jahren 1786–1795 Grundzinsen, Gült-, Zehent- und Gerichtsbarkeits-Gefälle in folgenden Orten außerhalb Kurpfalz-Bayerns erhoben (die folgenden Ortsnamen in der damaligen Schreibweise):
Allerheim, Appetshofen, Bissingen, Brachstadt, Dirrnzimmern, Dorfheim, Ebermergen, Eberweinschway, Eggelstetten, Gaißhardt, Großelfingen, Groß-Sorheim, Hamlar, Herbertshofen, Hofstetten, Huttenbach, Kallertshofen, Kesselostheim, Klein-Sorheim, Leinisberg, Magerbein, Mauren, Mayingen, Mettingen, Möggingen, Münster, Neudegg, Oberhöllberg, Oppershofen, Pfaffenhofen, Reimlingen, Rettingen, Salchhof, Schrattenhofen, Seibertsweiler, Sonderhof, Stillnau, Tingen, Tittlsbaind, Trowinkel, Unterkatzenschway, Ursheim, Wechingen, Zusum; die Summe dieser Gefälle betrug im Durchschnitt pro Jahr 4281 Gulden 7 Kreuzer und 7 Heller.[2]
Im »Revenüenetat des Oberamts zum Hl. Kreuz« in Donauwörth 1803 (N. 37) werden Zehent-Rechte des Klosters im Oettingen-Wallersteinschen Gebiet festgehalten (alte Ortsnamenschreibweise):
Auacker, Büchelhof, Grundhof bei Harburg, Harthof, Katzenstein, Krazhof, Laechle bei Mündling, Listhof bei Harburg, Prinsee, Rieselacker bei Harburg, Rohnheim, Salchhof, Stetthof, Stockacker.[3]

Zehentpflichtig im Pfalzbayerischen waren laut »Revenüenetat des Oberamts zum Hl. Kreuz« in Donauwörth (N. 37):
Buchdorf, Bürgschwey, Daiting, Dreiwinkelschwey, Gosheim, Gunzenheim, Hochfeld, Hoserschwey, Hungerstall, Lederstatt, Mündlingen, Münster, Oberhoellberg, Reichertswies, Rettingen, Rothanschwey, Stillberg, Sulzdorf, Titelsbaindt, Trowinkel, Zusum (Großzehent nur auf einigen Äckern).[4]
Den Kirchensatz erhielt die Abtei aus Baiersfeld[5], Mündling[6] und Donaumünster[7]; das Dorf Donaumünster befand sich ganz in Besitz des Klosters.[8]
Die Höfe Neudeck, den Muttenhof und den Ramhof hatte Heilig Kreuz in Bestand[9] gegeben.[10]

Der Waldbesitz umfaßte eine Fläche von 1198¾ Morgen:

Ottenhard	800	Morgen	
Hochholz	36	Morgen	im Gebiet des Ramhofs
Freyloos oder Drittlholz	6	Morgen	
Mönchshau	75	Morgen	
Heuberg	8	Morgen	
Ziegelhau	20	Morgen	am Schellenberg gelegen
Grünberg	50	Morgen	
Neudecker Hofholz	40	Morgen	im Ebermergener Revier
Grundhölzl oder »dürre Eiche«	5	Morgen	im Revier von Mauren
Mittelhölzl oder »Lerrinder«	2¼	Morgen	
Hahnenhau	50	Morgen	im Thurmecker Bezirk
Vogthölzl	7	Morgen	
Riedersberg	82	Morgen	an der Grenze zwischen Pfalz-Neuburg und Oettingen-Wallerstein
Muttenholz	17½	Morgen	im Allerheimer Revier[11]

b) Einnahmen und Ausgaben

Die Einnahmen und Ausgaben des Klosters waren nicht zuletzt abhängig von den jeweiligen Zeiten. Im Dreißigjährigen Krieg beispielsweise, als das Land vom Militär schwer verwüstet wurde, hatte auch der klösterliche »Wohlstand« seinen Tiefpunkt erreicht, denn neben den Verlusten, die das Kloster selbst durch zahlreiche Einquartierungen, Geld- und Lebensmittelforderungen erlitten hatte, waren auch die Untertanen des Klosters verarmt und nicht mehr in der Lage, ihre Abgaben zu leisten. Abt Konrad (1631–1644) mußte als »Bettler« in die Fremde ziehen, um finanzielle Unterstützung für Heilig Kreuz zu finden.[12]
Zum Höhepunkt wirtschaftlichen Wohlstandes führte Abt Amandus Röls (1691–1748) das Kloster. Man kann hier guten Gewissens sagen: »Viehställe und Traidböden waren gut versehen, Küche und Keller gepflegt, die Rechnungen stimmten, und sogar die Silberkammern waren wohlbestellt,«[13] als er abtrat. Nach einem Jahr seiner Prälatur, die er mit leeren Kassen angetreten war, konnte Amandus folgenden Gewinn erzielen:

	fl.	kr.	hl.
Summe der Einnahmen	9860	13	1
Summe der Ausgaben	9671	51	5
Überschuß an Bargeld	188	21	3

Dieser Aktivrest erhöhte sich,

	fl.	kr.	hl.
von 1692 bis 1693 auf	544	52	6
von 1693 bis 1694 auf	2 600	26	4

und erreichte bis zum Jahre 1702,
trotz des kostspieligen Klosterbaus

fl.	kr.	hl.
7421	54	2

Mit der Schlacht am Schellenberg 1704 begann, verursacht durch abnehmende Einnahmen und zunehmende Ausgaben, eine kurze Zeit bedeutender Passivreste, die aber in der Rechnung von 1708 bis 1709 wieder gänzlich getilgt wurden:

	fl.	kr.	hl.
bei einer Einnahme von	11 346	13	2
und einer Ausgabe von	8 187	5	3
ergab sich ein Überschuß von	3 159	7	6

Der Überschuß vermehrte sich bis zum Jahre 1710 auf 6472 fl. 56 kr. 1 hl., stieg von Jahr zu Jahr bald weniger, bald mehr und erreichte, obwohl inzwischen Bau und Ausstattung der Klosterkirche getätigt waren, in der Rechnung von 1738 bis 1739:

	fl.	kr.	hl.
bei Einnahmen von	68 911	29	1 ½
bei Ausgaben von	8 974	45	
die bare Summe von	59 936	44	1 ½[14]

Die Einnahmen flossen dem Kloster hauptsächlich von seinen grundherrschaftlichen Gütern zu, auf denen jedoch auch gewisse Abgaben lasteten. Alljährlich wurden Heilig Kreuz Gefälle in Form von Naturalien oder auch Geld zugeführt; damit hatte das Kloster seine Haushaltung zu gestalten. Seit dem großen Aufschwung durch Abt Amandus wäre es übertrieben, von einem armen Stift zu sprechen. Es ist wohl nicht vermessen, wenn man Heilig Kreuz, nach den Worten Benno Hubensteiners, als wohlhabende Abtei bezeichnet.

Nicht vergessen werden sollten bei der Aufzählung der Einnahmen die Stiftungen, die das Kloster von frommen Bürgern erhielt. Beispielsweise stiftete am 2. Februar 1645 Hanns Heinrich Härl zu Fartha und Kampenhausen, ehemaliger Bürgermeister von München, 1000 Gulden zur Gründung eines Jahrtags und einer fortwährenden Wochenmesse für sich und seine Erben; Frau Maria Anna Ursula Schmidin, Witwe aus Donauwörth, stiftete 1727 die sogenannten Schneemessen, wofür »ein jeder Besitzer des Schneegartens« einen jährlichen Grundzins mit 5 Gulden zu zahlen hatte oder – um ein letztes Beispiel zu nennen – Frau Maria Anna Bacherin, gewesene Wachsmacherin in Donauwörth, stiftete 150 Gulden für einen Jahrtag nebst Seelenmessen für sich und die ganze Freundschaft.[15]

Doch nicht nur Einnahmen konnte Heilig Kreuz verzeichnen; es mußte selbstverständlich auch große Summen für die eigene Haushaltung aufbringen und alljährlich Abgaben leisten.

Immense finanzielle Belastungen trafen das Kloster zur Zeit der Einquartierungen im französischen Revolutionskrieg. Königsdorfer hat in seinem Werk ein Verzeichnis aufgenommen, in dem sich alle Ausgaben und Verluste während dieser französischen Einquartierungen in der Zeit vom 20. Juni bis 17. Juli im Jahre 1800 finden:

Zahlungen an barem Geld	fl.	kr.
abgenötigte Offerten	836	–
Bezahlung von Sauvegarden	113	20
Loskauf von Pferden	44	–
	993	**20**

Getränke		
Champagner, Burgunder- und Rheinwein	159	26
9½ Eimer Neckarwein, à 36 fl.	342	–
detto 2 Eimer, 32 Maaß, à 30 fl.	75	–
10¾ Eimer Österreicher-Wein, à 24 fl.	258	–
Likör und Spiritus	33	–
10 Maß Branntwein	4	40
braunes Bier	38	–
34 Eimer weißes, à 2 fl.	68	–
detto 10½ Eimer, à 2 fl. 30 kr.	26	15
	1 003	**81**

Fleisch		
Ochsen-, Kalb-, Schaf-, Schweine-, geräuchertes Fleisch, Schinken, Speck und acht Milchschweine	286	15
nochmals Rind- und Schweinefleisch	55	–
30 Pf. rotes Wildbret, 5 Rehe	30	–
118 Hühner und Koppen, 32 Gänse, 20 Enten, 10 Hennen	75	36
	446	**51**

Fasten- und Spezerei-Waren		
Fische, Schmalz, Butter, Eier	184	45
515 Pf. Käse, Milch, Rahm	118	30
Zucker, Kaffee, Gewürze, Zitronen, Öl, ...	175	15
Kern, Roggen, Mehl, Brot, ...	236	–
	713	**90**

Vieh und Fourage		
Heu, Grummet, ungef. 400 Zentner	960	–
Stroh, über 30 Schober	180	–
Kleien, 8 Scheffel	32	–
75 Scheffel, 3 Metzen Hafer, Fesen, Gerste	875	–
zwei Zugpferde	480	–
ein Reitpferd	110	–
ein Stier	20	–
ein Läufel	9	–
14 Gänse, Hennen u. anderes Geflügel	22	12
	2 688	**12**

Gerätschaften		
15 Klafter Holz, à 4 fl.	60	–
gestohlenes Silber	64	–
gestohlenes Zinn, Kupfer, und anderes Geschirr	52	54
Leinwand, Tisch- und Bettzeug	64	30
Bücher, Landkarten, Schreibmaterial	33	–
ein Reitsattel, zwei Reitzäume	22	–
ein Klarinett	11	–
ausgelegte Botengänge, Reisen	84	31
	391	**15**

Dies alles ergibt eine Gesamtsumme von	**6 236**	**69**[16]

Auf die Bezahlung der klösterlichen Bediensteten soll später eingegangen werden. Zur Illustration der mehr oder weniger hohen Abgaben, welche das Kloster alljährlich zu leisten hatte, sollen hier einige Beispiele, die im Auflösungsvertrag von 1803 niedergeschrieben sind, herausgegriffen werden: Der erste, der aus den Gemeinden Mündling und Gunzenheim an der Fastnacht im Kloster erschien, erhielt einen Gulden 50 Kreuzer, den sogenannten »Faßnacht-Vortheil«. Natürlich war dieser finanzielle Verlust in keiner Weise belastend für die Kassen des Klosters; er sei hier nur seiner Besonderheit wegen festgehalten. Zum Stadtalmosen hat das Kloster wöchentlich drei Gulden beigetragen, wozu es aber – wie ausdrücklich betont wird – nicht verpflichtet gewesen wäre. 200 Gulden an Dominikalsteuer waren pro Jahr nach Neuburg zu entrichten. Die Steuerkassen des Hochstifts Augsburg zogen auf jede Extrasteuer 330 Gulden ein und gewohnheitsmäßig in Friedenszeiten jährlich zwei »simpla« von 660 Gulden. Diese Liste ließe sich noch lange fortsetzen.[17]

c) Wirtschaftliche Bedeutung der »Käs-Gült«

Die Ordensregel der Benediktiner verbot, außer im Falle einer Krankheit, den Fleischverzehr.[18] Wenn auch diese Regelung in späteren Zeiten lockerer gehandhabt wurde, so gab es doch noch viele Fastentage, an denen den Mönchen der Genuß von Fleisch verboten war.[19] Da die Kirche den Gläubigen für viele Tage und Wochen des Jahres das gleiche Gesetz verordnet hatte und viele Fromme es sogar noch für sich ausdehnten, nahm der Verbrauch von Käse neben Mehl-, Eier- und Milchspeisen nicht nur im klösterlichen Haushalt, sondern auch auf dem öffentlichen Markt eine bedeutende Stellung ein.[20]

Wie Königsdorfer berichtet, hatten die Väter aus St. Blasien die Kunst mitgebracht, Käse von so besonderer Art zu verfertigen, daß dieser Gaumen und Gesundheit gleichermaßen zuträglich war, und demgemäß waren die fünf klösterlichen Schwaighöfe im Weiler Zusum und zwei andere nahegelegene, die Neubauernschwaige und die Höllbergschwaige, damit beauftragt worden, dem Kloster anstatt der üblichen Getreidegült eine gewisse Menge Käse zu liefern. Im Mittelalter mußten sich die Schwaiger von Zusum zur Abgabe von insgesamt 1428 Stück verpflichten.[21] Die Käse nannte man Kreuzkäse, einerseits nach dem Namen von Heilig Kreuz, andererseits aber auch, weil ihnen die Form des Kreuzpartikels aufgedrückt werden mußte; die sieben Schwaigerinnen waren gemäß ihres alljährlichen Eides an folgende Vorschrift gebunden: Die Verfertigung des Käses hatte in den Monaten Mai, Juni, Juli und September zu geschehen, und zwar in einer Zeit von fünf bis sechs Stunden ohne allen Feuers. Zu jedem Stück mußten 24 »Maaße« frischer Milch verwendet werden, so daß es an Gewicht genau 5 »Nürnberger Pfunde«, nach der Breite 6 ½ Zoll, in der Höhe 6 Zoll betragen konnte. An dieser Stelle soll auf die amüsante Beschreibung des Käses, die Königsdorfer überliefert, nicht verzichtet werden: »Wenn sie in ein mit Wein benetztes Tuch eingeschlagen wurden, erhielten sie sich bis in die zwey Jahre ganz gut. Wo die Rinde nicht stark genug, oder die Pflege derselben zu sehr vernachlässigt war, da sprangen sie im ersten Falle auf, liefen aus, und giengen in Fäulniß über; im zweyten aber zeigten sich eine Menge kleiner, ganz weisser Würmchen, die auf ein Teller gebracht beträchtliche Bogensprünge machten, auf der Zunge aber, wenn man sie speißte, ziemlich süß und schmackhaft befunden wurden.«[22] Die Abfälle aus Rinden und ausgelaufenem Fett ergaben einen Streichkäse, der sich, mit Wein oder Branntwein benetzt, wie Butter auf

Brot essen ließ und von den Donauwörthern und auswärtigen Familien als Delikatesse geschätzt wurde.[23]

Dieser beliebte und bedeutende Nahrungs- und Handlungszweig sah sich bald den argwöhnischen Blicken von anderen Schwaigern ausgesetzt; jene drückten schließlich ihren Käsen auch ein Kreuz auf und verkauften sie zum Schaden des Klosters als echte Käse von Heilig Kreuz. Schon 1430 hatte sich deshalb Abt Johannes von König Sigismund einen Brief ausstellen lassen, in dem den Schwaigbesitzern um Werd und anderswo strengstens untersagt wurde, ihren Käsen das Kreuzzeichen aufzudrücken. Da dieses Verbot jedoch die Gewinnsucht einiger Schwaiger nicht abschrecken konnte, erneuerte Kaiser Friedrich III. 1444 und 1477 den Brief König Sigismunds, und die Herzöge Heinrich und Ludwig die Reichen von Bayern-Landshut verboten ebenso für ihr Land diese Fälschung.[24]

Die Herstellung und Abgabe des Kreuzkäses erstreckte sich bis zur Auflösung des Klosters, wenn auch in den Jahren davor die Zahl der abgelieferten Stücke zugunsten von Geldabgaben beträchtlich zurückgegangen war, sei es durch das Nachlassen des alten Herstellungseifers, sei es durch den Verlust der Viehweide, den die Donau zu einem großen Teil abgeschwemmt hatte; in den letzten Jahren des Klosters blieb nicht einmal mehr genügend Käse zum eigenen Gebrauche für Heilig Kreuz übrig; doch von seinen Liebhabern war der »Kreuzkäs« noch immer stark gesucht.[25]

2 Auswirkung der Wirtschaftskraft von Heilig Kreuz auf seine Untertanen und die Donauwörther Bevölkerung

Der Wohlstand des Stifts, der mit Abt Amandus eingesetzt hatte, wirkte sich nicht zuletzt auf das Wohlergehen der Stadt aus, die ganz besonders von der großen Bautätigkeit der Prälaten profitierte. Die Äbte von Heilig Kreuz konnten, wenn es in einzelnen Fällen notwendig war, den Untertanen Nachlaß gewähren, den Donauwörthern Unterstützung zukommen lassen und überhaupt den Hilfsbedürftigen tatkräftig zur Seite stehen.

a) Heilig Kreuz als Arbeitgeber und finanzielle Stütze

Die Bürger Donauwörths hatten keinen geringen Gewinn von »ihrem« Kloster. Wenn es um Heilig Kreuz gut stand, brauchte auch die Stadt nicht zu klagen. Königsdorfer schätzt die Summe, die Handwerkern, Handelsleuten und Künstlern zufloß, auf jährlich 10 000 Gulden, manches Jahr noch mehr. Während der Prälatur des baufreudigen Abtes Amandus hatten vor allem die Donauwörther Handwerker und Künstler ein reiches Auskommen. Von den städtischen Handelsleuten wurde im Kloster stets vielerlei benötigt, und vornehmlich die zahlreichen Fischerfamilien aus der »Vorstadt Wernitzried« fanden in den Mönchen gute Abnehmer für ihre Fische, denn die vielen fleischfreien Fastentage konnten von den Benediktinern nicht nur mit Kreuzkäse überbrückt werden.[26] Auch die häufigen Gäste des Klosters haben den Donauwörthern einige Gulden eingebracht. Insbesondere aber die Wallfahrer, die Jahr für Jahr in großen Scharen dem Kloster zuströmten, gaben ihr mitgebrachtes Geld in der Stadt aus, und es wird wohl nicht oft vorgekommen sein, daß ein Donauwörther Gastwirt am Hungertuch nagen mußte; neben dem geistigen mußte doch auch für das leibliche Wohl gesorgt werden.

Nicht unerheblich war außerdem, daß die Donauwörther »Söhne« die Klosterschule besuchen konnten, sowohl die Gymnasialklassen, als auch, wenn sie wollten, sogar noch höhere Klassen; dabei war es möglich, unentgeltlich ein Instrument oder das Singen zu erlernen. In studierenden Knaben, die von auswärts kamen, fanden die Donauwörther Buben gewiß manch guten Freund, der ihren Blickwinkel über die Stadt hinaushob.[27]

Johann Michael Sailer schildert in seiner Trauerrede für Abt Gallus Hammerl die große Mildtätigkeit des Prälaten, die den Armen der Stadt und den Studierenden zugute kam; Gallus bedachte die Bevölkerung alljährlich mit meist mehr als 2000 Gulden aus seiner eigenen Kasse.[28]

In Zeiten des Wohlstands fanden viele Bedienstete, entweder aus Donauwörth selbst oder von auswärts stammend, Anstellung im Kloster. Sie erhielten neben einer Entlohnung freie Kost, Getränke, Holz, Licht, freie Wäsche und kamen nicht selten in den Genuß von Trinkgeld, das Gäste des Klosters oft recht freizügig austeilten. Genaueren Einblick in die Besoldung bietet eine Auflistung der Gehälter im Auflösungsvertrag der Abtei:

Die »Dienerkost« bestand wöchentlich aus einem Laib Brot und täglich aus einem Pfund Ochsen- bzw. Bratenfleisch und zwei Maß Bier.

Dies erhielten:

der Konventdiener	sowie eine Bezahlung von 20 Gulden pro Jahr
der Bäcker	sowie eine Bezahlung von 20 Gulden pro Jahr
der »Meßner« und Schneider	sowie eine Bezahlung von 40 Gulden pro Jahr
der Koch	sowie eine Bezahlung von 60 Gulden pro Jahr
der Nachtwächter	sowie eine Bezahlung von 25 Gulden pro Jahr
der Torwart	sowie eine Bezahlung von 16 Gulden pro Jahr
der Baumeister	sowie eine Bezahlung von 34 Gulden pro Jahr

Die »Bauhofkost« wurde in dem an das Klostergebäude grenzenden Bauhof, dem Ökonomiegebäude von Heilig Kreuz, ausgeteilt, von dem aus man die klostereigene Landwirtschaft bestellte. Die Kost bestand werktags aus einer Suppe, Kraut und acht »Nudeln«, an Feiertagen aus einem halben Pfund Ochsenfleisch und vier »Nudeln«; dazu wurde ein zwölfpfündiger Laib Brot gereicht.

Dies erhielten:

der Krankenwärter	sowie eine Bezahlung von 22 Gulden pro Jahr
der Abspüler	sowie eine Bezahlung von 10 Gulden pro Jahr
die Abspülerin	sowie eine Bezahlung von 8 Gulden pro Jahr
der Einheizer	sowie eine Bezahlung von 6 Gulden pro Jahr
der Gartenknecht	sowie eine Bezahlung von 16 Gulden pro Jahr
der Kutscher	sowie eine Bezahlung von 30 Gulden pro Jahr
der 1. Knecht	sowie eine Bezahlung von 26 Gulden pro Jahr
der 2. Knecht	sowie eine Bezahlung von 20 Gulden pro Jahr
der 3. Knecht	sowie eine Bezahlung von 17 Gulden pro Jahr
die Baumeisterin	sowie eine Bezahlung von 15 Gulden pro Jahr
die 1. Magd	sowie eine Bezahlung von 10 Gulden pro Jahr
die 2. Magd	sowie eine Bezahlung von 10 Gulden pro Jahr
die 3. Magd	sowie eine Bezahlung von 7 Gulden pro Jahr

Auch die Besoldungen belasteten die Kassen von Heilig Kreuz: Der Pfarrer in Donaumünster erhielt jährlich 60 Gulden an Geld und an Getreide ein Schaff Korn, ein Schaff Roggen, ein Schaff Gerste und ein Schaff Hafer; sieben Gulden und drei Schaff Roggen bekam der Pfarrer in Baierfeld, und der Oberamtmann wurde sogar mit 400 Gulden, einem Eimer Wein für 20 Gulden, mit Korn, Roggen, Gerste, Hafer, Wellen und Bier besoldet und hatte zusätzlich die Nutznießung eines »Krautbetts« im Krautgarten von Donaumünster.

Ferner erhielten Besoldung: der Pfarrer von Mündling, der Doktor, der Chirurg, der Gärtner und zugleich Gastdiener, der Amtsdiener, die Köchin, die Holzwarte von Gunzenheim, Wolpertstetten, Kesselostheim und Ebermergen, der »Schlottfeger« (Kaminkehrer), der Schulmeister von Gunzenheim, die alte Köchin, der Amtsschreiber und der Kammerdiener.[29]

b) Sorge um die Untertanen

Die Prälaten des Klosters Heilig Kreuz sahen es nicht nur als ihre Aufgabe an, regelmäßig die Abgaben ihrer Untertanen in Empfang zu nehmen, sondern sie standen auch, wo Hilfe nötig war, mit Rat und Tat zur Seite, sei es, daß fällige Abgaben oder Pacht nicht entrichtet werden konnten, sei es aus völlig uneigennütziger Handlungsweise heraus. Als ein Beispiel selbstloser klösterlicher Hilfe soll die Fürsorge um die Untertanen auf dem Muttenhof gegen Ende des 18. Jahrhunderts dienen: Roger Stark und seine Frau besorgten das Hofgut anfangs nur als Baumeister und Meisterin, wurden, wie Königsdorfer schreibt, reichlich dafür entlohnt und erhielten vollkommenen Unterhalt für sich und ihre Kinder; aber anscheinend gewöhnten sie sich bei zunehmendem Wohlstand eine andere Lebensweise an. Während die Frau wohl etwas verschwenderisch mit dem Geld umging, muß der Mann gegen Frau, Knechte und Taglöhner zuviel Nachsicht gezeigt haben und der Haushaltung nicht gewachsen gewesen sein, so daß sich Abt Gallus genötigt sah, die bisherige Verwaltung in einen Bestand[30] von 600 fl. umzuändern. Um die festgelegten Zahlungen leisten zu können, hätte Roger Stark seine bisherige Wirtschaftsführung ändern müssen, doch alles geriet langsam in Verfall, die Frau starb, und schließlich wurde auch Stark vom Tod hinweggerafft. Zurück blieben sieben Waisen im Alter von drei bis siebzehn Jahren und ein tief gesunkenes Landgut, in dem auch noch die Schweizerei, die Grundlage aller Ökonomie auf der Muttenau, durch eine Viehseuche ruiniert war. Im Kloster nahm man sich fürsorglich um die Waisen an. Außer dem Ältesten, den Abt Gallus in eine Brauerlehre nach Dillingen schickte, wurden die Kinder teils auf klostereigenen Höfen, teils im Kloster selbst untergebracht und erhielten unentgeltlich Kost, Kleidung und Unterricht. Die finanzielle Absicherung der Kinder wurde gewährleistet, indem man auf Kosten des Klosters ein Inventarium über alles verfaßte, was den Waisen an Möbeln und Geräten aus dem Hof überlassen werden konnte, klösterliche Forderungen strich und das Inventar teils zu Geld machte, teils unter die Kinder verteilte. Den Elternlosen war somit ein Kapitalvermögen von mehr als 2000 Gulden zugesichert, das sich durch Verzinsung noch bedeutend vermehren konnte.[31]

An diesem Beispiel zeigt sich, daß finanzielle Ansprüche des Klosters gegenüber den Untertanen in Notfällen außer acht gelassen wurden und Heilig Kreuz in vorbildlicher Weise für die Hilfsbedürftigen sorgte.

V Heilig Kreuz als geistig-kultureller Mittelpunkt

Heilig Kreuz, Mittelpunkt des geistig-kulturellen Lebens, welch großartige Leistungen wurden im Kloster auf diesem Gebiet vollbracht: Ein neues Klostergebäude und eine beeindruckende Klosterkirche bereicherten die Barockzeit, es wurden wissensdurstige Kinder unterrichtet, es wurde musiziert, Theater gespielt und Bedeutendes auf literarischer und wissenschaftlicher Ebene geleistet.

1 Neubau des Klosters und der Kirche

Durch die Initiative des großen Barockabtes Amandus Röls entstand bis zum Jahre 1700 das Klostergebäude in neuer Gestalt. Anschließend begann der Prälat seinen großen Lebenstraum zu verwirklichen, ließ die baufällige gotische Klosterkirche abreißen und die Heilig-Kreuz-Kirche in barockem Gewande erbauen. Das Gotteshaus wurde am 30. April 1741 durch den Augsburger Weihbischof Johann Jakob von Mayr eingeweiht und bietet bis heute den Katholiken aus allen Himmelsrichtungen einen würdevollen Rahmen für die Feier der heiligen Messe.

a) Klostergebäude

Amandus Röls (1691–1718) sorgte für den Abbruch des alten, baufälligen Klosters und erstellte in den Jahren 1696–1700 ein neues Klostergebäude; nur der von Abt Andreas Hausmann (1669–1688) um das Jahr 1680 erbaute Westflügel des Klosters entging dem Abbruch.

Der Kupferstich von J. A. Zimmermann aus dem Jahre 1790 zeigt einen – wenn auch nicht ganz maßstabsgetreuen – Überblick über die Klosteranlage: Wir sehen das barocke Klostergebäude, das von Abt Gallus Hammerl (1776–1793) bis auf den Westflügel, der schon die richtige Höhe hatte, noch um ein drittes Stockwerk zur Unterbringung wissenschaftlicher Sammlungen erhöht wurde, die in den Jahren 1717 bis 1720 erbaute Heilig-Kreuz-Kirche mit dem Friedhof, das Schulhaus, ehemals dem klösterlichen Oberamtmann als Wohnung dienend, die Kloster-Pfisterei, die St.-Veits-Kapelle und das von Abt Amandus neu erbaute Ökonomiegebäude, an das der Klostergarten grenzte.

Ohne eine detaillierte Beschreibung der ganzen Anlage zu geben, soll hier kurz Wesentliches über das Klostergebäude und die noch aus der Klosterzeit erhaltenen Kunstgegenstände erwähnt werden: Die Abtei stellt sich als vierflügeliger Bau dar, der unmittelbar an die Südseite der Kirche stößt. Die Klosterflügel umschließen den Kreuzhof und den kleineren, östlich davon gelegenen Brunnenhof; der Südflügel stößt weit nach Osten vor. Das äußere Erscheinungsbild ist bis heute unverändert.

Dem Klostergebäude integriert ist die am Westflügel an die Kirche grenzende, um vierzehn Stufen vertiefte Gruftkapelle; sie stammt noch aus der Zeit des Abtes Andreas Hausmann (1669–1688) und stellt sich dar als ein einschiffiger, rechteckiger Bau zu fünf Achsen mit rechteckigen, rundbogig eingezogenen, geschlossenen Fenstern; der zwei Achsen umfassende Chorraum ist um eine Stufe erhöht und durch ein schmiede-eisernes kunstvolles Gitter – eine Arbeit des Donauwörther Schlossers Andreas Arnold aus dem Jahre 1670 – abgeschlossen. Wir finden in der Gruftkapelle Deckenbilder aus dem 17. Jahrhundert, ein Stuckmedaillon mit Pietà und eine dreiteilige Wappenkartusche mit den Wappen des Klosters, des ersten Stifters und des Abtes Amandus Röls. Weiter wird die Decke von kräftigem Stuck aus saftigem Akanthus und kurzen Fruchtgirlanden aus dem späten 17. Jahrhundert geziert; in der Mitte fällt ein leeres, außen von Putten besetztes Stuckmedaillon auf. Die Betstühle stammen aus der Zeit um 1650. Dazu beherbergt die Gruftkapelle einige Gemälde aus dem 16. und 17. Jahrhundert und zwei Holzfiguren, nämlich eine um 1480 entstandene spätgotische Muttergottes und eine Verkündigungsgruppe aus der ersten Hälfte des 18. Jahrhunderts; ferner befinden sich im Chorraum die Begräbnisstätten der Prälaten Andreas Hausmann und Amandus Röls und Votivtafeln, welche Zeugnis über die Wallfahrt ablegen. Die wichtigsten Gegenstände in der Gruftkapelle stellen der heilige Kreuzpartikel und die geschnitzte Pietà aus dem frühen 16. Jahrhundert dar. Diesen beiden Anziehungspunkten der Wallfahrt ist heute wieder ihr alter Standort auf zwei kostbaren Barockaltären zugewiesen, die aus der Werkstatt des aus Tirol stammenden Donauwörthers Johann Paul Tschiderer kommen. Der Kreuzaltar aus dem Jahre 1705, in dem in einem Tabernakel der Kreuzpartikel verwahrt ist, wurde am ersten Jahrestag der Schlacht am Schellenberg (2. Juli 1704) von Donauwörther Bürgern zum Dank für ihre Errettung gestiftet. Die Kreuzesreliquie in ihrer Kreuztafel findet zusammen mit den zwei legendären Dornen aus der Spottkrone Christi in der barocken Kreuzpartikelmonstranz aus dem Jahre 1716 Anbetung und Verehrung; die Monstranz aus teilvergoldetem Silber – eine Arbeit des Augsburger Goldschmiedes Franz Anton Bettle – weist am Fuß vier Emaillen mit einer Kreuzigungsdarstellung und den Wappen der Mangolde, des Klosters Heilig Kreuz und des Abtes Amandus Röls auf. Auf dem zweiten Altar, geschaffen im Jahre 1701, thront in einer Nische die Pietà, der vor allem in der Barockzeit größte Verehrung gezollt wurde. Von den gemalten Antipendien der zwei Altäre stellt das eine den schon geschilderten vergeblichen Versuch einer Frau dar, im Jahre 1312 den Kreuzpartikel zu rauben, das andere die Sage von der Pietà, die 1546 angeblich schmalkaldische Truppen mit vorgespannten Pferden erfolglos von ihrem Platz zu rücken versuchten. Von der Kapelle aus führt östlich eine Tür in den Kreuzgang; in ihm stecken wie in der »Gruft« noch einige Teile des mittelalterlichen Baus.[1]

Das Innere des Klostergebäudes wurde seit der Einrichtung des Cassianeums vielfach verändert und modernisiert, einiges blieb aber aus der Klosterzeit erhalten. Den äußeren Haupteingang an dem nach Osten vorstoßenden Südflügel ziert das von Löwen gehaltene Wappen des Abtes Amandus Röls mit folgender Inschrift:
EXSTRUCTUM SUB REV.^{mo} DNO. D. AMANDO HUIUS NOMINIS I^{mo} ABBATE AO. 1698. An der Tür darunter erkennt man Beschläge aus Bandwerk und leichtem Akanthus aus der Erbauungszeit. Über der östlichen Eingangstür befindet sich zusammen mit dem Kloster- und Stifterwappen das Wappen des Amandus Röls, von einer Fruchtgirlande aus Stuck umrahmt und von Stuckputten gehalten; auf der südlichen Eingangstür ist eine

stuckierte Rokokokartusche zu sehen. Ebenfalls aus der Erbauungszeit stammt der Rahmenstuck an den Decken der beiden Stockwerke des Kreuzganges. Die Kunstgegenstände im Kreuzgang entspringen zum größten Teil der Sammlung Ludwig Auers. Aus klösterlicher Zeit jedoch rühren die dortigen zahlreichen Grabsteinfragmente und Steinepitaphe her, darunter die Grabsteine einiger Äbte. Unter den zwanzig Lokuliverschlußplatten aus Solnhofer Stein befindet sich die des Abtes Amandus Röls mit Wappenkartusche und der Bezeichnung A. A. 1748 und die des Abtes Cölestin Hegenauer mit Rokokowappen und der Bezeichnung C. A. 1776.[2]

Im ehemaligen Festsaal des Klosters, dem Gallussaal, der heute wieder als Konzertsaal[3] genutzt wird, sticht dem Besucher beim Eintritt sofort eine überlebensgroße holzgeschnitzte Muttergottes aus der Barockzeit ins Auge, deren Herkunft aber noch nicht ganz geklärt ist. Die Decke des Raums schmückt ein etwa 10 m langes und in seiner Mitte etwa 6 m breites Fresko in fein profiliertem Stuckrahmen, bezeichnet mit »I. B. Enderle«. Der Donauwörther Künstler Johann Baptist Enderle hat es im Jahre 1780 im Rokokostil gemalt. Es zeigt in vier Bildern die wichtigsten Szenen aus der Klostergeschichte, deren genaue Beschreibung im Hinblick auf ihre große Bedeutung nicht umgangen werden soll. Das erste Bild stellt zentral den Kreuzpartikel dar, den Mangold I. von Werd aus Konstantinopel mitgebracht hat. Schwebende Engel, von denen die Himmelskönigin umgeben wird, halten die kostbare Reliquie, die den Anlaß zur Klostergründung gab und auch die künstlerische Einheit der vier Bilder herstellt. Auf der linken Seite des ersten Bildes ist Mangold I. in eiserner Ritterrüstung, umwallt von einem blauen Mantel, den Blick zum Kreuzpartikel emporhebend, zu erkennen, hinter ihm seine Gemahlin Tutta, seine Schwester Irmentraut in kostbarem Gewande und, im Klosterhabit, seine Tochter Gunderada, begleitet von einer zweiten Klosterfrau; eine Tafel zeigt eine alte Ansicht von der Mangoldburg. Die Zahl 1034 bezeichnet das Jahr dieser ersten Klostergründung. Auf der rechten Seite des Bildes steht Mangold III., ebenfalls in eiserner Rüstung und mit violettem Mantel. Der Edle von Werd weist mit der rechten Hand zum Kreuzpartikel empor, mit der linken deutet er auf eine Tafel, die das Bild eines größeren Klosterbaus zeigt und von einem Baumeister mit seinem Gehilfen gehalten wird; hinter ihm sehen wir die ersten Mönche des Klosters mit ihrem Abt Dietrich an der Spitze. Ein Knabe hat die zweite päpstliche Bestätigungsurkunde mit drei Siegeln für die Benediktinermönche und der Inschrift »Paschalis II. 1101« in der Hand. Die Mitte des Bildes nimmt ein Tisch ein, auf dem Schreibzeug steht; eine herabhängende Rolle trägt die Inschrift »bona fundationis«, »Güter der Gründung«, die dem Kloster bei der Gründung reichlich zugeflossen waren. Auf einer Balustrade halten Engel zwei Wappen, das Wappen der Mangolde, zwei schreitende Löwen, die sich auch im Klosterwappen wiederfinden, und ein Wappen mit der Burg Mangoldstein. »Plantaverunt« heißt die Unterschrift dieses Bildes, »Sie haben gepflanzt«, und es wurde zum Segen. Das zweite Bild des Freskos zeigt in der Mitte Kaiser Maximilian I., den größten Gönner des Klosters, in mittelalterlicher Ritterrüstung und gelbem Kaisermantel, dessen Schleppe zwei Pagen tragen; hinter ihm ist sein Gefolge dargestellt, vor ihm ein Edelknabe mit einer Urkunde; auf dieser befinden sich das kaiserliche Insiegel und die Inschrift: »Confirmatio privilegiorum 1507«; Szepter und Kaiserkrone ruhen auf einem blauen Kissen vor dem Knaben. Den Blick richtet der Kaiser auf die Kreuzestafel, mit seiner Linken zeigt er auf die von ihm gestiftete Monstranz, die von einer knienden Frauenfigur emporgehoben wird; hinter ihr steht eine zweite Frau mit einer Glasvitrine, worin sich die Kreuzesreliquie und ein Dorn befinden, angeblich ein Dorn aus der Spottkrone Christi. Daneben hält eine dritte

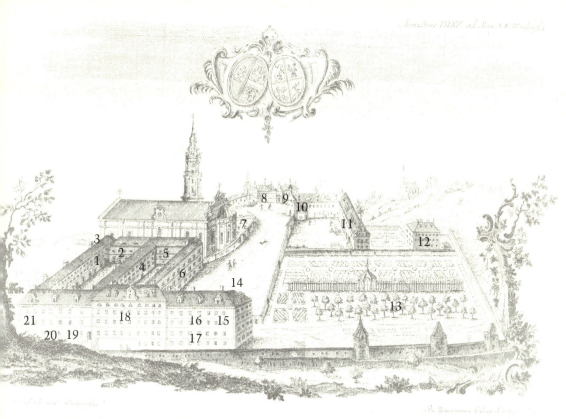

1 Mönchszellen	7 Friedhof	13 Klostergarten	19 Küche
2 Kapitelsaal	8 Klosterschule	14 Haupteingang	20 Speisesaal-
3 Gruft	9 Pfisterei	15 Armarium	Refektorium
4 Bibliothek	10 St. Veit	16 Priorat	21 Unterrichtsräume,
5 Frauenkapelle	11 Ökonomiegebäude	17 Prälatur	Musikzimmer
6 Armarium	12 Münzhaus	18 Gallussaal	

Frauengestalt die zur Monstranz gehörige, mit Edelsteinen und Perlen geschmückte Einfassung für die Kreuztafel in die Höhe. Diese drei Frauengestalten versinnbildlichen die drei göttlichen Tugenden Glaube, Hoffnung und Liebe. Auf einer das Bild zu beiden Seiten abschließenden Balustrade erkennt man Löwen mit zwei Schilden, der eine von beiden zeigt das kaiserliche Wappen, der andere trägt die Inschrift »Donationes 1512«. Unterhalb des Bildes steht »Rigavit«; Maximilian I. hat die Pflanzung der Mangolde »bewässert«. Das dritte Bild gegen Westen, unter dem »Incrementum dedit« zu lesen ist, ist Amandus Röls gewidmet; er hat dem Kloster »Wachstum gegeben«. Es ist eine auf einem reich geschnitzten Thronsessel sitzende Frauengestalt in rotem Gewande zu erkennen, deren Schoß ein schlummerndes Kind birgt und die sich zu einem etwas größeren Kind hinabbeugt; den Thronsessel krönt ein Pelikan, sein Herzblut für seine Jungen spendend. Neben dem Throne finden sich Putten, von denen eine mit den Händen ein brennendes Herz umfaßt, Versinnbildlichung der Liebe und Sorge des Abtes für seine Mitbrüder und Untertanen. Links von der Gruppe sieht man in blauem Gewande eine Frauengestalt, die mit ihrer Linken eine Tafel mit dem Aufriß von Kloster und Kirche hält und mit einem Stabe in ihrer Rechten auf die im Hintergrund

Ansicht von Heilig Kreuz kurz vor der Säkularisation, mit der einstigen Bestimmung seiner Gebäude und Räume. Kupferstich von J. A. Zimmermann, München, aus: Monumenta Boica XV

aufgemalten Kirchen von Donaumünster und Gunzenheim, ebenfalls Bauten des Abtes Amandus, weist. Winkel, Zirkel und Senkblei kennzeichnen diese Frauengestalt als Allegorie der Baukunst. Rechts erblicken wir einen Engel, der Goldstücke in eine eiserne Truhe schüttet; zwei Putten zeigen Urkunden mit den Inschriften »iurare« und »obligatio«, die sich ebenfalls auf die ausgezeichnete Finanzwirtschaft und die Wahrung der Rechte des Klosters durch Abt Amandus beziehen. In der rechten unteren Ecke des Bildes befindet sich mit der Jahreszahl 1691 das in Kirche und Kloster oftmals begegnende Wappen von Amandus Röls. Das vierte, östliche Bild befaßt sich mit der Glanzzeit des Klosters unter Abt Gallus Hammerl. In der Mitte des Bildes fällt eine rotgekleidete allegorische Frauengestalt auf; sie sitzt auf einem reich verzierten Thronsessel, in der rechten Hand einen Palmzweig, in der linken einen Merkurstab, dessen Spitze ein brennendes beflügeltes Herz darstellt; den Thronsessel krönt eine Taube mit dem Ölzweig, welcher auch im Wappen des Abtes wiederzufinden ist. Diese Allegorie versinnbildlicht die Friedensliebe und Frömmigkeit des Klostervaters und seinen Eifer für das Blühen des Klosters. Links vom Thronsessel sehen wir einen Teil der Bibliothek und mathematische, physikalische und musikalische Instrumente. Rechts vom Thronsessel kniet wieder – wie auf dem vorigen Bilde – die allegorische Figur der Architektur mit Grund- und Aufriß des Klosters in der von Abt Gallus vollendeten Gestaltung. An den Stufen des Thronsessels liegen Bauhandwerkzeuge. Ein Gedenkstein trägt die Inschrift MEM. G. A. S. C. W. MDCCLXXX. (Memoria Galli abbatis sanctae crucis Werdeae 1780). Unten links ist das Wappen des Abtes, von zwei Genien mit Schwert und Stab gehalten, aufgezeichnet. Ein Genius schreibt in das vom Zeitgott Chronos, gekennzeichnet durch Flügel, Sense und Standuhr, entgegengehaltene Buch die Worte: »Illustravit amplia«; der Prälat Gallus hat das Kloster prächtiger ausgestattet.[4]

Der Beschreibung des wertvollen Deckenfreskos wurde deswegen so viel Platz eingeräumt, weil es als eines von wenigen Kunstwerken aus klösterlicher Zeit noch vollständig in der ehemaligen Benediktinerabtei erhalten ist und weil es noch einmal in eindrucksvoller Weise die Höhepunkte der Geschichte des Klosters Heilig Kreuz widerspiegelt.

Einige Kunstgegenstände, die sich lange Zeit im Gallussaal befanden, haben im Zuge einer Restaurierung einen anderen Standort erhalten. Geblieben sind jedoch zwei Altarblätter, wovon das eine, von Johann Baptist Enderle gemalt, das Marienkind, die Mutter Anna und den hl. Joachim darstellt, das andere – eine Arbeit von Balthasar Ruepp (Riepp) – den hl. Franz von Assisi. Diese Ölbilder auf Leinwand zierten Heilig Kreuz zwar nicht zur Zeit der Benediktiner, sondern stammen aus der ehemaligen Kapuzinerkirche und haben eine große Bedeutung als Werke von Künstlern, die teilweise auch für das Kloster Heilig Kreuz tätig waren. In den Gängen vor dem Gallussaal befindet sich die unter Abt Benedikt Glocker (1557–1581) angelegte Äbtegalerie. Leider blieben uns nicht mehr alle Bilder erhalten; zu sehen aber sind beispielsweise Abt Dietrich I., die Barockprälaten Andreas Hausmann und Amandus Röls, der weltoffene Abt der Aufklärung, Gallus Hammerl, und der letzte Prälat von Heilig Kreuz, Cölestin II. Königsdorfer.[5]

Das Deckenbild im ehemaligen Speisesaal des Klosters, »Christus speist bei Simeon«

17   Klosterkirche Heilig Kreuz. Blick vom Grabmal der Maria von Brabant zum Hochaltar
     und in die 1940/41 von Franz Klemmer neu freskierte Hauptkuppel
18   Abt Andreas Hausmann (reg. 1669-1688), Erbauer der neuen Gruftkapelle

ANDREAS NOMINE, RE HAUSMAÑ, WERDEÆ ELECTUS ABBAS, SUCCURRIT
MAGNIS DEBITIS ONUSTO ET AFFLICTO MÑRIO S. CRUCIS A.MDCLXIX. REGNAT VERUS ET
SEDULUS RGLARIS DISCIPLINÆ. CULTOR ET REPARATOR, OIBUS AD VOTA FLUENTIBUS PROSPE-
RIS USQUE AD A.MDCLXXXVIII, INTRA QUOD TEMPORIS SPATIUM SUÂ DEXTERITATE, PROVI,
DENTIÂ ET SOLERTI PARSIMONIÂ MULTÙM AUGET MÑRIUM, ILLUDQUÈ ULTRA XX MILLIA FLO.
RENORUM DEBITIS EXONERAT, MAGNIS SUMPTIBUS DE NOVO CONSTRUIT CRYPTAM S.CRUCIS,
IN QUAM SOLENNI CUM PROCESSIONE S: CRUCEM COLLOCAT, IBIQUÈ SEPULTUS IACET.

aus dem letzten Viertel des 18. Jahrhunderts von Johann Joseph Anton Huber aus Augsburg, ist heute nicht mehr vorhanden.

Im sogenannten Brabantersaal im Erdgeschoß, der ursprünglich in Frauenkapelle und Kapitelsaal getrennt war und vor der Prälaturzeit des Abtes Gallus Hammerl seit 1700 als Bibliothek diente, stoßen wir auf einige bemerkenswerte Gemälde wie die vier posthumen, ganzfigurigen Portraits der Grafen von Mangoldstein in antiquierender Form des frühen 17. Jahrhunderts; auf diesen um 1650 gemalten Bildern sind noch Ansichten der Burg Mangoldstein, des ehemaligen Klosters an der Veitskirche, der gotischen Klosterkirche und der ursprünglichen Klosteranlage zu bewundern. Aus der Zeit um 1650 stammt auch ein Portrait des Kurfürsten Maximilian I. Die im Brabantersaal hängenden Bilder des Herzogs Ludwig II. des Strengen und seiner Gemahlin ebenso wie die Enthauptung der Maria von Brabant stellen nur Kopien dar, angefertigt nach den Originalen in Fürstenfeld und Schleißheim.[6]

Die Prälatur war in dem nach Osten vorspringenden Südflügel des Klosters untergebracht, wo sich auch das Hauptportal der Abtei befand. In diesem Gebäudetrakt im zweiten Obergeschoß erstrahlt seit der Restaurierung die schwere Rahmenstuckdecke aus saftigem Akanthus in neuem Glanze; sie birgt das Wappen des Amandus Röls: drei Pappeln als Sinnbild der Beharrlichkeit, ein Kranich als Symbol der Wachsamkeit[7] und dazu die Bezeichnung A. A. S. C. (Amandus Abbas Sanctae Crucis). Im sogenannten Napoleonzimmer wurden im frühen 18. Jahrhundert stuckierte Supraporten mit Muscheln geschaffen, über denen sich Büsten und Genien zwischen Stuckvasen befinden. Im östlich daneben gelegenen Zimmer sind wiederum stuckierte Supraporten mit leichtem Bandelwerk und dem gemalten Wappen des Abtes Cölestin Hegenauer (1748–1776) angebracht.[8]

Gewiß wurde die Klosteranlage hier nicht erschöpfend beschrieben, aber vielleicht wird doch ein kleiner Einblick vermittelt, von welchem Umfange sie war und welch reiche Ausstattung die Benediktinerabtei besessen haben muß. Bedauerlicherweise ging vieles im Zuge der Säkularisation verloren. Die Aufzeichnung eines genauen Plans der Räumlichkeiten, wie sie sich zur Zeit der Äbte Amandus oder Gallus darstellten, ist heute leider nicht mehr möglich.

b) Heilig-Kreuz-Kirche

Am 5. Juli 1717 kam der Reichsprälat Rogerius Röls vom Zisterzienserkloster Kaisheim nach Donauwörth und legte den Grundstein zum neuen Gotteshauses seines Bruders, des Abtes Amandus. Der Bau der Heilig-Kreuz-Kirche wurde von dem berühmten Wessobrunner Baumeister Joseph Schmuzer, der auch für Klöster wie Ettal und Rottenbuch tätig war, durchgeführt. Norbert Lieb betont die vielfältigen Beziehungen zwischen Heilig Kreuz und der Kirche in Pielenhofen, deren Baumeister der Vorarlberger Franz Beer war. Wenn auch bisher keine völlige Klarheit geschaffen werden konnte, so wird heute doch allgemein angenommen, daß Franz Beer entweder den Grundplan zur Heilig-Kreuz-Kirche erstellt oder zumindest den Plan Joseph Schmuzers überprüft, umgearbeitet oder bestimmt hat.[9]

19 Abt Gallus Hammerl (reg. 1776-1793), porträtiert von Franz Joseph Degle aus Augsburg
20 Aus den reich ausgestatteten, 1726-1728 errichteten Seitenaltären mit den barock inszenierenden Schnitzfiguren von Johann Georg Bschorer aus Oberndorf am Lech: der Rosenkranzaltar

Die Klosterkirche, ein mächtiger einschiffiger Längsblock mit hohem Giebeldach, ist gegliedert in fünf Joche, eingeleitet durch ein flaches Vorjoch in der Orgelempore und abgeschlossen mit der Chorapsis.[10] Das Gotteshaus stellt sich, in Anlehnung an das sogenannte Vorarlberger Münsterschema, als eine Anlage dar, die ein eingezogenes Chorrund und gegen das Langhaus um eine Stufe erhöhte Pfeilerkapellen aufweist. Die Untergeschosse der Pfeiler sind durchbrochen und somit die Seitenaltäre längs den Außenwänden mit Blickrichtung zum Hauptraum aufgestellt. Entscheidend wird das Raumbild durch die querschiffartige Verbreiterung der mittleren, emporlosen Kapellen geprägt, und die in der Mitte dominierende, kreisrunde Flachkuppel über der so gewonnenen »Vierung« zentralisiert. Möglicherweise wurde die Mittelbetonung angeregt von der Kreuzform des vorhergehenden gotischen Gotteshauses, in sinnbildlicher Beziehung zum heiligen Kreuzpartikel.[11]

Auch der östlich der Vierung beginnende, um zwei Stufen erhöhte Chorraum fügt sich in seiner lockeren Struktur der Zentralisation ein, genauso wie die elegant geschwungenen Emporenbrüstungen im Westteil der Barockkirche. Die Kapellenemporen im Chorraum haben gerade Balusterbrüstungen. Die pilasterbesetzten profilierten Pfeiler zeigen verkröpfte, korinthisierende Kapitelle und die Gesimse die für die Barockzeit charakteristischen schattenden Profile. Östlich und westlich der flachen »Vierungskuppel« erstrecken sich Flachtonnen mit Stichkappen, im Chorrund eine Halbkuppel mit Stichkappen und in den Kapellen Quertonnen. Das Chorrund fängt durch vier hohe, rundbogige Fenster und fünf über dem Gebälk liegende Rundfenster die morgendlichen Sonnenstrahlen auf und durchflutet die Kirche mit einem wundervollen Glanz. Die übrigen rundbogigen Fenster sind über den Emporen; dazu befindet sich je ein segmentbogiges Fenster über dem Nordportal und in der Nordwand des Chorraums und fünf nach Westen. Zu allen Tageszeiten also wird der Kirchenraum von Licht erfüllt. Das ehemalige, innen segmentbogige, außen rundbogige Westportal ist heute zugesetzt, und stattdessen befindet sich der Haupteingang mit einer geschnitzten Türe aus dem ersten Drittel des 18. Jahrhunderts auf der Nordseite. Der korbbogige Eingang zur etwas tiefer liegenden Gruftkapelle liegt unter der Orgelempore nach Süden, der Eingang zur südlich angebauten Sakristei im Chorraum. In der nördlichen Mauerdicke der Kirche findet sich die Spindel zum Turm. Norbert Lieb schildert die Wirkung des Gotteshauses: »... wirkt die Donauwörther Heilig-Kreuz-Kirche um so bedeutender in der reinen Gepflegtheit der Einzelformen und in der breiten, hellen Einheit der Raumkomposition. Es lebt in ihr ein eigenartiges Nebeneinander von Strenge und Weichheit, von Spannung und Entspannung, zur Kuppel hin, von ihr aus und wieder zurück, von Gliederung und Verbindung, von Längsfassung und Breitendehnung.«[12] [13]

Das Äußere der Kirche wird, abgesehen von der Südseite, an die das Klostergebäude grenzt, von Pilastern gegliedert. Das Dach der Halbkuppel über dem Chorraum ist mit Kupfer gedeckt, das steile Satteldach mit Biberschwänzen. Erbaut wurde die Kirche aus Ziegelstein, den man innen und außen verputzte. Im Osten wird sie durch einen Volutengiebel abgeschlossen, im Westen durch einen vom Profilgesimse dreimal unterteilten Dreieckgiebel mit Pilastergliederung. Den Kirchturm, dessen schwerer quadratischer Unterbau noch aus dem 12. Jahrhundert, also der romanischen Epoche, stammt, hat der Donauwörther Stadtbaumeister Johann Baptist Wiedemann auf 70 m bis zum Jahre 1747 erhöht. Der Oberbau mit dem geschwungenen Abschluß des Quadrates, dem ganzen oktogonalen, zweigeschossigen Aufbau, den Ecklisenen, der Galerie und der laternenartigen Zwiebel reicht schon in die Zeit des Rokokostils[14] hinein.[15]

Ende des Jahres 1719 stand das Gotteshaus, das großartige Werk Joseph Schmuzers, vollendet da, und es sollte mit der Ausmalung begonnen werden. Schon war die Arbeit Cosmas Damian Asam zugesichert, da beanspruchte Kurfürst Max Emanuel von Bayern den Meister für sein Schloß Schleißheim; Asam war deshalb nicht in der Lage, zur festgesetzten Zeit in Donauwörth zu erscheinen. Schließlich erhielt Jacob Carl Stauder, oftmals etwas abschätzig der »Ölfarbenmaler« genannt, auf Empfehlung von Franz Beer und Franz Schmuzer, dem Bruder Joseph Schmuzers, den Auftrag. Im Sommer 1720 war Stauder für einige Zeit in der Heilig-Kreuz-Kirche tätig, arbeitete den Winter über in Wessobrunn, erschien im Mai 1721 in Donauwörth und brachte sein Werk bis zum Oktober des Jahres 1721 für eine Bezahlung von 2500 Gulden zu Ende.[16]

Ginter nimmt an, daß die Benediktiner dem Maler ein Programm für seine Arbeit vorgelegt hatten, das bis in die kleinsten Details ging und in dessen Mittelpunkt immer wieder die Kreuzesreliquie stand; soweit sich die Bilder Stauders nicht auf die Klostergeschichte oder die Bibel beziehen, haben sie die in der Barockzeit blühende Marienverehrung zum Thema. Daß das festgelegte Programm und der Zeitdruck, unter den Stauder von seinen Auftraggebern gesetzt worden war, nicht gerade förderlich für die künstlerische Qualität seiner Malerei sein konnte, versteht sich von selbst. Den genauen Gedankengang und Zusammenhang dieser Bilder herauszulesen, wäre eine sehr interessante Aufgabe für einen Kunsthistoriker. In knappen Zügen hat Hermann Ginter versucht, die ausgedehnte Arbeit Stauders in Donauwörth zusammenhängend zu schildern: Der Chor verfügt über drei Deckenbilder, denen die Thematik der Kreuzesreliquie zugrunde liegt. Das östlichste stellt die Verehrung des Kreuzes und damit des Namens Jesu dar, auf den die heilige Helena, die große Verehrerin und Finderin des heiligen Kreuzes hindeutet; das zweite illustriert die Anbetung des Lammes, neben welchem das Kreuz emporragt, das dritte die Huldigung der Vertreter der vier Erdteile vor dem Kreuzpartikel. Über den Galerien der Seitenchöre finden sich südlich die Opfer Isaaks und Jakobs, vielleicht als Vorbilder des Kreuzopfers, nördlich die Entgegennahme des göttlichen Gesetzes durch Mose auf dem Sinai und die Entgegennahme des weltlichen Gesetzes durch den Kaiser aus der Hand Christi, vielleicht in der Bedeutung des Gekreuzigten als oberster Gesetzgeber. Unter den Galerien dieser Seitenchöre wird südlich Christi Verklärung und Auferstehung, möglicherweise in der Bedeutung des Sieges des Gekreuzigten, dargestellt und nördlich die Szene, wie Petrus vom Gekreuzigten berufen wird, während Paulus als Lehrer des Kreuzesglaubens einem Feuerbrand ähnlich ist, vor dem das Heidentum fliehen muß. Die Deckenbilder Stauders in der Kuppel gingen 1936 bei der Erneuerung der baufälligen Kuppel leider verloren und wurden in den Jahren 1940 bis 1941 durch das Werk des Münchener Akademieprofessors Franz Klemmer ersetzt, der als Thematik die Hl. Dreifaltigkeit mit den zwölf Aposteln und die Passion Christi, in den Zwickeln Gottvater und die Schöpfungsgeschichte hernahm.[17] Hermann Ginter aber schildert im Jahre 1930 noch das Kuppelwerk Stauders: Das große Bild weist in erster Linie auf die Hl. Dreifaltigkeit, worauf auch die Signierung des Konstanzer Malers hindeutet: »Jakobus Carolus Stauder Constant. invenit. Pictor laudat ex C(orde). To(to). SS(Sanctissimam) △ (Trinitatem)«.[18] Im Zentrum des Bildes erscheint die Hl. Dreifaltigkeit, unterhalb davon Maria und der Täufer, der Vorläufer des Gekreuzigten. Der hl. Michael stürzt den Satan von der Weltkugel, und mit diesem fällt auch ein Hohepriester, der das Wort »Crucifige« auf einem Blatt trägt. So ist die Erde frei für die Kirche, die durch eine Papstgestalt und eine Frau mit Kelch, Hostie und Kreuz repräsentiert wird. Die Kirche wird deutlich als die Vermittlerin der Lehre des Gekreuzigten gekennzeichnet. Zum Täufer treten dessen Eltern Zacharias und Elisabeth, es folgen die Heiligen Joseph, Augustinus, Hierony-

mus, Ambrosius, Gregor, Moses, Aaron, Noe und David, eine Verbindung des Alten und Neuen Bundes. Zum Kuppelbild, das in zweigeschossiger Architektur von sehr einfacher Struktur aufwächst, so berichtet Ginter weiter, gehörten inhaltlich und formell die Zwickelbilder der vier Evangelisten. Das nächste, wieder erhaltene Bild Stauders, ist westlich der Kuppel die Kreuzauffindung durch die hl. Helena, die in Bezug zum folgenden Bild der Kreuzesvision Kaiser Konstantins, steht; als Schlußbild der ganzen Kreuzfolge finden wir über der Orgel eine Madonna mit Kind, zu der arme und reiche Pilger als Kreuzträger ziehen. Ginter stellt sich die Frage, ob hier gemeint sein könnte, daß geduldiges Kreuztragen zur Seligkeit des Himmels führe. Auch in den Bildern der Seitenkapellen scheint da und dort ein Bezug zum Kreuz gegeben zu sein. Hingewiesen sei hier nur auf zwei Bilder, die sich direkt auf den hl. Kreuzpartikel des Klosters beziehen; davon zeigt das eine nördlich über dem Eingang der Kirche Mangold I. von Werd mit Frau Tutta und Kindern und ist mit folgender Aufschrift versehen: »MANGOLDUS ET ÑOE ET FUNDATIONE H. MONT. II. IS. ATTULIT HS. +CIS [CRUCIS] PART. CONSTANTINOPOLI HOC WERDA AM A° MXXVIII. XXX NOV.«[19] Das südlich gegenüber liegende Bild trägt die Inschrift: »CRUX PIA WERDENSIS NON PRAETERIT HORULA MENSIS QUIN RADIET DIGNIS PER SEX IAM SAECULA SIGNIS EX CHRON.«[20] Es stellt Kaiser Maximilian, den großen Wohltäter des Klosters, mit der Kreuzesreliquie dar sowie Abt Amandus Röls, den »Zweiten Stifter« von Heilig Kreuz, mit dem Klosterplan, auf dem die Jahreszahl 1721 steht, welche an die Vollendung der Stauderschen Malerei erinnert.[21]
Ein herrlicher Hochaltar und sieben würdige Seitenaltäre zieren die Donauwörther Heilig-Kreuz-Kirche. Der Hochaltar ist ein Werk des Franz Schmuzer von Wessobrunn, Bruder des Baumeisters. Das Altarbild mit der Verherrlichung der katholischen Kirche und der Überwindung der Laster durch den hl. Benedikt stammt von Johann Georg Bergmüller, dem fürstbischöflich augsburgischen Kabinettmaler. Flankiert wird das Bild von vier glatten marmorierten Säulen und vier überlebensgroßen Holzfiguren des hl. Petrus und hl. Paulus, die nach innen gewandt sind, und des hl. Ulrich und hl. Magnus, die nach außen blicken; über diesen Heiligen sind vier symbolische Wappen angebracht. Über dem Altarblatt befindet sich das Wappen des Amandus Röls, das auch alle Seitenaltäre ziert. Im Auszugsmedaillon wird das Bild der Verkündigung gezeigt. Das Gebälk schmücken Engel und Putten; die oberste Bekrönung ist das »Patriarchenkreuz«. Bei der Marmorierung des Altars dominieren die Farben rot-blau und gelblichgrau; Dekor und Figuren sind in Gold und Silber gehalten. Auf der Rückseite des Altars können wir noch einen Hochschrein aus dem 17. Jahrhundert finden. Neben dem beeindruckenden Hochaltar bereichern die Kirche sieben weitere Altäre, auf der nördlichen Seite von Osten nach Westen der Johann-Baptist-Altar, der Rosenkranz-Altar und der Walburgis-Altar, auf der südlichen Seite von Osten nach Westen der Johannes-Nepomuk-Altar, der Scholastika-Altar, der Amandus-Altar und der Maria-Schnee-Altar. Gleich den Altarbildern des Hochaltars stammen die Altarblätter des Walburgis-, des Amandus- und des Maria-Schnee-Altars von Johann Georg Bergmüller. Die Altarblätter der beiden großen Seitenaltäre, des Rosenkranz- und des Scholastika-Altars, sind Werke des Münchener Asamschülers Joseph Adam Müller, die Bilder der kleinen Seitenaltäre, die den Heiligen Johann Baptist und Johannes Nepomuk geweiht sind, malte Franz Hagen von Neuburg an der Donau. Der Bildhauer der großen Figuren Zacharias und Elisabeth am Rosenkranz-Altar und der Heiligen Joachim und Anna am Scholastika-Altar war Johann Georg Bschorer aus Oberndorf am Lech. Wahrscheinlich kommen auch die zwei großen Engel am Johann-Baptist-Altar und die Skulptur am Johannes-Nepomuk-Altar aus der Werkstatt Bschorers. Die Statuen der Heiligen Willi-

bald und Wunibald am Walburgis-Altar und die Figuren der beiden Benediktinerpäpste, des hl. Gregor des Großen und des hl. Zacharias, sowie die Engel am Maria-Schnee-Altar sind vermutlich Werke des Bildhauers Stephan Luidl von Dillingen.[22]

Als Zierde der Kirche gilt auch der reiche Stuckdekor, der schon in der Erbauungszeit in Form von zarten Akanthusranken und frühem Band- und Gitterwerk die Heilig-Kreuz-Kirche verschönerte. Hinzu kommen viele weitere Schmuckstücke aus vergangenen Jahrhunderten wie die Kanzel mit einem geschwungenen polygonen Korpus mit Eckpilastern, an dem Putten hängen, und einem kunstvollen Kanzeldeckel mit Putten und Posaunenengel als Bekrönung oder das muschelförmige Weihwasserbecken aus dem Jahre 1765, das Chorgestühl aus dem späten 17. Jahrhundert und die Beichtstühle aus dem frühen 18. Jahrhundert, ferner Ölgemälde wie die in den Jahren 1695 und 1696 gemalten Bilder der Kreuzabnahme und Kreuzauffindung, die sich heute an der Süd- bzw. Nordwand unter der Orgelempore finden und schließlich kostbare Holzfiguren, darunter ein lebensgroßes Kruzifix aus der Mitte des 18. Jahrhunderts, gegenüber der Kanzel hängend, um hier nur ein Schnitz-Kunstwerk zu nennen. Die im Jahre 1729 durch den Donauwörther Orgelbauer Fux erstellte Orgel wurde 1885 durch eine Orgel von Balthasar Pröbstl ersetzt. Erwähnt werden sollte auch der aus dem 13. Jahrhundert stammende Grabstein der Herzogin Maria von Brabant, der unter der Orgelempore jedem Besucher der Kirche ins Auge sticht. Die Gebeine der Herzogin und die Grabplatte wurden aber erst im Jahre 1897 aus der ehemaligen Frauenkapelle des Klosters, dem heutigen Brabantersaal, in die Kirche überführt und durch ein schmiedeeisernes Gitter, ein Geschenk des Prinzregenten Luitpold anläßlich der Überführung, eingegrenzt.[23]

Die Kreuzesreliquie mit der barocken Kreuzpartikelmonstranz von 1716 und die überlebensgroße holzgeschnitzte Pietà aus dem Anfang des 16. Jahrhunderts, Anziehungspunkte für Wallfahrer von nah und fern, befinden sich in der an das Kloster angebauten Gruftkapelle.[24]

2 Wallfahrt nach Heilig Kreuz

Das Kreuz, Heilszeichen der Erlösung, zog schon im Mittelalter einen großen Pilgerstrom nach Werd. Papst Leo IX. weilte zur Verehrung des Kreuzes in der Stadt, und zahlreich kamen die deutschen Kaiser, die auf Reisen zu ihren Hoftagen oder bei militärischen Unternehmungen die Gelegenheit gerne wahrnahmen, das Heiligtum des Reiches zu besuchen; es finden sich die Namen der salischen Kaiser, Heinrich III. (1039–1056) und Heinrich IV. (1056–1106), der Hohenstaufer, Friedrich Barbarossa (1152–1190), Heinrich VI. (1190–1197) und Friedrich II. (1208–1250) und der vier Habsburger, Albrecht I. (1298–1308), Sigismund (1410–1437), Friedrich III. (1440–1493) und Maximilian I. (1493–1519).[25]

Natürlich pilgerte auch das einfache Volk zum Benediktinerkloster, um zum Heiligen Kreuz zu beten und Hilfe in kleinen und großen Sorgen und Nöten zu erreichen. Ein Bericht aus dem Jahre 1615 schildert einen Wallfahrtszug zum Kloster, nachdem Pfalzgraf Wolfgang Wilhelm und mit ihm sein Land Pfalz-Neuburg zum katholischen Glauben zurückgekehrt waren. Die große Wallfahrt nach Donauwörth hatte die Akademie Dillingen zum Dank für die wiedererlangte religiöse Freiheit beschlossen. Es nahmen viele Kongregationen und Bürger teil, so daß sich am 26. August 1615 um 2 Uhr nachts ungefähr 650 Wallfahrer zum nahen Aufbruch sammelten. Um 3 Uhr zog die Schar mit Musikkapellen und zahlreichen Fackeln zur Stadt hinaus. Ein pfalzgräflicher Trompeter ritt voran, um jedem Widerstand gegen die Gläubigen Einhalt zu gebieten; hinter ihm marschierten Träger eines schweren Kreuzes, danach in langen paarweisen Reihen die Wallfahrer, unter ihnen Studenten mit bunten fahnengeschmückten Stöcken; sechzehn Studenten von Adel in blauweißer Kleidung trugen die auf Kupfertafeln gemalten Geheimnisse des Leidens Christi. Daneben boten sogenannte »Magister«, Männer in blauen Uniformen mit roten Talaren, ein farbenfrohes Bild. Der laut erschallende Gesang der Wallfahrer durchdrang weithin die Fluren. Nach einer Rast in Donaumünster näherte sich der Zug langsam der Stadt Donauwörth. Abt Leonhard kam den Wallfahrern mit dem Kreuzpartikel unter Glockengeläut entgegen. Ihm folgten sein Konvent, Kapitularen aus dem Reichsstift Kaisheim, die gesamte Stadtgeistlichkeit und Bürger Donauwörths in großer Zahl. Die Schar der Gläubigen zog gemeinsam zur Stadtpfarrkirche, die Klosterkirche konnte den Zustrom so vieler Pilger größenmäßig nämlich gar nicht aufnehmen. Der Reichsprälat von Kaisheim zelebrierte das feierliche Pontifikalamt, und anschließend konnten über 100 Wallfahrer ihr Mittagsmahl im Kloster einnehmen, während die übrigen mit Speis' und Trank im Klostergarten versorgt wurden. Nach dem Glockenruf zur Heimkehr eilten die Wallfahrer wieder der Pfarrkirche zu und bewegten sich von dort zur Stadt hinaus, geleitet vom Prälaten aus Kaisheim und Abt Leonhard mit seinem Konvent. In dem noch protestantischen Höchstädt hielten die Pilger eine letzte Rast, nutzten die Möglichkeit einer kleinen Stärkung mit Wein und brachen dann zu ihrer letzten Wegstrecke auf, bei der ihnen Fackelträger aus Dillingen sicheres Geleit nach Hause boten.[26]

Es ist wohl nicht übertrieben, zu sagen, daß Donauwörth ohne den Kreuzpartikel niemals im Mittelalter seine große Bedeutung hätte erlangen können. Nicht nur deshalb, weil Kaiser und Könige, die zur Verehrung der Reliquie in Werd weilten, die Stadt schätzen lernten und begünstigten, sondern auch deswegen, weil die vielen Gläubigen, die zum Kloster kamen, Werd auf einen gesicherten finanziellen Boden stellten; man denke nur an Speisen, Übernachtungen, Andenken und ähnliches. Selbstverständlich erlitt auch die Benediktinerabtei keine finanziellen Einbußen durch die Wallfahrt.

Zur Zeit Kaiser Maximilians I. (1493–1519), dem Stifter der großen Kaisermonstranz, erreichte die mittelalterliche Kreuzverehrung einen Höhepunkt: Die Gläubigen strömten in riesigen Wallfahrtszügen von weither ins Kloster zur Anbetung der Reliquie. Neben der Kreuzwallfahrt gewann auch die Wallfahrt zu der aus dem 16. Jahrhundert stammenden Pietà von Heilig Kreuz an Bedeutung. Um das Bildnis der schmerzhaften Muttergottes rankt sich seit der Plünderung des Klosters im Jahre 1546 die Legende, daß die Schmalkaldener trotz der mit Stricken und Ketten vorgespannten Pferde nicht in der Lage waren, die Pietà von der Stelle zu rücken.[27] So verband sich in der nachfolgenden Zeit die Wallfahrt zum Heilig Kreuz immer stärker mit der Marienwallfahrt, deren Höhepunkt in das Barockzeitalter fiel, als das katholische Volk ganz in seiner Frömmigkeit, der Heiligen- und Reliquienverehrung und den Wallfahrten und Prozessionen aufging.[28]

Das Volk strömte in echter und aufrichtiger Frömmigkeit, freilich auch verbunden mit einem guten Stück Wunderglauben, in die Kirchen, und aus dieser Blütezeit sind heute noch in der Gruftkapelle von Heilig Kreuz Votivtafeln zu sehen, die als Ausdruck des Dankes von Wallfahrern gestiftet wurden. Ein Großteil der Bilder aber ist wohl beim Neubau der Klosterkirche und bei der Klosteraufhebung verlorengegangen; das älteste trägt die Jahreszahl 1670. Die schlichten Dankesgaben richten sich zumeist an das Heilige Kreuz und die schmerzhafte Muttergottes, nur einige ältere Tafeln wenden sich

*Staurothek mit Kreuzpartikel,
ein Donauwörther kleines
Andachtsbild.
Kupferstich von
Johann Melchior Gutwein,
Augsburg, frühes 18. Jahrh.*

an das Kreuz allein; einmal ist sogar der Kreuzpartikel mit seiner wertvollen Kreuztafel gemalt. Unternimmt man den Versuch der Deutung, so läßt sich als hauptsächlicher Anlaß zur Stiftung einer Votivtafel die Wiedererlangung der Gesundheit erkennen. Daneben sprechen die Bilder von Hilfe bei Unfällen, bei scheuenden Pferden, bei Hochwasser, aus Kriegsnot und ähnlichem. Mag es Leute geben, die die Naivität der Votivtafeln belächeln, so steht doch hinter jeder Tafel der Dank eines gläubigen Menschen, dem durch sein Gottvertrauen geholfen wurde, und so sind diese Tafeln Ausdruck der großen Volksfrömmigkeit in der Barockzeit.[29]

Weitere Zeugnisse der Wallfahrt zum Heilig-Kreuz-Kloster sind die Donauwörther Wallfahrtskreuze, kleine Nachbildungen des Kreuzpartikels, meist in Messing, die gleich den bekannten sogenannten Scheyererkreuzen den Pilgern mit auf den Weg gegeben wurden. Die stärkste Verbreitung dürften diese Kreuze nach dem Neubau der Klosterkirche erfahren haben. Es gab zwei verschiedene grundsätzliche Typen: Die vermutlich ältere Gruppe der Donauwörther Wallfahrtskreuze war ausschließlich dem Kreuzkult gewidmet. Die Fußmitte eines Kreuzes trug vorne die Buchstaben HISV (HOC IN SIGNO VINCES) und auf der Rückseite CSSD (CRUX SANCTISSIMA DOMINE oder analog der Aufschrift der Scheyrerkreuze wahrscheinlicher CRUX SANCTISSIMA DONAUWERDEN-SIS). Heute wird allgemein angenommen, daß solche Kreuze als Wettertalisman benutzt wurden. Man fand sie in verschiedener Ausführung und Größe in einer Kapsel bei der Turmrenovierung im Jahre 1957 und verkauft sie in der heutigen Zeit als Nachprägungen an der Klosterpforte. Die jüngere Gruppe der Wallfahrtskreuze weist auf das Benediktinerkloster und auf die sogenannte Pestmadonna hin. Auch bei diesen Kreuzen schneiden Ranken und Perlkreuze die Buchstaben HISV und CSSD aus den Balkenfeldern. Das Besondere aber ist, daß die untere Balkenvierung, zum Medaillon erweitert, auf der einen Seite den heiligen Benedikt mit Stab und Regelbuch oder Giftbecher, auf der anderen Seite die Gruft-Pietà mit Krone bzw., davon variierend, ohne Krone darstellt. Daneben finden sich auf beiden Seiten eine Reihe von Buchstaben, die den Namen Jesu, den Benediktussegen und den Zachariassegen andeuten. Der Benediktus- und Zachariassegen weist auf die Verwendung der Kreuze als Hexen- und Pestamulett hin. Durch Gebet und diese Kreuze neu gestärkt, konnten die frommen Pilger zurück in ihre Heimatorte ziehen.[30]

3 Schulische Ausbildung im Kloster

Die Erziehung und Bildung der Jugend hängt mit dem Orden des heiligen Benedikt auf das engste zusammen. Die Benediktiner legten größten Wert auf den Bereich der Erziehung und des Unterrichts zur Heranbildung ihres Nachwuchses, aber auch zur Ausbildung von Jugendlichen, die zum Eintritt in das Kloster nicht entschlossen waren. Leider wissen wir von der Klosterschule in Donauwörth nur recht wenig, da, wie in den Donauwörther Institutsblättern berichtet wird, bei der Aufhebung des Klosters diesbezügliche Akten und Schriften verschleudert oder vernichtet wurden und wir so in der Hauptsache nur auf gelegentliche Bemerkungen Cölestin Königsdorfers in seiner dreibändigen Klostergeschichte angewiesen sind.[31]

Im Kloster Heilig Kreuz findet man – dies wird aus einer alten Urkunde ersichtlich – die ersten Spuren einer Klosterschule schon unter Abt Konrad II. (1295–1313).[32] Als tatkräftiger Förderer der lateinischen Schule ist Abt Konrad III. (1333–1346) bekannt.[33] Danach fehlt über zwei Jahrhunderte hinweg jegliche Nachricht über einen Unterricht im Benediktinerstift.

Nach der Plünderung des Stifts durch die Schmalkaldener – so erfahren wir wieder – hat die Klosterschule unter Abt Benedikt (1557–1581) neuen Aufschwung genommen. Dem Prälaten standen einige geeignete Lehrer aus seinem Konvent zur Verfügung; erwähnenswert ist Pater Johannes Lutz, ein Meister der Schönschreibkunst, von dem nicht nur das Kloster Heilig Kreuz, sondern auch befreundete Klöster wie St. Emmeran in Regensburg und Ochsenhausen herrliche Arbeiten geliefert bekamen.[34] Über Prior Beck ist bekannt, daß er, ehe er im Jahre 1604 das Priorat übernahm, das Amt eines Pädagogen an der Klosterschule innehatte.[35] Von dem furchtbaren Wüten des Dreißigjährigen Krieges, unter dem die Benediktinerabtei schwer zu leiden hatte, war natürlich auch die Klosterschule betroffen, zeitweise mußte sie ganz geschlossen werden. Abt Martin (1651–1656) klagt in einem Schreiben an Abt Bernhard Hertfelder von St. Ulrich in Augsburg, daß in seinem Gotteshaus die Aufnahme von »religiosischen Subjekten« höchst vonnöten sei.[36]

Schon bald sollte die Klosterschule eine neue Blüte erleben. Abt Andreas Hausmann (1669–1688) mühte sich sehr darum, seine Geistlichen, aber auch seine Schulknaben auf dem Felde der Wissenschaften auf einen höheren Stand zu bringen, und aus diesem Grunde versäumte er nicht, wertvolle Bücher für seine Zöglinge anzuschaffen. Unter Abt Amandus Röls (1691–1748) fand die Klosterschule weiterhin kräftigste Förderung: Er setzte die qualifiziertesten Lehrer ein, gewährte diesen und den Schülern große Unterstützung und hörte nicht auf, den Bücherbestand zu erweitern; die Fähigsten seiner Geistlichen ließ er überall dort studieren, wo Lehrer und Schüler in bestem Rufe standen, waren es nun die Klöster Ottobeuren, Kaisheim und Neresheim oder die Universitäten in Dillingen, Ingolstadt und Salzburg oder sogar Rom. Zu dieser Zeit richtete Pater Ildephons Rimmele auch ein Kunst- und Naturalienkabinett im Kloster ein. Amands Nachfolger, Abt Cölestin I. Hegenauer (1748–1776), war vor allem daran gelegen, daß die Klosterzöglinge eine umfassende musikalische Ausbildung erhielten und – wohl nicht ganz ohne Eigennutz des Prälaten – die Kunst des Theaterspiels erlernten. Während der Amtszeit des Abtes Cölestin I. schrieb 1757 der Benediktinerpater Placidus Scharl in seinem Reisebericht über Heilig Kreuz u. a.: »Es gaben die Vorsteher und gelehrten eifrigen Männer dieses Klosters den Studien in diesem Orte so ein Leben, daß sie sogar ein besonderes Gymnasium aufrichten, und die untern Schulen mit vielem Zulauf und allgemeinem Lobe den ankommenden lehrbegierigen Jünglingen eröffneten.«[37] [38]

Größten Glanz erreichte die Klosterschule unter Abt Gallus Hammerl (1776–1793). Der hochgebildete, feinsinnige Mann setzte seinen ganzen Ehrgeiz daran, das Kloster zu einem Zentrum der Kunst, Bildung und Wissenschaft zu machen. Er erbaute das oberste Stockwerk des Klostergebäudes, um Raum für eine größere Bibliothek, ein physikalisch-mathematisches Armarium und für sonstige Zwecke zu gewinnen. Bücher und wissenschaftliches Gerät aller Art für Tausende von Gulden trafen in Heilig Kreuz ein. Pater Beda Mayr wirkte beim Erwerb von Büchern stets beratend auf den Prälaten ein; ihm war von Abt Gallus auch die Leitung der Bibliothek und der Studien anvertraut. Zur Förderung der schulischen Ausbildung vermehrte der Abt die Anzahl der Lehrer für die niederen und höheren Klassen und wies der Klosterschule mit der 1764 erbauten Wohnung des klösterlichen Oberamtmanns ein angemessenes Gebäude zu. So konnten die Donauwörther Bürgersöhne und auch in entfernten Orten beheimatete Knaben alle Gymnasialklassen und selbst noch höhere Klassen besuchen.[39] Der Prälat belohnte die Klosterschüler nicht nur durch jährliche Schulpreisverleihungen für hervorragende Leistungen, er ließ ihnen daneben auch großzügige Unterstützung wie Kost, Geld, Kleider und Bücher zukommen, ermunterte sie so zu Fleiß und brachte sie in einen sehr guten Ruf.[40]

Der obligatorische Studiengang im Donauwörther Benediktinerkloster erwies sich unter Abt Gallus durchaus auf der Höhe der Zeit. Der Unterricht wurde mit modernen Lehrbüchern von den damals bekanntesten Vertretern jedes Fachs gestaltet, in Theologie und Philosophie auch von nichtkatholischen Autoren; in den Naturwissenschaften erlaubte das physikalische Kabinett des Klosters sogar praktische Versuche. Öffentliche »Haus-Prüfungen« und monatliche Disputationen, die am Ende jedes Studienjahres unter Teilnahme von auswärtigen Gästen – auch Prälaten anderer Stifte – besonders feierlich gestaltet wurden, zeigen das Bemühen um die Wissenschaften und das Bestreben, den Glanz des Klosters und seiner Schule zu vermehren.[41] In den Donauwörther Institutsblättern wird berichtet, daß mit der jährlichen Schulpreisverleihung die sogenannten Endeskomödien in dem neugebauten großen Festsaal abgehalten wurden. In der Bibliothek des Cassianeums in Donauwörth befinden sich heute noch zwei Schulpreise aus dieser Zeit: Der erste Preis aus dem Jahre 1785 mit dem Titel »Über den

Selbstmord. Für Menschen, die nicht fühlen den Wert, ein Mensch zu sein« ist das Werk des Theologen Johann Michael Sailer, der zweite Preis aus dem Jahre 1792 enthält die Werke des römischen Dichters Vergil.[42]

Während der Prälatur Gallus Hammerls befanden sich unter den Konventualen von Heilig Kreuz ungewöhnlich viele geistig hochstehende und rege Männer. Es gab kaum ein wissenschaftliches Fach, in dem nicht ein oder mehrere Konventualen bewandert waren. Der Abt schickte sie zur Weiterbildung ihrer mathematischen, philologischen, philosophischen und theologischen Kenntnisse nach auswärts; andere suchten eine Vervollkommnung ihrer physikalischen, technischen, ökonomischen Fähigkeiten, ihres Wissens in Geographie und Geschichte, aber auch in den schönen Künsten und in der Naturkunde zu erreichen; so fehlte es im Kloster ebensowenig an talentvollen Rednern und Dichtern wie an geübten Naturwissenschaftlern, die den Schülern ihre Fähigkeiten vermittelten. Jeder Studierende konnte außerdem die Gelegenheit nützen, Instrumente zu erlernen. Unter Abt Gallus, dem großen Musikliebhaber, der bis zu zehn talentierte Knaben finanziell unterstützte und neben den Buben geeignete Stadtmusiker in seinen Diensten hielt, entstand ein weithin bekanntes klösterliches Orchester.[43] Nicht unerwähnt möge eine kleine Anekdote Franz Xaver Bronners aus seinem Schülerleben in Heilig Kreuz bleiben; der Inhalt der Überlieferung ist wohl etwas übertrieben und schildert eine Ausnahmesituation, aber Bronner ist der einzige, der einen Einblick in den Schüleralltag bietet. Der ehemalige »Studiosus« schreibt über den Nachfolger seines Lehrers Beda Mayr: »Er las uns vor- und nachmittags eine Stunde lang aus seinen Heften vor und ließ es dabei bewenden... Solange in seinem Auditorium noch ein offenes Auge war, las er geduldig fort... In die Länge verdroß es ihn so sehr, daß er uns fast in jeder Lektion durch einen heftigen Verweis aus den Träumen aufstörte... Als er einmal gar zu strenge auf uns herabdonnerte, unterredeten wir uns und beschlossen, ihn durch Einwürfe so in die Enge zu treiben, ..., denn wir wußten gar wohl, daß ihm Pater Beda täglich alle Vorlesungen, völlig ausgearbeitet und ins reine geschrieben, übergab, ... «[44]. Dem bleibt nur noch hinzuzufügen, daß dem Lehrer die Vorlesungen alsbald entzogen wurden. Diesem einen Negativ-Beispiel standen hervorragende pädagogische und wissenschaftliche Leistungen der Mönche von Heilig Kreuz gegenüber; die Anerkennung und Hochachtung, die ihnen geschenkt wurde, beweist nicht zuletzt die Tatsache, daß zwei Konventualen Professoren am Gymnasium von Freising wurden, einer den Lehrstuhl für geistliches Recht am dortigen fürstbischöflichen Lyzeum bekam und Cölestin Königsdorfer vor seiner Erwählung zum Abt als Professor der Mathematik und Physik an die fürstbischöfliche Universität Salzburg berufen wurde.[45]

4   Künstlerische Leistungen

Das Kloster Heilig Kreuz, schon seit seinem Bestehen ein Mittelpunkt des geistigen und kulturellen Lebens, erlebte unter seinem »Zweiten Stifter« Amandus Röls, einen großen Aufschwung der künstlerischen Fähigkeiten und Leistungen seines Konvents. Eine kulturelle Hochblüte herrschte 1776–1793 unter Abt Gallus Hammerl. Es gab kaum ein Mitglied des Konvents, das nicht an einer Universität studiert hatte, kaum eine Bildungsrichtung bis hin zu den schönen Künsten, die in Heilig Kreuz nicht vertreten war, und somit hatte das Kloster eine Reihe von bedeutenden Dichtern, Rednern, Botanikern, Pomologen und Entomologen aufzuweisen.[46]

Eine entscheidende Rolle in Heilig Kreuz spielte – wie so oft in den Benediktinerklöstern – die Musik. Bemerkenswerterweise fanden sich zur Zeit des Abtes Gallus innerhalb des Konvents nur vier oder fünf Mitglieder, die nicht wenigstens ein Instrument spielen konnten und dies »theils mit vieler Fertigkeit, theils mit wirklich ausgezeichneter Kunst zu behandeln verstanden hätten.«[47] Einen Knabenchor mit acht bis zehn Singbuben hatte es in Heilig Kreuz schon seit jeher gegeben. Bei den sehr geübten Lehrern im 18. Jahrhundert wurde aber jedem Klosterschüler die Gelegenheit geboten, seine Musikalität ausbilden zu lassen und eines oder auch mehrere Instrumente zu erlernen. Nachdem Abt Gallus als großer Freund und Förderer der Musik ohnehin acht bis zehn der talentiertesten »Singpueben« fortwährend im Kloster eine Art Stipendium gewährte und dazu auch die besten Stadtmusiker gegen eine Entlohnung mit Holz und Getreide in seinen Diensten hatte, entstand ein vollständiges und vollkommenes Orchester, das die Bewunderung aller Könner und selbst großer Meister auf sich zog. Auf das Donauwörther Benediktinerkloster Heilig Kreuz treffen die von Abraham a Sancta Clara gesprochenen Worte zu, die Benno Hubensteiner in seiner »Bayerischen Geschichte« zitiert hat: »Da jubiliert es, da geigt und pfeift es, und der Himmel hängt voller Baßgeigen.«[48] Gab es doch kaum eine Festlichkeit oder Feierlichkeit, die sich nicht musikalisch umrahmen ließ, ob es nun um die Unterhaltung von Gästen, um das Feiern von Namenstagen oder um die Gestaltung von Festmessen und kirchlichen Feiertagen ging. Oftmals wurden auch, vor allem wenn ein Besuch im Kloster weilte, die Mahlzeiten mit Tafelmusik verschönert.[49]

An Übungsstücken und Musikalien, die zur Aufführung gelangten, herrschte kein Mangel, denn das Kloster verfügte nicht nur über eine umfassende Sammlung der Werke von damaligen Tonkünstlern, sondern es hatte auch einen eigenen Komponisten, den Pater Gregor Bihler, der später noch unter dem Namen Franz Bühler als Kapellmeister von Augsburg einen großen Bekanntheitsgrad erlangen sollte. Er lieferte von Zeit zu Zeit die gediegensten Symphonien, Messen, Operetten und Oratorien, wobei sein Genie um so deutlicher zum Vorschein kam, je gewählter die Texte waren, die seine Mitbrüder Beda Mayr, Amandus Weninger und selbst noch Bonifatius Bronner für ihn nach seinem Wunsch und Geschmack dichteten. Da man neben dem gemeinsamen Einstudieren dieser Stücke besonders auch einzelne Talente aus den Reihen der Musiker und Sänger förderte, erntete das Orchester bei jeder Aufführung beispiellosen Beifall. »Ins Volk aber strömte eine breite Musikkultur hinaus, die noch im letzten Bauernmenuett widerklang.«[50] [51]

Bekannt ist, daß die Knabenchöre von Heilig Kreuz und der Stadtpfarrkirche in großem Wettstreit miteinander standen, wer dem Herrn das bessere Lob sang, und mancher übereifrige Chorregent mühte sich mit großer Energie, die guten Singknaben und Musiker der »Konkurrenz« auf seine Seite zu locken; jeder nämlich fand es erstrebenswert, die schönere Kirchenmusik und das reichhaltigere Repertoire zu bieten. Schon 1728 klagte Andre Hoser, Chorregent und Magister der städtischen Lateinschule, »wie daß ihme die beste Schuell Knaben, die er zugleich bey der Music in der Pfarrkürchen gar wohl brauchen kunte, weckhgenommen ... vnd zu dem Closter Heyl. Creuz gebracht worden.«[52] Bei diesem Wetteifer zwischen Heilig Kreuz und der Stadtpfarrkirche ist es nicht verwunderlich, daß auch von den Organisten jeder der überlegene sein und die bessere Orgel spielen wollte. Im Jahre 1729 lieferte der Donauwörther Orgelbauer Johann Fux im Auftrag des Abtes Amandus Röls eine große Orgel an das Kloster. Der gebürtige Tölzer hatte sein Können schon im Freisinger Dom und in der Altöttinger Stiftskirche unter Beweis gestellt und war als einer der gefragtesten Meister Süddeutschlands für den Orgelbau der 1724 fertiggestellten Klosterkirche Weingartens[53] im Gespräch gewesen. Schon im April 1730 tat es die Stadt dem Kloster gleich und beauftragte Johann Fux, für die Stadtpfarrkirche eine neue große Orgel zu bauen. Leider zeugt von der Kunstfertigkeit des Johann Fux heute nur noch die 1736 entstandene Orgel der Klosterkirche Fürstenfeld; von ihr sind Werk und Gehäuse erhalten.[54]

Einige Namen von besonders erinnerungswürdigen Musikern des Klosters sind durch Pirmin Lindner und Johannes Traber überliefert: Vorzüglichen Ruf auf diesem Gebiet genossen die Patres Joseph Vogler (†1699), Placidus Obenberger (†1738) und Leonhard Hanrieder (†1743). Pater Gallus Keller (†1742) erteilte den Klosterzöglingen Unterricht in den höheren Wissenschaften und in der Musik, war bekannt als ausgezeichneter Organist und zudem auch als »Comicus« und Dichter. Pater Korbinian Klee (†1749), der Chorregent und Musikinstruktor, erwarb sich besondere Verdienste durch das Abschreiben vieler Musikalien für den Figurier-Chor, Frater Joachim Schwaiger durch seine Tätigkeit als Organist, ehe er 1759 im Alter von 24 Jahren starb. Ein weiterer hochqualifizierter Musiker, Pater Placidus Hoser (†1768), war Musiklehrer der Klosterschüler und hat nebenbei ein Nekrologium von Heilig Kreuz geschrieben. Von Pater Magnus Heisler (†1783), dem Musikinstruktor für die Zöglinge des Kloster-Seminars, den zeitweise auch die Tätigkeit eines Chorregents und Organisten ausfüllte, sind sogar einige Kompositionen, Sonaten und Orgelstücke im Druck erschienen. Ein weiterer guter Chorregent und Lehrer des Kloster-Seminars war Pater Willibald Ziller (†1789), ein begabter Organist und Musiklehrer Pater Kolumban Voraus (†1793). Pater Kolumban zeichnete sich aus, weil er vielen armen Kindern, die die Klosterschule nicht besuchen konnten, unentgeltlich Musikunterricht erteilte. Pater Benno Gorhan (†1794), ein anderer guter Organist, gab seine Orgelstücke in Druck, Pater Maurus Heinleth (†1798), ein qualifizierter Musiker und äußerst gewissenhafter Besucher des Psalier-Chores, erwarb für den Chor viele Musikalien und schrieb etliche davon eigenhändig ab.[55]

Der berühmteste Komponist, der viele Jahre der Benediktinergemeinschaft angehörte, war Pater Gregorius Bihler; er nannte sich später Franz Bühler. Bühler, am 12. April 1760 in Schneidheim im Ries geboren, trat 1778 dem Benediktinerorden von Heilig Kreuz bei. 1794 verließ er mit päpstlicher Dispens den Orden und nahm eine Stelle als Organist an der Stifts- und Kollegiatkirche in Bozen an. Im Jahre 1801 wurde Franz Bühler Domkapellmeister in Augsburg. Königsdorfer berichtet, daß ihm ein großer schöpferischer Kompositionsgeist gegeben war, welcher ihn befähigte, zahlreiche Werke im Stil seiner Zeit zu schreiben, wie das Oratorium »Jesus«, Messen, Requiem, Hymnen und Kirchenlieder, die Oper »Die falschen Verdachte«, Kammermusik, Klavierwerke und kleinere theoretische Schriften über die Musik. Bühlers Musikstücke zeigen gefällige Melodien, volle Harmonien und ergreifende Übergänge und waren besonders bei Landchören in Gebrauch. Der Trennung vom Kloster ungeachtet, blieb Bühler den Benediktinern von Donauwörth in aufrichtiger Freundschaft verbunden, und so betrauerte Königsdorfer im Februar 1823 den Tod des ehemaligen Benediktinermönchs von Heilig Kreuz.[56]

Cölestin Königsdorfer berichtet von gelegentlichen Theateraufführungen im Kloster. Leider äußert sich der Chronist dazu sehr verhalten, und so erfährt der Leser nur, daß Abt Cölestin I. Hegenauer (1748–1776), ein Liebhaber des Theaters, zu seiner Unterhaltung Komödien, Operetten und andere Theaterstücke im Kloster zur Aufführung bringen ließ. Auf einer eigens dazu verfertigten Bühne brillierten die Studenten der Klosterschule und die jungen Geistlichen mit ihren schauspielerischen Fähigkeiten. Allerdings hielt sich die Anzahl der Vorführungen in Grenzen, und außer dem Konvent und ausgewählten Gästen durfte nicht so leicht jemand daran teilnehmen.[57]

Abt Gallus, bekannt für seine große Gastfreundschaft, öffnete sein Haus für Besucher. Man weiß, daß er am Ende jedes Schuljahres im neugebauten Festsaal des Klosters, dem sogenannten Gallussaal, in Anwesenheit zahlreicher geladener Gäste Komödien zur Aufführung bringen ließ; daran schlossen sich die feierlichen Schulpreis-Verleihungen an. Die Bibliothek des Cassianeums ist noch im Besitz eines Singspiels, das von den Klosterschülern aufgeführt wurde; der Titel des Stückes lautet »Der Rekrute. Ein Singspiel in zween Aufzügen«.[58] Während der Prälatur Gallus' kamen wohl nicht zuletzt Werke zur Aufführung, die aus der Feder des Paters Beda Mayr stammten. Pater Beda, der das Vertrauen des Abtes genoß, war nämlich nicht nur als Theologe literarisch tätig, sondern erwarb sich, wie heute fast ganz in Vergessenheit geraten ist, Ruhm durch das Verfassen von Lustspielen, Schauspielen, Singspielen, Theaterstücken und Dramen. Diese Stücke sollen hier alle noch einmal in Erinnerung gerufen werden: 1779 schrieb Beda Mayr das Lustspiel »Ein seltener und ein gewöhnlicher Narr«, 1781 die Lustspiele »Der Schatz und die Rarität« und »Die gebesserten Verschwender und der bestrafte Geiz«. Im Jahre 1781 entstand auch das Trauerspiel »Ludwig der Strenge, oder die blinde Eifersucht«, dessen historische Grundlage das tragische Ende der Herzogin Maria von Brabant bildete. Aus dem Jahre 1783 ist »Konradin, Herzog aus Schwaben« und das Schauspiel »Die guten Söhne« bekannt. Beda Mayrs Werke aus der Zeit von 1784 bis 1787 sind folgende: »Ludwig der Höcker, oder der bestrafte Undank der Kinder gegen die Eltern«, das Singspiel »Der Eremit auf der Schlangeninsel«, »Der junge Freigeist«, »Die belohnte Mildthätigkeit«, das Singspiel »Die Jagd der 7 Schwaben auf einen Hasen«, das Schauspiel »Die partheyische und unpartheyische Kinderliebe« und das Singspiel »Die Mode«. In den Jahren 1789 bis 1794 schrieb Pater Beda das Theaterstück »Der Lügner«, weiter »Mit Schaden wird man klug«, »Der Comödienfehler«, das Schauspiel »Der blinde Harfner«, die Lustspiele »Die Erde steht«, »Die belohnte Ehrlichkeit«, »Alles und Nichts thun« und schließlich das Singspiel »Pyramus und Thispe«.[59] Einige seiner Werke scheinen auch auswärts, etwa in München, zur Aufführung gekommen zu sein.[60] In diesen Stücken, von denen uns bedauerlicherweise nur noch wenige Periochen auf der Harburg in der Bibliothek der Fürstlich Oettingen Wallersteinschen Sammlungen erhalten sind, war Pädagogisches und Unterhaltsames vereint, und so werden die Besucher der Theatervorstellungen neben guter Laune auch stets eine kleine Lehre mit nach Hause genommen haben. Pater Beda Mayr war es auch, der die Klosterbühne auf einen hohen Stand brachte, wie ein ungenannter Zeitgenosse lobend beschreibt: »Er dressierte die Knaben des dasigen Gymnasiums für das Theater bis zum Bewundern. Ich sah es selbst mit an, wie Knaben ohne Empfindung ihre Rolle in Trauer- und Lustspielen machten, daß sie manche an das Theater gewöhnte Akteurs zuschande machen würden.«[61] Texte, bestimmt für den einmaligen Gebrauch, lieferten Pater Amand Weninger und Franz Xaver Bronner. Erhalten ist davon leider nichts.[62]

5 Literarisch-wissenschaftliche Tätigkeit

Nicht nur auf dem Gebiet der Musik und des Theaterspiels waren die Benediktiner von Heilig Kreuz sehr rege, sie leisteten auch Hervorragendes in literarisch-wissenschaftlicher Hinsicht. So kennen wir eine Reihe von Mönchen, bei denen ein literarischer Nachlaß zu finden ist.

a) Literarisches Arbeiten im Kloster

Der erste Konventuale von Heilig Kreuz, der sich als Schriftsteller hervortat, war Pater Georg Beck (1576–1619), Prior unter Abt Leonhard, Kämpfer für den katholischen Glauben in der Zeit der Glaubenswirren, Halt des Konvents und Stütze der Donauwörther unmittelbar vor der bayerischen Exekution. In diesem Manne wirkte von Kindheit an große Frömmigkeit[63] als Grundlage seiner treuen Hingabe an den Ordensberuf und seines großen Eifers für Religion und Kirche, der ihn, wie aus seinen Schriften und seinem Wirken ersichtlich wird, das ganze Leben hindurch erfüllte. Seine Religiosität hinderte ihn keineswegs an der Beschäftigung mit den Wissenschaften; er pflegte die humanistischen Studien von Jugend an und sah in den weltlichen Wissenschaften eine Vorschule zum Höheren und Göttlichen. Mit reicher poetischer Begabung schrieb Pater Georg Beck in jugendlicher Betriebsamkeit zahlreiche Dichtungen in lateinischer und griechischer Sprache. »Diversissima genera carminium latina et graeca, tumultario stylo et juvenili fervore«[64] sagt er selbst; das meiste davon ging leider verloren, wie auch Becks geistliche Reden und asketische Abhandlungen. Am fruchtbarsten war das geistige Wirken von Prior Beck auf dem Gebiet der Kirchengeschichte und in der Bearbeitung von Chroniken einiger Klöster, die nicht allzu weit von Heilig Kreuz entfernt waren; so schrieb er Chroniken über Oberschönenfeld, Holzen, Kühbach, Hohenwart und verfaßte Genealogien der Markgrafen von Burgau, der Grafen von Graisbach, der Grafen von Wallerstein, der Freiherrn von Gumppenberg und anderer; leider sind fast alle dieser Schriften verloren. Was sich aber von seinen geschichtlichen Arbeiten erhalten hat, ist eine Chronik des Klosters Heilig Kreuz, die er nach einer früher angelegten Materialsammlung in seiner letzten Lebenszeit innerhalb von vier Monaten trotz schwerster Krankheit niederschrieb. Diese Chronik befindet sich heute in der Bibliothek der Fürstlich Oettingen-Wallersteinschen Sammlungen auf der Harburg; sie ist ein Manuskript von 297 Folio-Blättern, in deutscher und lateinischer Sprache geschrieben, aber keineswegs systematisch aufgebaut, vielmehr stellt sie sich als eine bunte Aneinanderreihung von Nachrichten über die Stadt Donauwörth und das Kloster dar. Die Schilderung des von Prior Beck selbst erlebten Donauwörther Fahnenstreits und der bayerischen Exekution ist von unschätzbarem Wert. Zwischen seinen Erzählungen über Stadt und Kloster treten immer wieder Exkurse über Häretiker, Förderer und Anhänger des Protestantismus und über Klosterfeinde auf, gegen die der sonst feinfühlende Mann erbittert und scharf polemisiert, wobei seine Polemik aber von erstaunlichen Kenntnissen in weltlicher und geistiger Literatur getragen wird. Die Anschauungen und Beurteilungen von Personen und Zeitereignissen weisen allerdings oft große Befangenheit auf und leiden nicht selten unter den abergläubischen Vorurteilen und Verirrungen seiner Zeit. Als Prior Beck am 24. März 1619 starb, hinterließ er eine Reihe dennoch wertvoller Schriften.[65] [66]

Als erster Schriftsteller nach dem Dreißigjährigen Krieg im Kloster Heilig Kreuz ist Pater Leonhard Strobel († 1726) bekannt. Der gebürtige Schwandorfer, Professor der Philosophie und Theologie, der zuletzt das Amt des Priors bekleidete, schrieb eine Klostergeschichte von Heilig Kreuz bis zum Jahre 1221; diese gehört zum Bestand der Fürstlich Oettingen-Wallersteinschen Bibliothek, welche 1980 vom Bayerischen Staat aufgekauft und in die Augsburger Universitätsbibliothek aufgenommen wurde. Ebenfalls zu diesem Bestand kann ein handschriftliches Nekrologium des Klosters gerechnet werden, das von dem gebürtigen Augsburger Pater Placidus Hoser (1725–1768), dem Musikinstruktor der Klosterzöglinge, stammt. Auch Pater Maurus Baumharter

(1692–1770) aus Donauwörth, von Abt Amandus zum Studium der Theologie in das »Collegium Germanicum« nach Rom geschickt und später Prior von Heilig Kreuz geworden, hinterließ dem Kloster mehrere Schriften, eine »Rede auf den hl. Bernhard, gehalten im Reichsstifte Kaisersheim«, mehrere Gast- und Gelegenheitspredigten und »Culmen honoris suffragante virtutem robore conscensum. Cantate zu Ehren des Abtes Amand Röls«, wovon sich das Manuskript noch bei den Fürstlich Oettingen-Wallersteinschen Sammlungen auf der Harburg befindet. Von Pater Michael Krazer, der 1714 in Rain geboren wurde und bis zum Amt eines Professors der Moraltheologie, Dogmatik und »iuris canonici« aufrückte, finden wir 1772 bei seinem Tode die Schrift »Kloster und Gotteshaus Ober-Medlingen in seinem hundertjährigen Jubelfest durch ein zweifaches von dem heiligen Vater Dominico ererbt und angefangenes Liebes-Feuer wie am hellen Spiegel von der Sonn bestrahlet und beleuchtet«, die fünfte Lobrede beim Jubiläum zu Obermedlingen, gehalten am 30. September 1751. Aus der Feder von Pater Ildephons Rimmele (1703–1777) aus Neuburg an der Donau, der sich als Gründer des Kunst- und Naturalienkabinetts verdient machte, einen guten Ruf als Altertumskenner und Numismatiker besaß und im Kloster lange Zeit die Stellung des Priors innehatte, ist nur eine Schrift bekannt, nämlich die »Rotula in obitum R.R.D.D. Coelestini I., abbatis ad S. Crucem«. Der 1747 in Eichstätt geborene Pater Wunibald Eder, Professor am Klosterseminar, Novizenmeister und später Prior, ließ bei seinem Tode im Jahre 1784 die »Trauerrede auf Michael, Abt von Deggingen« zurück. Pater Bernhard Stocker, Mitglied der Akademie der Wissenschaften zu München, geb. am 5. September 1744 in Zipplingen im Ries, bekleidete im Kloster Heilig Kreuz die Ämter des Bibliothekars, Archivars und Priors. Nach der Aufhebung seines Klosters wurde er Fürstlich Oettingen-Wallersteinscher Archivar zu Maihingen und starb als solcher am 10. November 1806. Von ihm stammt neben einem wertvollen Bibliothekskatalog ein »Kirchenkalender aller Heiligen, die unter der Regel des heiligen Benediktus gelebt haben« und ein »Martyrologium« aus dem in vielen Klöstern bei Tisch vorgelesen wurde, weiter die »Diplomatische Erklärung altteutscher Wörter vom XII. bis in das XVII. Jahrhundert« und das »Vocabularium latinitatis antiquoris et medii aevi diplomaticum«. Außerdem ist Pater Bernhard Stocker der Verfasser der zwei Manuskripte »Diplomatische Geschichte des Klosters hl. Kreuz in Donauwörth« und »Necrologium monasterii S. Crucis Danubio-Werdeae Ord. S. Bened. ex nostris S. S. Udalrici et Afrae Augustae, Deggingano et Thierhauptano necrologiis, nostris ac hujatis civitatis libris parochialibus, chronicis, variisque confratrum nostrorum manuscriptis conscriptum«. Beide Werke bereichern heute die Bibliothek des Cassianeums Donauwörth. Das erstere hat Abt Cölestin Königsdorfer seiner Geschichte von Heilig Kreuz zugrunde gelegt. Als weitere Hauschronisten von Heilig Kreuz sind Pater Kolumban Sellinger (1697–1766) aus Donauwörth und Pater Michael Krazer zu nennen, von dem, wie schon erwähnt, nur noch die fünfte Lobrede beim Jubiläum zu Obermedlingen erhalten ist; ihre historischen Manuskripte gingen wahrscheinlich bei der Aufhebung des Klosters verloren. Von Pater Aemilian Gerstner (1768–1814) ist bekannt, daß er ein wahres Genie für Mathematik und Physik war. Pater Amand Weninger (1753–1815) zeigte vorzügliches Dichtertalent, vor allem aber erfreute sich seine seltene Schmetterlingssammlung großer Berühmtheit. Amand schrieb nach der Klosteraufhebung »Das Opfer des Melchisedech, Cantate zur Feier der Jubelmesse des P. Ulrich Schluderer, letzten Priors von hl. Kreuz in Donauwörth, 5. Juli 1812«, ein Stück, das Franz Bühler in Musik umsetzte. Der letzte bedeutende Schriftsteller des Klosters Heilig Kreuz war zugleich der letzte Abt der Benediktinerabtei, nämlich Cölestin Königsdorfer. Vor seiner Wahl zum Prälaten veröffentlichte er die Schriften »Theologiae in compendium redactae ... systema eo nexu et ordine concinnatum, quo R. R. Fr. Fr. Benedictinis Werdeae ad Danubium in monasterio S. Crucis traditum et explicatum fuit«, »Sätze aus der Philosophie« und »Kurzer Entwurf verschiedener physikalischer Versuche, welche für den hohen Adel und Standespersonen in dem physikalisch-mathematischen Instrumentensaale der hochfürstl. Universität zu Salzburg vom 9. Mai bis zum 13. Brachmonat jeden Mittwoch Abends 4 Uhr angestellt wurden«. Als Abt von Heilig Kreuz verfaßte er die »Trauerrede auf Placidus, Abt des Benediktinerklosters Deggingen im Ries, gehalten 17. Dezember 1798« und die »Trauerrede auf Frau Benedikta, Äbtissin des adeligen Benediktinerstiftes Holzen, gehalten 14. Januar 1800«. Nach der Klosteraufhebung entstand die »Predigt bei der Jubelmesse des P. Ulrich Schluderer, letzten Priors des Klosters zu hl. Kreuz und Pfarrers, gehalten 5. Juli 1812«; bald darauf, 1814, veröffentlichte Abt Cölestin »Sieben und dreißig Predigten«, die er selbst in verschiedenen Kirchen gehalten hatte und mit denen er dem Benediktinerstift in Donauwörth ein religiöses Andenken schenken wollte. Aus den Jahren 1819 bis 1829 datiert seine dreibändige »Geschichte des Klosters zu hl. Kreutz in Donauwörth«; damit setzte er seinem Kloster ein ewiges Denkmal.[67]

Der eifrigste Schriftsteller aber, den Heilig Kreuz aufzuweisen hatte, war zweifelsohne Pater Beda Mayr.

b) Beda Mayr

Beda Mayr, der fromme Pater der Aufklärung, der die Offenbarung stets bejahte, erblickte in Taiting bei Friedberg am 15. Januar 1742 als Sohn eines Bauern das Licht der Welt und wurde auf den Namen Felix getauft. Seine ersten Kenntnisse der lateinischen Sprache erwarb er sich im Kloster Scheyern. Die sechs niederen Klassen besuchte er in Augsburg, nach zwei Jahren Philosophiestudium in München studierte er in Freiburg im Breisgau ein Jahr lang Mathematik. An den Eintritt in das Kloster Heilig Kreuz im Jahre 1761 schloß sich das Studium der Theologie im Kloster Benediktbeuern an, wo damals in der Regel die theologische Ausbildung der bayerischen Benediktiner-Kongregation stattfand. Seine Primiz konnte Beda Mayr 1766[68] feiern, und im nachfolgenden Jahr erhielt er die Ernennung zum Professor der Philosophie und Theologie in seinem Heimatstift; dies war für einen Pater wie ihn, der alle seine Studien mit Auszeichnung abgeschlossen hatte, ein relativ bescheidener Lehrstuhl; Beda selbst aber zeigte sich vollauf zufrieden, denn spätere Berufungen an die Universitäten nach Ingolstadt, Dillingen und Salzburg lehnte er ab.[69]

Pater Bedas Wirken im Kloster galt – ein vierjähriger Dienst als Pfarrvikar in Mündling und einige andere kürzere Unterbrechungen abgerechnet – seinen Klosterzöglingen. Er verstand es, seine Schüler zu begeistern und zahlreiche Freunde zu gewinnen, darunter auch den großen Theologen Johann Michael Sailer, der von 1784 bis 1794 als Professor der Ethik und Pastoraltheologie in Dillingen tätig war. Freunde und Schüler von Heilig Kreuz liebten den frommen und ernsten Ordensmann, dem es gelang, klösterliche Askese mit Aufgeschlossenheit gegenüber dem guten Neuen und einem gereinigten

21   Klosterkirche Heilig Kreuz: Blick auf Vierungspfeiler und südliche Chorseite mit Emporen

22 Kloster Heilig Kreuz, aufragend aus der Donauniederung. Aufnahme um die Jahrhundertwende
(rechts Teil der ursprünglichen Ökonomie mit Stadttürmen)

23   *Kloster Heilig Kreuz über dem Ufer der Donau. Der unter Abt Gallus Hammerl erweiterte Konventbau*
als Dominante über der Flußlandschaft, eingefaßt von den Türmen der Stadtmauer.
Aquarell von Joseph Andreas Weiß (spätes 19. Jahrhundert)

Christentum zu vereinen. Mayr war ein Kantianer in einem eigenwilligen, doch theologisch tief fundierten Sinne.[70] Das genügte schon, um ihn als Illuminaten abzustempeln. Der Exjesuit Johann Evangelist Hochbichler schrieb auf ihn bezogen: »Es ist eine grausame Sache, wenn einmal der Aufklärungskitzel in einer Kaputze genistet hat.«[71] Unbeeindruckt von den Angriffen war Beda Mayr geprägt von rastlosem Wissenseifer. Der Rotulus wendet auf ihn das dem hl. Beda geltende Lobeswort an: »Numquam torpebat otio, numquam a studio cessabat, semper legit, semper scripsit, semper docuit, semper oravit.«[72] Es wird sogar berichtet, daß der Wissenschaftler schon um zwei Uhr früh am Studierpult stand. Ein Aufenthalt in der Pfarrei Mündling in den Jahren 1772 bis 1776 wurde für Bedas Weiterentwicklung insofern bedeutend, als er von dort aus Kontakte zu mehreren qualifizierten Protestanten der Umgebung pflegte, namentlich zu dem Fürstlich Wallersteinschen Hofrat Wasser von Harburg. Vermutlich hat das Hauptanliegen von Beda Mayr, die Wiedervereinigung der Protestanten mit der katholischen Kirche, zu dieser Zeit deutliche Konturen angenommen. 1776 berief der im selben Jahre nicht ohne Bedas Einfluß gewählte Abt Gallus seinen Konventualen zurück auf das Priorat, das Pater Beda schon im folgenden Jahr wieder gegen die Klosterprofessur eintauschte; darüber hinaus war ihm die Leitung der Bibliothek anvertraut. Beda Mayrs Unionsgedanke hatte sich inzwischen verfestigt, und so entwickelte er eine Programmschrift seiner Unionsidee, die er bescheiden den »Ersten Schritt« nannte. Es war ein schlichtes Broschürchen mit 22 kleinen Seiten und 20 Paragraphen, dessen Manuskript er vertraulich einem Freund, dem Schuldirektor Kanonikus Heinrich Braun, nach München übersandte; dieser ließ es ohne Bedas Wissen 1778 unter dem Titel »Der erste Schritt zur künftigen Vereinigung der katholischen und der evangelischen Kirche – gewagt von – fast wird man es nicht glauben – gewagt von einem Mönche: P. F. K. in W.« drucken, und von da an war Pater Bedas weiteres Lebensschicksal größtenteils nur die persönliche Erfahrung des »Fatum libelli«.[73]

Mayr hatte schon damals als Hauptpunkt der Trennung zwischen Katholiken und Protestanten die Lehre der Katholiken von der Unfehlbarkeit der Kirche erkannt. Der gelehrte Professor und Bibliothekar von Heilig Kreuz sah als Rezept für die Wiedervereinigung der Konfessionen, wie Bauerreiss in aller Kürze berichtet, die Unterscheidung des Wesentlichen, des »Unfehlbaren« gegenüber allem anderen. Es schwebten ihm Unionsakademien vor, wo in Form von Preisaufgaben die Grenzen der »Unfehlbarkeit« dargelegt werden sollten; die Untersuchungen und Ergebnisse sollten aber einem kirchlichen Gremium nahegebracht werden. Pater Beda Mayr meinte, in einer ernsten Akademietätigkeit, vom Landesherrn entsprechend unterstützt, könnte ein verläßlicher Weg zur Klarheit beschritten werden, der in seinem Ende die Vereinigung der Konfessionen bedeuten würde. Doch der Benediktiner hatte mit seinen Plänen von »Unionsprofessoren« und »Unionsakademien« wenig Glück, denn zu seiner Zeit witterte man überall Freigeisterei und Indifferentismus.[74]

Für die katholische öffentliche Meinung waren Bedas Vorschläge durch eine Gegenpredigt, die der Jesuit Alois Merz an Pfingsten 1778 in der Domkirche zu Augsburg hielt, vorerst abgetan. Später kam Mayrs Schrift auf den römischen Index verbotener Bücher.[75] Ein längeres Nachspiel erfolgte im Kloster Heilig Kreuz selbst: Pater Beda wurde im eigenen Kloster bei Visitationen angezeigt; Pater Wunibald zählt ihn sogar zu den

24 *Allegorie auf das Wachstum des Klosters unter der 57jährigen Regierungszeit von Abt Amand Röls:*
Ausschnitt aus Johann Baptist Enderles großem Fresko im Gallussaal des Klosters

Leuten, »die von der Religion sehr seicht denken« und »ihr Vergnügen mehr in eiteln lutherischen Büchern als in der Ascesis« haben, Pater Edmund beklagt sich, Beda verderbe »die jungen Leute in disciplina et doctrina in Grund und Boden hinein« und urteilt weiter »überdies ist seine Aufführung auf der Pfarr skandalös gewesen und ist noch nicht viel besser«.[76] Beständiger Unfriede kennzeichnete das Leben im Kloster, wobei sich der Streit ursächlich nicht einmal so sehr um die Unvereinbarkeit alter und neuer Grundsätze, sondern um Klosterämter und persönliche Parteiungen drehte. Freilich machten die Gegner Bedas dessen aufgeklärten Standpunkt und Schriftstellerei, seinen Verkehr mit Protestanten und seine Pflege altkatholischer Literatur zu einem Hauptanklagepunkt, um der »Überlegenheit der jüngeren und dem Pater Beda anhängenden Fraktion steuern zu können« und, wenn möglich, dessen Versetzung oder Absetzung zu bewirken. Die nicht enden wollenden Anfechtungen brachten den Ireniker der Aufklärungszeit in den Jahren 1778 bis 1780 in eine niedergedrückte Stimmung. Er verkroch sich wie ein Einsiedler in seine Zelle und beklagte sich voller Bitterkeit darüber, ein seiner Meinung nach dem Kloster völlig unnützes Leben führen zu müssen, wenn es seinen Gegnern gelänge, ihn von seinem Lehramt zu verdrängen. Die Kontrahenten hatten mit ihren Bemühungen in dieser Hinsicht nicht den von ihnen gewünschten Erfolg. Pater Edmund sparte zwar nicht mit gehässigen Vorwürfen und benörgelte, daß diesem »gefährlichen, die Kezerei liebenden Manne auch die Tradierung der Theologie anvertraut werde«, daß der ganze Konvent in Gefahr schwebe »intuitu dieses ziegel- vielleicht auch schon religionslosen Mannes«; Beda solle, so fordert Edmund, »von denen Lutherischen Gränzen hinweck tiefer in das Bayerland, in ein wohldiszipliertes Kloster permutiret werden«.[77] Pater Edmund, der ständige Nörgler, wurde 1780 auf Wunsch des gesamten Konvents nach Ottobeuren permutiert. Das Augsburger Ordinariat drang 1780 zwar erneut auf Beda Mayrs Absetzung vom theologischen Lehramt, vom Augsburger Fürstbischof Clemens Wenzeslaus erhielt er auch einen Verweis, aber Abt Gallus konnte für seinen Schützling eine vorübergehende Erlaubnis zur Fortsetzung der pädagogischen Tätigkeit erwirken. Im Schuljahr 1780/81 sah sich der Prälat jedoch gezwungen, einen anderen Lehrer für den Unterricht in Moral zu ernennen. Dieser lehrte allerdings gemäß den Skripten Pater Bedas und konnte sich bei den Klosterschülern so wenig Respekt verschaffen, daß er noch während des Schuljahres seinen Unterricht niederlegen mußte.[78] Beda Mayr muß sodann seine Lehrtätigkeit schleunigst wieder aufgenommen haben, denn schon in seiner »Apologie der Vertheidigung der kath. Religion« kann er mitteilen, er sei 1785 des Schulhaltens müde geworden und habe freiwillig um seine Entlassung von einer Professur eingegeben; doch schien das Kloster sein Wirken nicht entbehren zu können, Pater Beda nämlich erteilte weiterhin mit ganzer Kraft Unterricht in der Klosterschule.[79]
In den Jahren 1787 bis 1789 gab Mayr das Hauptwerk seines Lebens, »Vertheidigung der natürlichen, christlichen und katholischen Religion, nach den Bedürfnissen unserer Zeiten« in drei Bänden heraus. Auch in diesem Werk verfolgte er irenische Tendenzen, in dem er auf seine Schrift, der »Erste Schritt« zurückkommt, sich gegen die derselben unterstellten Gesinnungen zu verteidigen sucht und noch einmal sein ganzes Unionsprojekt entwickelt. Bevor Beda Mayr im Anhang seinen Vermittlungsversuch unterbreitet, bestimmt er die Grenzen der Unfehlbarkeit der Kirche. Den Bestand und Umfang der Lehre der katholischen Kirche will er unangetastet belassen, denn was die Kirche lehrt, ist wahr. Die Unfehlbarkeit der Kirche will er vom Ziel Jesus Christus her bestimmen. »Christus ist im Fleisch erschienen, die Menschen zu erlösen, und sie die Weise zu lehren, wie sie sich diese Erlösung zunutzen machen, und auf sich anwenden

P. Beda Mayrs
Benedictiners zum heiligen Kreuze in Donauwerd

Vertheidigung
der
natürlichen, christlichen, und katholischen
Religion.
Nach den Bedürfnissen unsrer Zeiten.

Erster Theil.
Vertheidigung der natürlichen, und Einleitung in die
geoffenbarte Religion.

Augsburg,
bey Matthäus Riegers sel. Söhnen.
1 7 8 7.

sollen.«[80] Von den Überlegungen her, daß alle Anstalten, die Jesus errichtete, nur diesem einen Zweck dienen können und auch die Kirche auf dieses Ziel hin ausgerichtet ist, beschreibt Mayr die Unfehlbarkeit der Kirche: »Unfehlbarkeit der Kirche nenne ich jenes Privilegium, das Christus seiner Kirche gegeben hat, alles ohne Gefahr eines Irrtums zu lehren, was zur Erlangung der Seligkeit den Gläubigen unentbehrlich notwendig, oder nützlich ist, und nichts lehren zu können, was von der Heilsordnung abführt.«[81] Oft wurde diese Bestimmung mißverstanden; Beda Mayr meinte, einen Weg gefunden zu haben, wie die Glaubensverpflichtung eingeschränkt werden kann, ohne daß der Lehrbestand der Kirche angetastet wird. Was die Kirche lehrt, ist wahr, sie kann sich allerdings im Ursprung einer Lehre irren, wenn sie behauptet, eine Lehre sei geoffenbart, die zwar wahr und heilsam, aber nicht geoffenbart ist. Auf dieser Basis geht

99

er die einzelnen kontroversen Lehren durch und legt sie auf die Mitte beider Bekennt-nisse hin aus, um zu einer Vereinigung der beiden Konfessionen zu kommen. Wie Philipp Schäfer meint, läßt sich der Benediktiner Beda Mayr – beinahe als einziger Theologe seiner Zeit – in seinem eigenen theologischen Arbeiten von dem Streben nach einer Vereinigung der getrennten Christen leiten. Er bemüht sich zwar um ein den Protestanten entgegenkommendes Verständnis der Unfehlbarkeit und um eine Ver-ständigung hinsichtlich der kontroversen Lehren, aber, wie Schäfer weiter schreibt, hält er letztendlich in der Frage, in der er schon immer den eigentlichen Grund der Trennung sah, an der katholischen Lehre fest: Die Kirche ist die in der Geschichte notwendige Mittlerin der Heilslehre des Christentums.[82]

Beda Mayr betont wiederholt, daß seine Arbeiten nur Vorschläge zu einer Einigung sein wollen, die zuerst von kirchlicher Autorität geprüft werden sollten. Trotzdem entfacht er einen Sturm. Die heftigsten Angriffe auf sein Werk erfolgten von dem Augsburger Exjesuiten Hochbichler, der Mayr sogar ausgesprochen unsachlich bekämpfte, indem er ihm, unter dem Hinweis auf Judas, seine »goldfärbige« Haarfarbe und den hinkenden Fuß vorwarf. So wird es verständlich, daß viele fromme und gemäßigte Aufklärer von großer Bitterkeit ergriffen wurden. Beda Mayr setzte Hochbichler im Jahre 1790 in der »Apologie der Vertheidigung der katholischen Religion« erneut eine ausführliche Ver-teidigung seiner Vorschläge entgegen.[83]

Doch Pater Beda hatte nicht nur Feinde, ihn verband auch die Freundschaft zu bedeu-tenden Männern seiner Zeit, Johann Michael Sailer etwa, um nur einen zu nennen. Auf einem Gebiet steht Beda Mayr dem größten Vertreter der Irenik besonders nahe, nämlich auf dem der Predigt.[84] Vierzehn Predigten bzw. Predigtbände des Benediktiner-paters sind im Druck erschienen: 1768 die »Rede auf die jährliche Gedächtniss der Einweihung des Gotteshauses in dem Stifte Scheyern«, 1769 die »Lobrede auf den Brd. Bernard v. Cortrone Ord. Capuc.« und 1772 die »Predigt auf den hl. Bernhard; gehalten im Reichsstifte Kaisersheim«. 1775 erschien »Des wohlehrwürdigen Predigers zu San-gersdorff Straff- und Sittenpredigt auf seine Bauern nach dem Beispiel des Br. Gerundio von Compazas, sonst Zotes«, 1777 die »Predigt auf das Titularfest der hochlöblichen Bruderschaft der schmerzhaften Mutter vom schwarzen Serviten-Skapulier zu Elchin-gen« und »Predigten für das Landvolk auf alle Sonn- und Feyertage«, aus 1778 stammt die »Trauerrede auf Abt Anselm (Molitor) von Deggingen«. Im Jahre 1779 wurde in den vom »churbayerischen Predigerinstitut« veröffentlichten Reden Beda Mayrs Predigt »Ueber die wichtigste Pflicht der Eltern in der Erziehung« herausgegeben; nach den Beiträgen zu der in Augsburg erschienenen »Sammlung auserlesener Kanzelreden« folgten 1780 die »Gedächtnisrede auf Fürst Aloys zu Oettingen«, 1781 »Predigten für den Katechismus für gemeine Leute« und 1782 »Sonntags- und Festpredigten« und »Festpredigten und Gelegenheitsreden«. 1787 gelangten schließlich die »Predigten auf alle Sonn- und Festtage des Jahres«, die auch unter dem Titel »Sämmtliche Predigten« bekannt wurden, zur Veröffentlichung.[85]

Beda Mayrs Freundschaft zu Johann Michael Sailer war geprägt von gegenseitigem Verstehen, von Achtung und Toleranz. Entschiedenes Eintreten Pater Bedas für Sailer wird 1785 sichtbar. Als Sailers »Vollständiges Gebetbuch für katholische Christen« herauskam, mangelte es nicht an böswilliger Kritik. Beda Mayr zögerte nicht, selbst zur spitzen Feder der Polemik zu greifen: »Etwas an Herrn Nicolai, Buchhändler in Berlin und seinen Rezensenten in der allg. Lit. Ztg. Nr. 94 u. 95 für H. Prof. Sailer in Dillingen, von keinem Exjesuiten und keinem Proselytenmacher«.[86] Mayr kämpfte gemeinsam mit Lavater, Sailer, Weber und dem alten Benedikt Stattler gegen den antikatholischen

Nicolai, der überall insgeheimen Jesuitismus vermutete.[87] Dem sensiblen Pater Beda gegenüber war Sailer stets zurückhaltend mit Kritik. Mit ziemlich großer Sicherheit ist ein Brief des Dillinger Professors vom 28. November 1787 an ihn gerichtet und bezieht sich auf seine »Vertheidigung der natürlichen, christlichen und katholischen Religion nach den Bedürfnissen unserer Zeiten«.[88] Sailer schreibt: »Ich danke für das übersandte Exemplar und bedauere nicht Sie (denn die Unschuld hat doch immer den größten Profit von der Verfolgung), sondern Ihre Gegner, die nicht erröten vor der Tat, einem rechtschaffenen Manne die Selbstverteidigung seiner Rechtschaffenheit in zween Bänden notwendig gemacht zu haben.«[89] Ohne weiter auf eine tiefere Bedeutung der Worte Johann Michael Sailers eingehen zu wollen, wird hier doch ersichtlich, daß eine Freundschaft zwischen dem großen Theologen Sailer und Beda Mayr bestand, und gerade diese Freundschaft prägte die Verbindung Sailers mit dem Donauwörther Benediktinerkloster.

Beda Mayr, der Heilig Kreuzer Benediktiner, dem man eine gewisse Hellsicht nicht absprechen kann, ahnte nicht nur sein eigenes düsteres Schicksal, sondern auch nach ihm bittere Erfahrungen anderer ökumenisch gesonnener Priester und Laien des romantischen Bodens wie Sailers, Lindls, Boos', Gossners, Baaders, Döllingers und anderer voraus.[90] Er starb, tiefbetrauert von seinem Konvent, am 28. April 1794, nachdem er einige Stunden vorher wegen heftiger Kopfschmerzen seine letzte Moralvorlesung abgebrochen hatte.[91]

Von dem bedeutenden Schriftsteller des Klosters Heilig Kreuz ist ein großer literarischer Nachlaß bekannt. August Lindner überliefert uns 58 Titel literarischer Werke Beda Mayrs;[92] wie vielseitig die Bildung des Benediktiners war, wird schon allein durch die Titel ersichtlich. Es finden sich theologische Abhandlungen, Predigten, Flugschriften, Dramen in der Art Kotzebues, Sing- und Lustspiele, Historienstücke aus der bayerischen und deutschen Geschichte, ja Beda lieferte sogar Beiträge zum Frankfurter Realwörterbuch und zur deutschen Enzyklopädie.[93] Auch wenn, wie Joseph Hörmann schreibt, Beda Mayrs Platz in der Geschichte der katholischen Theologie und seine Stellung in der deutschen Nationalliteratur bescheiden ist,[94] so sollte der Benediktinerpater doch hervorgehoben werden als der markanteste, immer fromm gebliebene Aufklärer des Konvents von Heilig Kreuz, als ein Mann, der die Offenbarung stets bejahte, der seine ganze Kraft dem Kloster und der katholischen Kirche schenkte und der wie kein anderer Konventuale seiner Abtei das wissenschaftliche Leben bestimmte.

c) Franz Xaver Bronner

Franz Xaver Bronner, einige Zeit im Kloster Heilig Kreuz lebend, soll besondere Beachtung geschenkt werden, zum einen, weil sein Schicksal einen gewissen Einblick in das klösterliche Leben vermittelt, zum anderen, weil er, wie Hans Radspieler in seiner Dissertation über Franz Xaver Bronner meint, ein Repräsentant der Epoche der süddeutsch-katholischen Aufklärung ist und ein Extremfall für die Entwicklung vieler Zeit- und Schicksalsgenossen.[95]

Bronner, am 23. Dezember 1758 in Höchstädt an der Donau als Sohn eines armen Ziegelarbeiters geboren, erhielt eine äußerst strenge Erziehung. Im Alter von fünf Jahren wurde er in die Schule der Höchstädter Klosterfrauen gesteckt, dann in die Stadtschule. Als besonders talentierter »Musikus« nahm der Kantor den Jungen in die Singschule auf und als hervorragender Sänger erhielt er im Jahre 1769 einen Freiplatz

Franz Xaver Bronner,
Leben, von ihm selbst beschrieben.
Zürich 1795

am Jesuitenseminar in Dillingen. Vier Jahre besuchte Franz Xaver das dortige Gymnasium, ehe er im Oktober 1773 in das frühere Jesuitenseminar zu Neuburg an der Donau übertrat. Die dortige Erziehung war wiederum streng; mit guten Fortschritten beendete Bronner 1776 seine Studien. Religiöse Bräuche allerdings sprachen ihn kaum an, deshalb riet ihm auch sein Beichtvater zu einem weltlichen Beruf; doch ein weiteres Studium ohne Unterstützung war bei der Armut seiner Eltern nicht möglich. Schließlich gab Bronner wohl vor allem deren Drängen nach und trat, innerlich vollkommen ungefestigt, in das Benediktinerkloster Heilig Kreuz in Donauwörth ein.[96]
So kam Franz Xaver Bronner in das Kloster, wo er reichbewegte Jahre erlebte. Abt Gallus war ihm wohl gesonnen, Beda Mayr wurde sein Lieblingslehrer. Zuerst erwartete den Ankömmling jedoch ein Novizenjahr unter einem strengen Novizenmeister.

102

Bronner nahm alles ziemlich unberührt hin. Bedeutung für ihn hatte, daß er sich heimlich Zutritt zur Bibliothek verschaffen konnte, deren Bestand erst jüngst durch moderne Schriften des Kanonikus Heinrich Braun vermehrt worden war. Für den ungefestigten und noch unfertigen Novizen war dies ein gefährlicher Boden; er entfernte sich insgeheim immer weiter von allem Religiösen. Nach dem Probejahr fand Bronner als Frater Bonifatius Aufnahme in den Benediktinerorden, und zugleich begann ein vierjähriges philosophisch-theologisches Studium bei seinem Lehrer Beda Mayr. Zu dieser Zeit wurde er immer mehr von rationalistischen Zweifeln gequält, die sich langsam in antidogmatische Überzeugungen verwandelten. Neben der eifrigen Beschäftigung mit moderner Lektüre und einem weniger regen Interesse an seinen Studienfächern, widmete sich Bonifatius der Musik und der Dichtung und gab sich der Schwärmerei hin. Er machte Fortschritte im Violinspiel, beteiligte sich bei der abendlichen Tafelmusik als Geiger und Klarinettist und erlernte die Mandoline. Angeregt durch die wunderschöne Aussicht vom Fenster seiner Zelle begann seine Idyllendichtung.[97]

An dieser Stelle möge Bronner selbst sprechen, der als einziger versucht, die Aussicht, die sich aus dem Kloster bot, zu beschreiben: Sie war »reizend«. »Über die nahe Stadtmauer hin sank mein Blick am Abhang eines Hügels hinab, auf dessen Stirne das Kloster ruhte. Am Fuße des Hügels schlang sich zwischen sattgrünen Wiesengründen die seichte Wernitz hin, die rechts aus einem engen Tale hervorkam, an dessen Eingang ein schönes Landgut, Neideck genannt, jedermann ins Auge glänzte; hinter demselben erhob sich ein Amphitheater schöner Anhöhen, mit Dörfchen oder Äckern oder Wäldern gekrönt; eine Schleuse rauschte von ferne her. Meinem Fenster gerade gegenüber ergoß sich ein Feldbach in die Wernitz und hatte an seinem Ausflusse eine kleine Insel angelegt, ... Der Feldbach schlängelte sich durch Wiesen her, an deren Grenze gegen die Hügel hin sich ein angenehmes Fischergütchen mit einem kleinen Teiche und schattigen Gärtchen einsam erhob. Etwas weiter zur Linken lag das Dorf Riedlingen, noch mehr links, in der Ebene, der Spindelhof, von dem die Donau bis an die Tore der Stadt herabfloß. Ferne Hügel begrenzten die mannigfaltige Aussicht.«[98] Diese klösterliche Umgebung war es, die Bronners musische und dichterische Talente erweckte und ihn neben Sophie La Roche und Paul von Stetten in die erste Reihe der schwäbischen Dichter seiner Epoche aufrücken ließ. Seine 1787 erschienenen, in der Nachfolge Salomon Geßners geschriebenen »Fischergedichte und Erzählungen«, die sogar in das Französische übersetzt wurden, schildern Heimat und Zeit während seines Klosterlebens:

»Ich sah zwey schöne Flüsse,
Und Inseln drein gestreut,
Und ihre grünen Ufer,
Wo Fischerhütten traulich,
Aus Strandgebüschen schauten.
Ich sah die Reiger waten,
Kibitze Würmchen graben,
Fischgeyer fliegend hängen
Und schnell nach Kressen stürzen.
Ich sah die Fischer rudern
Der Reusen Irrsaal flechten,
Der Netze Maschen knüpfen,
Ans Kreuz gekrümmte Stäbe
Den Bauch des Hamens hängen

Und Angelschnüre künstlich
Aus weißen Haaren drehen,
Und oft die rege Beute
Vergnügt vom Angelhacken
Und aus den Maschen lösen.
Auch sah ich braune Mädchen
Mit Fischerjungen schäkern,
Sich sanft in Kähnen wiegen,
Und hinter Sträuchern küssen,
Und hörte ihren Jubel
Und ihre frohen Lieder,
Und sang mit leiser Stimme
Die Lieder nach, heiß wünschend,
Mit ihnen laut zu singen.«[99]

In seinen späteren »Schriften« aus dem Jahre 1794 setzte sich das dichterische Talent Bronners fort. Sie erschienen in zwei Bänden »Neue Fischergedichte und Erzählungen«, und als dritter Band folgten »Frühere Fischergedichte«. Noch im Alter unternahm Bronner »Lustfahrten ins Idyllenland. Gemütliche Erzählungen und neue Fischergedichte in zwei Bänden« (Aarau 1833).[100]

Im Donauwörther Benediktinerstift tätigte Bronner auch physikalisch-technische Versuche. Einige Zeit beschäftigte ihn der Bau eines »Perpetuum Mobile«, bis er seine Unfähigkeit zu diesem Unternehmen einsehen mußte; danach zeigte er Interesse für »die englische Pumpmaschine, die von aufgelösten Wasser-Dämpfen in Bewegung gesetzt wird« und setzte große Bemühungen in den Bau einer Flugmaschine.[101]

Im Januar 1782 trat Bronner die Reise nach Eichstätt an. Noch in Donauwörth hatte er vom Prälaten die »Ordines minores« erhalten; die Subdiakonatsweihe war 1781 in Augsburg erfolgt. In Eichstätt studierte der Klosterzögling Mathematik und Astronomie; seine inneren religiösen Kämpfe dauerten an: Dogma um Dogma gab er preis, er wandte sich immer mehr einem skeptischen Rationalismus zu. Ein Kanonikus gewann ihn 1782 für die Eichstätter Loge des Illuminatenordens. Obwohl sich Bronner, von Pater Beda Mayr gewarnt, anfangs noch ablehnend verhalten hatte, ließ ihn die Gesellschaft hoher Geistlicher und weltlicher Beamten alle religiösen Bindungen vergessen. 1782 hat Franz Xaver Bronner in Eichstätt die Diakonatsweihe und am 19. April 1783 die Priesterweihe als Ungläubiger empfangen.[102]

Im Juli 1783 kehrte er nach Donauwörth in sein Stift zurück. Doch das Klosterleben fiel ihm – nach zweijährigem Genuß eines freien Lebens und innerlich in seinen Anschauungen gewandelt – äußerst schwer. Nur mit großem Widerwillen kam er deshalb seinen klösterlichen Pflichten nach. Wie es scheint, konnte er vom Kloster aus seine Beziehungen zum Illuminatenorden weiterpflegen. Bronner schreibt, daß sogar in seiner Zelle ein neues Mitglied, ein Mönch aus der Zisterzienserabtei Kaisheim, feierliche Aufnahme in den Illuminatenorden fand.[103] Inwieweit hier seiner Angabe Glauben geschenkt werden darf, bleibt ungewiß, aber selbst Königsdorfer spricht von einem Einfluß geheimer Gesellschaften im Kloster.[104] Mehrere Ereignisse und Zusammenhänge begannen Bronner in immer größere Unzufriedenheit mit seinem Schicksal zu treiben. Zunächst bedrückte ihn das Leben im Konvent als solches, sodann fühlte er sich beunruhigt durch die einsetzende Illuminatenverfolgung, und zu diesen Sorgen kam hinzu, daß er sich vermutlich durch gewisse Aufsässigkeit die Gunst des Prälaten verscherzte. Er selbst berichtet, er sei gegen die »ungezähmte Spielsucht« des Prälaten eingetreten.[105] Überdies starben zu jener Zeit sein geliebter Bruder Hans Michael, Stadtkantor in Höchstädt, und ein Jahr darauf auch seine Mutter. Nicht zuletzt wird wohl Bronner belastet haben, daß er sich von seinem »Minchen« enttäuscht fühlte, seiner »Geliebten«, wie er sie schwärmerisch bezeichnete.[106] Er faßte den Plan, zu fliehen. Am 29. August 1785 verließ er heimlich das Kloster und eilte nach Basel, von dort nach Zürich, wo er sich entschloß, Johann Kaspar Lavater aufzusuchen.[107]

Lavater hatte jedoch ein Brief Johann Michael Sailers erreicht. Der damalige Dillinger Professor weilte am 14. September 1785 zum Hochfest Kreuzerhöhung in Donauwörth und kam einen Tag nach seiner Festpredigt in der Benediktinerabtei den Bitten des Abtes Gallus nach, Lavater vor Franz Xaver Bronner zu warnen. Hier ein Auszug aus Johann Michael Sailers Brief: »Gestern predigte ich hier in Donauwörth ... und bei dieser Gelegenheit erfuhr ich eine Geschichte, die ich Ihnen um Ihretwillen erzählen muß. Ein Benediktiner von hier, Bronner, oder Bonifacius mit dem Klosternamen, ging heimlich aus dem Kloster fort, nahm kostbare Bücher vom Kloster, die nicht sein sind, mit sich und war in kurzem zu Basel. Der Magistrat daselbst nahm das Eigentum des Klosters in Verwahr und gab ihm das Consilium, die Stadt zu verlassen. Dieser Bronner nun ging, wie ein Brief aus Basel sagt, nach Zürich. Weil ich fürchte, er möchte Ihr menschenfreundliches Herz, das gegen alle brüderlich schlägt, mißbrauchen, so geb' ich Ihnen die wahreste Schilderung von ihm mit zweien Worten: Er kam in Eichstätt unter eine Gesellschaft, die sich die Gesellschaft der Denker nennet, und da lernte er gerade das Ärgste: Es schwankte ihm nicht nur das christliche, sondern auch zum Teil die natürliche Religion, er las alle Schriften, die gegen die Christusreligion geschrieben, mit rasender Liebe, und so ward ihm Kopf und Herz zugleich verrückt... So viel – damit, wenn er bei Ihnen Zuflucht sucht, Sie wissen, wen Sie vor sich haben...«[108] So weit Johann Michael Sailer. Lavater ließ Bronner schlicht abblitzen.

Der Flüchtling führte in Zürich ein ausgefülltes Leben nach seinem Geschmack und fand herzliche Aufnahme im Hause des Dichters Salomon Geßner. Im Jahre 1786 ließ er sich trotzdem zur Rückkehr in die Heimat bewegen, wobei allerdings mehr materielle als geistliche Gründe den Ausschlag gegeben haben dürften.[109] Bronner traf am 22. Juli 1786 in Augsburg ein, wo er dem Weihbischof Johann Nepomuk Freiherr von Ungelter vorgestellt wurde. Zusammen mit dem Weihbischof reiste er nach Dillingen. Hier begegnete ihm Johann Michael Sailer.[110] Der Dillinger Professor empfing den Heimkehrer keineswegs nachtragend, sondern nahm ihn mit offenen Armen auf. Bronner schrieb selbst in einem Brief an Konrad Schmid: »Herrn Professor Sailer besuchte ich am ersten Morgen meiner Ankunft. Er empfing mich höchst freundlich und half meinem schüchternen Wesen durch zuvorkommende Güte empor... Ohne ihn würde mir Dillingen nicht angenehm sein...«[111] Bedauernswerterweise wandelte sich die Stimmung Bronners schnell, und er scheute sich später nicht, in geradezu böswilliger Art den tiefreligiösen Sailer anzugreifen.[112] Hierauf näher einzugehen wäre unwürdig.

Das Leben des »Abenteurers« setzte sich folgendermaßen fort: Am 15. Dezember 1787 wurde er Sekretär des Weihbischofs Ungelter von Augsburg, brach dann im Jahre 1793 ohne Abschied von der Stadt auf und traf am 24. Juli jenes Jahres erneut in Zürich ein; im gleichen Jahr reiste er nach Kolmar, wollte als »freier Priester« im Elsaß wirken, kehrte aber schon im Januar 1794 nach Zürich zurück; zunächst arbeitete er dort als Redakteur der »Neuen Zürcher Zeitung«. In den Jahren 1795 bis 1797 erschien seine einseitige und manchmal überzogene Selbstbiographie, die jedoch als kritisches Denkmal seiner Zeit ernstzunehmen ist.[113] Nach seiner Tätigkeit als Redakteur widmete sich Bronner der Politik, erst in Bern, danach in Zürich; im Jahre 1804 erhielt er als Professor der Mathematik und der Naturwissenschaften den Ruf an die Kantonsschule nach Aarau, 1810 übernahm er eine Professur der Physik und der höheren Mathematik an der russischen Universität Kasan, bekleidete aber 1817 wieder seine alte Stellung in Aarau. Im Jahre 1820 ging er eine Heirat mit einem einfachen Landmädchen ein; sieben Jahre später wurde er Kantonsbibliothekar, bald darauf Staatsarchivar. Am Ende seines Lebens erblindete Franz Xaver Bronner und starb im hohen Alter von 92 Jahren. Er hinterließ eine umfassende Literatursammlung;[114] die Aarauer setzten ihm dankbar ein Denkmal an »Bronners Promenade«.[115]

6   Die Bibliothek

Zahlreiche Benediktinerstifte waren in der Zeit des Barock und vor allem der Aufklärung im Besitz von hervorragenden wissenschaftlichen Sammlungen. Im Kloster Heilig Kreuz lag den Äbten stets sehr viel an ihrer Bibliothek, und wenn es die Zeitumstände und wirtschaftlichen Verhältnisse nur erlaubten, steckten die Prälaten so manchen Gulden in den Ankauf neuer Bücher. August Lindner erwähnt im zweiten Band seines Werkes über die Schriftsteller und die um Wissenschaft und Kunst verdienten Mitglieder des Benediktinerordens die ausgezeichnete Bibliothek des Klosters Heilig Kreuz und führt sie in einer Reihe an mit den Bibliotheken von Benediktbeuern, Banz, St. Magnus in Füssen, Metten, Michelsberg, Ottobeuren, Priefling [Prüfening], Tegernsee, St. Ulrich, Wessobrunn, Oberaltaich und Andechs.[116]

Wie Königsdorfer berichtet, war schon im Mittelalter die Bibliothek von Heilig Kreuz reich ausgestattet. Abt Ulrich I. (1313–1333) scheute keinen Aufwand, um die feinsten Materialien zum Abschreiben gelehrter und seltsamer Werke herbeizuschaffen, damit seine Mitbrüder auf nützliche Weise zu beschäftigen und so im Laufe der Jahre eine der reichsten Bibliotheken seiner Zeit aufzustellen, von welcher noch im Jahre 1540 beinahe 2000 Manuskripte vorhanden waren.[117] Mag diese Angabe auch übertrieben sein, so besagt sie doch, daß im Kloster von jeher Wert auf die Bibliothek gelegt wurde und daß es um ihren Stand mit Sicherheit nicht zum schlechtesten bestellt war. Ein schmerzlicher Verlust traf Heilig Kreuz im Jahre 1546. Bei der Plünderung durch die Schmalkaldener wurden nicht nur die prächtig geschriebenen und kunstvoll verzierten Choralbücher und ähnliche Bücher des Gotteshauses zerstört, sondern auch die mit Inkunabeln und ältesten Druckschriften reichlich ausgestattete Bibliothek geplündert. Laut Königsdorfer wurden die mehr als 2000 geschätzten Manuskripte, Archival- und Registraturenkunden, wichtige Briefe, Sal-, Grund-, Zins- und Gültbücher in großen Mengen zum Teil in Schwindgruben geworfen, zum Teil auf Dünghaufen zerstreut und zum Teil von den Soldaten auf die Anhöhe bei St. Veit geschleppt und mutwillig angezündet und verbrannt. Bei St. Veit loderten die Feuer.[118] Erst Abt Leonhard (1602–1621) begann, sich wieder um die Bibliothek des Klosters zu kümmern. Ohne der berufene Gelehrte zu sein, bemühte sich der Prälat doch von Anfang an, die Bibliothek auszustatten; er bediente sich dabei stets des Rates der Dillinger Jesuiten.[119] Nicht lange währte die Zeit, bis Heilig Kreuz unter dem Dreißigjährigen Krieg zu leiden haben sollte. Als die Schweden im Jahre 1646 Donauwörth eingenommen hatten und auch der mutige, als einziger in der Abtei zurückgebliebene Pater Roman Sattler gestorben war, fühlten sich die Schweden als die Herren des Klosters. Schon waren ihre Feldprediger im Begriffe, die Bücher untereinander zu verteilen, als es dem damaligen Stadtschreiber durch sein beherztes Auftreten gelang, die Bibliothek in ihrem vollen Umfange zu retten. Alle Werke konnten Heilig Kreuz erhalten bleiben.[120]

Von Abt Andreas Hausmann (1669–1688) ist bekannt, daß er seine Geistlichen und die Schulknaben des Klosters von Zeit zu Zeit mit ebenso nützlichen wie kostspieligen Büchern versorgte, um ihre Begeisterung für die Wissenschaften zu wecken.[121] Abt Amandus Röls (1691–1748), der »Zweite Stifter«, fühlte sich während seiner Prälatur besonders zur Förderung der Wissenschaften verpflichtet. Zu diesem Zwecke, so berichtet Cölestin Königsdorfer, kaufte er eine Menge »recht brauchbarer« Bücher.[122]

In das Zentrum der Wissenschaften rückte Abt Gallus Hammerl (1776–1793) die Bibliothek, als er das Klostergebäude bis auf den Westflügel um ein Stockwerk erhöhte und dem Bücherbestand einen weitaus größeren und schöneren Raum als vorher zuwies, nämlich in der Mitte des Klosterkomplexes. Unverzüglich begann der Prälat, für Tausende von Gulden neue Bücher zu erwerben; dabei stand ihm Pater Beda Mayr beratend zur Seite, der auch den Ankauf der Handbibliotheken aus dem Besitz des Kanonikus Heinrich von Braun, eines bekannten bayerischen Schulreformators, und des berühmten Thomas de Haiden aus Augsburg vermittelte. Beda Mayr, das Vertrauen des Abtes genießend, waren sämtliche Bücher anvertraut. Er war es, der einen »freien Betrieb alles dessen, was auf sogenannte Lectüre und Literatur Bezug hatte«, ermöglichte und für die Mönche die »Idyllen- und Schäfersprache« zugänglich machte.[123]

In einigen Reiseberichten aus dieser Zeit findet die Bibliothek des Klosters Heilig Kreuz eine besondere Erwähnung. Der Benediktiner Johann Nepomuk Hauntinger schreibt in seiner Reisebeschreibung des Jahres 1784: »Der berühmte Professor Beda Mayr wurde sogleich auf unser Begehren uns vorgeführt, der uns dann in den Büchersaal, der noch neu ist und auch eine Galerie hat, begleitete. Die äußere Verzierung ist nicht sonderbar, doch ist die Bibliothek nett und ordentlich und es werden auch nach und nach alle Gattungen Bücher angeschafft, so daß sich schon einige Klassen gut ansehen lassen. Es gibt darunter auch einige alte Druckdenkmale; von Manuskripten aber läßt sich nichts Beträchtliches sagen; Feuersbrünste, Kriege und andere Zufälle haben sie den Wünschen der Nachkommen entrissen.«[124] Der Benediktinerpater Placidus Scharl von Andechs berichtet in einem Reisebericht aus dem Jahre 1788: »Die Bibliothek war eben nicht die schlechteste, hat aber nach der Hand durch P. Beda Mayr und andere Gelehrte dieses Stifts, wie ich höre, einen großen Reichtum der Bücher erhalten.«[125] Lobend über die Bibliothek von Heilig Kreuz äußert sich sogar der kritische Schriftsteller Franz Kratter: »Die Bibliothek ... enthält einen schönen Vorrath von auserlesenen Werken aus allen Fächern der Wissenschaften, und ist ein Beweis vom Geschmacke, den ausgebreiteten Kenntnissen, dem aufgeklärten Verstande derjenigen, die den Grund dazu gelegt, an der Einrichtung und Erweiterung derselben gearbeitet haben.«[126] Doch genug des Lobes, einen Einblick in die Bibliotheksbestände und die literarischen Interessen im Kloster Heilig Kreuz liefert der Bibliothekskatalog der Jahre 1784/85, den der Bibliothekar Pater Bernhard Stocker erstellte und der später in die Bibliothek der Fürstlich Oettingen-Wallersteinschen Sammlungen auf der Harburg gelangte. Hans Radspieler hat sich in seiner Dissertation über Franz Xaver Bronner mit dem Katalog auseinandergesetzt: In der Bibliothek von Heilig Kreuz überwog naturgemäß die Theologie, doch blieben die Bestände an philosophischen und schöngeistigen Werken hinter denen einer weltlichen Bibliothek, wie einer fürstlichen oder Universitätsbibliothek, gar nicht sehr weit zurück. Nahezu vollständig vertreten waren die Schriftsteller der griechischen und römischen Antike; auch bedeutende Namen der späteren ausländischen Dichtung, wie Boccaccio, Ariost, Tasso, Goldoni, Racine, Lafontaine, Voltaire, Shakespeare, Pope, Young und andere finden sich teils in Originalsprache, teils in Übersetzung. Ältere deutsche Literatur war nur spärlich vertreten; erwähnenswert sind hier nur Albrecht von Eybs »Ehebuch«, Georg Rollenhagens »Froschmeuseler« und die Gedichte Paul Flemings. Große Bedeutung dagegen besaßen die Bestände des 18. Jahrhunderts, kaum ein Dichter von Rang und Namen fehlte; sehr überraschend und etwas seltsam für eine Klosterbibliothek treten dabei auch verschiedene Werke Wielands und Moritz August Thümmels Werke »Wilhelmine« und noch mehr seine »Inokulation der Liebe« zutage. Theoretiker der deutschen Dichtkunst, beispielsweise Breitinger, Gottsched und Sulzer waren ebenfalls vorhanden. Hohes Ansehen genoß auch die Philosophie; die Hauptwerke von Leibniz, Kant und Moses Mendelssohn standen neben denen von Spinoza, Pascal, Lamettrie, Rousseau, Voltaire und Shaftsbury, ohne daß hier auch nur im entferntesten alle Namen genannt wären. An Zeitschriften wurden Wielands »Deutscher Merkur«, die »Göttingischen Anzeigen von gelehrten Sachen«, die sich wahrscheinlich Pater Beda hielt, und die Jenaische »Allgemeine Literaturzeitung« gelesen. Eine eingehende Betrachtung der Klosterbibliothek muß hier leider unterbleiben, so aufschlußreich sie wäre. Doch auch aus diesem wenigen ist schon erkenntlich, daß, wie Radspieler bemerkt, »die Bibliothek der Benediktiner von Heilig Kreuz durchaus den Geist der Aufklärung des 18. Jahrhunderts spiegelt und damit ihre Schöpfer als aufgeschlossen für die Probleme der Zeit erweist, nicht als engdenkende und ängstliche, sondern als durchweg moderne und weitblickende Männer.«[127] [128]

Abt Cölestin II. (1794–1803, † 1840) beabsichtigte bei der Übernahme der Prälatur, die Bibliothek zu vervollständigen.[129]

Doch für ihn waren die Zeiten nicht günstig, denn Einquartierungen und Requisitionen der französischen Revolutionskriege belasteten den klösterlichen Etat. Als im Juli 1796 die Franzosen gegen Donauwörth vorrückten, machte sich große Angst um die Bücher breit. Die Mönche verfrachteten das Archiv, die Registratur und die wertvollsten Werke der Bibliothek in die Kanzlei und verbargen diese Schätze dann in Verstecken im Archivgewölbe neben dem Abteikeller und unter dem Refektoriumsboden. Die Patres bewiesen damit eine glückliche Hand, denn einige der französischen Offiziere, die im Kloster einquartiert waren, versorgten sich mit Bänden aus der Bibliothek, die danach nie mehr an ihren Platz zurückgebracht wurden.[130] Als im Jahre 1800 die Franzosen erneut anrückten, konnte Abt Cölestin die wichtigsten Urkunden aus dem Archiv, der Registratur und der Bibliothek bei seinem Freund, dem Baron Wellwart zu Bolzingen, in Verwahrung geben. Doch schon bald sollte Heilig Kreuz seiner Kostbarkeiten auf andere Art verlustig werden. Im Zuge der Säkularisation fiel die Abtei dem Fürsten von Oettingen-Wallerstein zu; im Jahre 1802 trafen bereits fürstliche Kommissionen im Kloster ein und taten ihr großes Interesse an den Schätzen der Bibliothek kund. Am 15. Januar 1803 wurde die gesamte Bibliothek von Heilig Kreuz nach Maihingen in die Fürstlich Oettingen-Wallersteinsche Bibliothek gebracht. Königsdorfer berichtet, Tausende von Büchern aus allen Fächern der Wissenschaften, darunter seltene Manuskripte, Inkunabeln, Landkarten und dergleichen seien in Kisten, Verschläge und Fässer gepackt worden. Mit ihnen wurden auch alle Schränke und das Galeriegeländer der Bibliothek fortgeschafft, »so gab dieß den Schreinern, Zimmerleuten, Lad- und Fuhrknechten, mehrere Tage hindurch nicht wenig zu schaffen, und das damit verbundene Hämmern, Krachen, Poltern, Rennen, Schreyen, Lärmen, sprachen eben so wahr als laut den Gräuel der Verwüstung aus«.[131] Beim Einpacken selbst sollen kostbare Stücke abhanden gekommen sein, und sogar auf der Straße zwischen Donauwörth und Maihingen fanden sich an einigen Stellen unterwegs verlorene Schriften und Bücher.[132] Der letzte Bibliothekar und Archivar von Heilig Kreuz, Bernhard Stocker, folgte »seinen« Büchern und war bis zu seinem Tode am 10. November 1806 als Bibliothekar in Maihingen tätig.[133]

Die Bibliothek des Klosters Heilig Kreuz befand sich bis zum Jahre 1948, mit den Bibliotheken der Klöster St. Mang in Füssen und Deggingen und der Fürstlich Oettingen-Wallersteinschen Hausbibliothek vereint, in den Räumen des ehemaligen Minoritenklosters von Maihingen.[134] Daraufhin erhielten die kostbaren Bücher einen neuen Standort auf der Harburg. Im Jahre 1980 wurde die Fürstlich Oettingen-Wallersteinsche Bibliothek mit ihren etwa 140 000[135] Bänden aus allen Wissensgebieten – darunter auch 15 000 Bände der Donauwörther Abtei – vom Freistaat Bayern erworben und als unveränderter Sonderbestand in die Augsburger Universitätsbibliothek aufgenommen.

VI   Leben im Kloster unter dem letzten Abt bis zur Säkularisation

Im Zuge der französischen Revolution mußte Heilig Kreuz wieder einmal Schweres erdulden. Die strategische Bedeutung der Stadt ließ immer neue Truppenverbände anrücken, die das Kloster als günstigen Ort für eine Einquartierung betrachteten. Der härteste Schicksalsschlag aber traf die Ordensgemeinschaft, als unter dem letzten Abt von Heilig Kreuz, Cölestin II. Königsdorfer, der Befehl zu ihrer Auflösung gegeben wurde.

1   Zeit der französischen Revolutionskriege

Während die französische Revolution ganz Europa erschütterte und auch Donauwörth in das unmittelbare Kriegsgeschehen geriet, hatte im Kloster Heilig Kreuz seit 1794 Cölestin Königsdorfer die Prälatur inne; er hatte bei seiner Wahl zum Abt wohl schon eine Vorahnung, daß er der letzte in der Reihe der Äbte von Heilig Kreuz sein würde.

a)   Abt Cölestin Königsdorfer (1794–1803, † 1840)

Das Interregnum nach dem Tode des Abtes Gallus dauerte acht Monate. Die Wahl eines Nachfolgers zögerte sich hauptsächlich deswegen so lange hinaus, weil der bayerische Minister und Referent in Sachen von Pfalz-Neuburg und Sulzbach am Hofe zu München, Graf von Bettschart, landesherrliche Rechte Bayerns auf das Kloster überhaupt und das Recht Pfalz-Neuburgs auf Donaumünster insbesondere geltend machen wollte, vor allem aber, wie uns Königsdorfer berichtet, weil Bettschart geldgierig hoffte, den Konvent für den Fortbestand des Klosters erpressen zu können. Der Plan scheiterte am Widerstand des Konvents, der die alte Verbindung zum Hochstift Augsburg und zum Schwäbischen Kreis anführte, die durch den Rezeß von 1688 genau bestimmt war und 1785 nochmals durch eine eigene Klausel im Konkordat mit Kurpfalz-Bayern anerkannt worden war. Nachdem man Bettschart mittlerweile seiner Position enthoben hatte, kam es endlich am 15. Januar 1794 zur Wahl eines neuen Abtes. Als Wahlvorsteher fungierte der Weihbischof und General-Vikar Freiherr von Ungelter, der in Begleitung des geistlichen Rats und Sieglers Nigg erschienen war; die beiden Skrutatoren waren die Prälaten von Thierhaupten und Deggingen; ferner fanden sich von seiten der fürstbischöflichen Regierung der geheime Rat von Breuning und von Kurpfalz-Bayern als Kommissäre[1] die geistlichen Räte, Herr von Mayrhofen und der berühmte Benedikt Stattler ein, denen von der kurfürstlichen Regierung zusätzlich noch ein dritter Kommissar[2], nämlich der Regierungsrat Rott hinzugesellt wurde. Die Wahl fiel im ersten Skrutinium mit zwölf Stimmen bei neunzehn Wählern auf den

Konventualen Cölestin Königsdorfer, den der Weihbischof sogleich konfirmierte und am 19. Januar 1794 als Abt benedizierte.[3]

Cölestin, mit dem Taufnamen Bernhard, war am 18. August 1756 als eines von elf Kindern eines Hufschmieds in Flotzheim bei Monheim in Pfalz-Neuburg geboren, hatte von 1768 bis 1776 in dem Jesuitenkolleg St. Salvator in Augsburg seine Studien mit Auszeichnung absolviert und war am 18. Oktober 1776 ins Kloster Heilig Kreuz in Donauwörth eingetreten, wo er am 19. Oktober die Profeß abgelegt hatte. In Donauwörth hatte er an den bedeutenden Bildungseinrichtungen seines Klosters regen Anteil genommen und zur Fortsetzung seiner am Lyzeum in Augsburg begonnenen philosophischen und theologischen Studien unter Pater Beda Mayr Logik, Metaphysik, Mathematik und Dogmatik gehört. Am 28. Dezember 1780 war er in Augsburg zum Priester geweiht worden, und am 30. Dezember konnte er seine Primiz feiern. Im Herbst 1781 schickte ihn Abt Gallus an die Universität Ingolstadt zum Studium der theologischen Wissenschaften und orientalischen Sprachen. Nach seiner einstweiligen Rückkehr wurde Cölestin als Präses der Rosenkranzbruderschaft in der Seelsorge des Stifts eingesetzt und ab 1785 zum Lektor der Theologie für die Stiftskleriker ernannt; er gab Unterricht in orientalischen Sprachen, und in vier aufeinanderfolgenden Jahren trug er Hermeneutik, Dogmatik, Moral und Kirchenrecht vor, bis er 1790 den Ruf an die Universität Salzburg erhielt. Dort begann seine Tätigkeit als Professor für Mathematik und Physik. Schon hatte er angefangen, ein Lehrbuch der Physik zu bearbeiten, als er am 15. Januar 1794 zum Abt von Heilig Kreuz erwählt wurde.[4]

Steichele charakterisiert Cölestin Königsdorfer folgendermaßen: »Mit reicher geistiger Begabung ausgestattet, in den Wissenschaften allseitig bewandert, mit der Bewegung des Jahrhunderts vertraut und den Ideen der Neuzeit nicht abhold, aber festhaltend an christlicher Erkenntniß und katholischer Wahrheit, wie am Geiste seines Ordens, dabei ein Mann von Weltkenntniß und feiner Bildung...«[5] In seiner ersten Kapitel-Rede am 8. März 1794 sprach der Prälat folgende bedeutsame Worte: »Jam sumus in eo, ut pereamus«[6], und er brachte seinem Konvent die Regel nahe, die ihm selbst am Herzen lag, sie müßten nämlich sich selbst der Rettung würdig machen, wenn sie gerettet werden wollten und schon jetzt sollten sie sich vorbereiten, um einst die Leiden der Vernichtung großmütig ertragen zu können. Zunächst setzte der Abt seine ganze Kraft in die Aufgabe, bei seinen Konventualen den Sinn für das klösterliche Leben zu heben und sie zu wahrer Religiosität zu führen; um sie am Nichtstun zu hindern, das er als Hauptquelle des Mißvergnügens ansah, schickte er einen seiner Geistlichen als Professor nach Salzburg, den anderen nach Ingolstadt und später einen dritten nach Regensburg in das Stift St. Emmeran, die übrigen erhielten eine Anstellung in der Seelsorge oder als Lehrer an der Klosterschule. Abt Cölestin sparte nicht an der Ausbildung seiner Konventualen und der an der Klosterschule studierenden Jugend, und er beabsichtigte, die Bibliothek und das physikalische Armarium zu vervollständigen und ein eigenes Naturalien-Kabinett und chemisches Laboratorium zu errichten. Zuvor wollte der Prälat seinen Haushalt regenerieren, denn die Ökonomie betrachtete er als die erste Bedingung alles häuslichen, literarischen und religiösen Fortschreitens. Doch die Zeichen standen nicht günstig. Im Volk herrschte die Stimmung: »Wenn nur die Pfaffen weg wären, dann würden auch für sie, wie für die Bauern in Frankreich, die

»Charte von Schwaben. Trigonometrisch aufgenommen und gezeichnet von J. A. v. Amman, Königl. Baierschem Landes Directions Rath«, gestochen von Abel in Stuttgart, 1802, hier: Sektion Lauingen-Donauwörth, Ausschnitt

Prinzheim

Eber mergen

KAISERSHEIM

CI.

...hausen
Mauren
Turmeß
Spilberger Hofe

Wornizstein
Osterwaier
Berg
Ramhof
Schötthof

Hattenbach Feldheim

Bukenhof

...moen
Keßel Ostheim
Opperfshofen
Keßel
Reichardt...
Knaren

DONAUWERTH
Neudek
Riedlingen
Galgenhof
Schellenhof
Zirgesheim
Donau
Nordheim

Buch
Bruchhof
Ablhele
Keßel
Berg
Furth M.
Erlingshofen

Posthof
Spinnelhof
Schwaider M.
Göhren Schw.
Zusam vulgo Oxatheim
Auxesheim
Bæumen

Neumaier
Killenschwaig
Baurenhansenschw.
Zusam

Tapfheim
Munster
Dreiwinkel
Birken
Mayerschw.
Rothe hansen schwaig
Hubel Schw.
Heißesheim
Königs...

Rettingen
Hundeschwaig
Bældeschw.
Merfingen

Schweningen
Ludwigsschw.

Donau
Bartelstoffelschw.
Muhlschw.
Stoffelhausen Schw.
Stadelhof

Fischerreitsch
Rupenschw.
Josenschw.

Gremheim
Hofen
Lustenau
Lauterbach

Stadelhof

Pfaffenhofen
Ahmanshofen
Maierhof

Greggenhof

Buttenwiesen
Neuweiler

unter Thierheim
Ehingen

so verhaßten Grundzinse, Gilten, Zehenten und dergleichen wegfallen«,[7] und es sei ein Verdienst, »den Mönchen, jenen so übel verschrienen Hummeln des Staats, so wenig als möglich zu reichen, so viel als möglich zu entziehen, und sie so schwer als möglich zu belasten«.[8] Die Kosten für den Lebensunterhalt stiegen von Tag zu Tag, so daß die Konventualen sogar auf den seit jeher zu jeder Mahlzeit gereichten Wein verzichteten und sich, wie Königsdorfer schreibt, bereit erklärten, ihren Durst an dem leider oft gar zu kraftlosen, weißen Gerstenbiere zu stillen. Zu allem Unglück hatte sich auch noch in Bayern und Schwaben eine Viehseuche verbreitet, die auch auf die klösterlichen Stallungen übergriff. Doch all das muß zurücktreten hinter dem, was das Kloster jetzt zu erwarten hatte: die französischen Truppen waren im Anmarsch.[9]

b) Einquartierungen im Kloster während des ersten Koalitionskrieges

Wie uns Pater Bernhard Stocker, der letzte Bibliothekar von Heilig Kreuz, überliefert hat, häuften sich am Abend des 4. Juli 1796 die Nachrichten, daß die Franzosen Weißenhorn geplündert und angezündet hätten und vom württembergischen Lande her anrückten. Die Gerüchte verdichteten sich, als in Heilig Kreuz am 7. Juli von Neresheim her Wagen mit Schätzen des dortigen Klosters zum Weitertransport nach St. Emmeran in Regensburg eingetroffen waren. Schlimmes wurde berichtet; die Zeitungen benannten die Franzosen sogar als »Räubergesindel, Mordbrenner, Plünderer, Mörder und dergleichen«. Am 11. Juli wurden das Archiv, die Registratur und die besten Bücher aus der Bibliothek in die Kanzlei befördert und auch das Kirchen- und Speisesilber und andere Kostbarkeiten in die Abtei gebracht und später mit Ausnahme des zum Gebrauch nötigen Tafelsilbers und einiger Leuchter von Vertrauten versteckt. Während Königsdorfer völlig über das Versteck schweigt, nennt Stocker Plätze im Archivgewölbe, neben dem Abteikeller und unter dem Refektoriumsboden. Der Abt und der Konvent beschlossen zusammenzubleiben. Für den Fall einer unumgänglichen Flucht aber war für jeden Kapitular in der Abtei ein Reisepaß bereit, und die Prälaten von St. Nikola nächst Passau und zu Raitenhaslach bei Burghausen hatten freundschaftlich Aufnahme, Verpflegung und Hilfe für jeden Ankömmling aus Heilig Kreuz versichert.[10] Am 21. Juli quartierte sich der österreichische Oberst von Roos samt seinen Adjutanten, Sekretären und Bediensteten im Kloster ein. Zwei Tage später gesellte sich Oberst Molitor mit Mutter und Frau hinzu, außerdem ein Herr Kriegskommissar von Kanzler, ein Auditor und ein Feldpater, die die Retirade der Österreicher ahnten. Am 14. Juli trafen noch mehrere Offiziere ein, in Begleitung von »Demoisellen«, Bediensteten und Kutschern. Auch ihre Pferde und Hunde mußten im Kloster untergebracht werden. Dies zog sich bis zum 4. August hin, als Oberst Molitor abrückte und Generalmajor Keim mit seinem Adjutanten Rimmele, Bediensteten und siebzehn Pferden in Heilig Kreuz Unterkunft wünschte. Keim hatte als einziger seine eigene Küche mitgebracht und lud fast täglich zwei Geistliche an seine Tafel. Inzwischen war Abt Cölestin nach Augsburg gereist, da die Nachricht eingetroffen war, daß die Stände des Schwäbischen Kreises kurz vor dem Abschluß eines Friedensvertrages mit dem Obergeneral der französischen Truppen, Moreau, stünden. Der Prälat ließ sich dort, ungeachtet der Lage

25 *Kloster Heilig Kreuz: Gesamtanlage mit Kirche und dem um zwei Innenhöfe erbauten und unter*
    Gallus Hammerl noch im späten 18. Jahrhundert aufgestockten Konventbau

26   Donauwörths westliche Altstadt mit Heilig Kreuz, Fuggerhaus und Stadtpfarrkirche Unserer Lieben Frau:
       Donauprospekt ohne späteren Bewuchs, ein Dokument aus der Frühzeit der Photographie

27   *Das Haupt- und Geschäftsgebäude des Cassianeums mit ehemaliger Kapelle St. Veit,*
     einstiger Ökonomiehof des Benediktinerklosters. Photo um 1880

28   *Amand Röls, Donauwörths großer Benediktinerabt, im Alter von 60 Jahren, porträtiert im Jahre 1724*
von Johann Baptist Krenner

des Klosters in einer bayerischen Provinzialstadt, im Namen des Fürstbischofs von Augsburg ein Zertifikat über den Verband des Stifts mit dem Schwäbischen Kreis ausstellen, und so konnte man ein wenig ruhiger das Annähern der Franzosen erwarten; dennoch sollte es sich noch zeigen, daß der Separatfrieden dem Kloster keine großen Vergünstigungen einbrachte. Ab dem 9. August war in Donauwörth der Kanonendonner zu hören, als die Österreicher unter der Leitung von Erzherzog Karl die Franzosen bei Hochhaus und Amerdingen noch einmal bis Aalen zurücktrieben, und schon brachte man die ersten Verwundeten, 94 Franzosen und Österreicher, zur Versorgung in das klösterliche Schulhaus. Die österreichischen Truppen aber passierten innerhalb von vier Tagen, vom 12.–16. August, Donauwörth und zogen sich über die Donau zurück.[11]

Am 40. Geburtstag des Abtes, dem 18. August 1796, sprengten am Morgen um 7 Uhr drei Chasseurs auf das Kloster zu, denen der Pförtner allzu voreilig die Tore öffnete. Sie waren darauf aus, Geld in ihren Besitz zu bekommen, konnten aber, bevor sie Unheil anrichteten, von den eintreffenden französischen Offizieren vertrieben werden. Um 10 Uhr 30 traf die Generalität ein, General Dessais an der Spitze; ihm zur Seite Oudinot, St. Susanne und weitere berühmte Männer. Um einen Eindruck von der Stimmung zu bekommen, seien Königsdorfers Worte angeführt: »mit ihnen ein dichtes Gewühl von Eskorten, Wachen, Ordonanzen, Sekretären, Domestiken, Pferden, Wägen ohne Zahl, alles, die Gasse und den ganzen Berg herab, so gedrängt, als rückte eine ganze Armee vor das Kloster, um es zu erstürmen.«[12] So viele »Gäste« auf einmal stifteten natürlich größte Verwirrung und ein Durcheinander im Kloster, zumal jeder seine Wünsche äußerte, die alle »tout de suite« erfüllt werden sollten. Sehr ungehalten waren die französischen Offiziere beim ersten Mittagstisch, die sechs gereichten Speisen, der beste Rhein- und Burgunderwein und die Bedienung stellten sie nicht zufrieden, und sie ergingen sich in Schmäh- und Schimpfreden. Bei der Besichtigung des Klosters liehen sie sich da und dort in der Bibliothek ein Buch aus, das nie wieder gesehen wurde; glücklicherweise konnten sie von weiteren Zugriffen durch Pater Amands Schmetterlingssammlung abgelenkt werden, welcher sie ihr großes Interesse schenkten. Gegen 5 Uhr ließ die Generalität die besten klösterlichen Pferde einspannen und machte sich auf den Weg nach Dillingen. Die Mönche schwebten nun nahezu in Todesangst, eine Plünderung – wie schon in manchen städtischen Häusern geschehen – schien gewiß. Sie versteckten ihre Habseligkeiten hier und dort im Garten, unter der Stadtmauer, unter dem Kirchendach und wo immer sie ein gutes Versteck finden konnten. Den heiligen Kreuzpartikel, den wichtigsten Schatz des Klosters, nahm Pater Prior Ulrich aus der Tafel und trug ihn stets auf seiner Brust. Der Mönche Furcht bekräftigten schlechte Nachrichten, die vom klösterlichen Ramhofe eintrafen, dessen Plünderung gemeldet wurde, von Donaumünster, dessen Bewohner mit immer neuen Forderungen der Franzosen bedrängt wurden, und von Mündling, wo Pater Bernhard, der Pfarrer von Mündling, nur knapp dem Tod durch einen französischen Füsilier entkommen war. Um den zurückgebliebenen Offizieren nicht zu neuem Unmut Anlaß zu geben, wurden Speisen aller Art und so viele Sorten Wein in Bereitschaft gehalten, daß damit eine Tafel mit zwanzig bis vierzig Gedecken bei Bedarf sogar zweimal bedient werden konnte, und dies – wie Königsdorfer schreibt – auf eine Art, die selbst Fürstenpersonen befriedigt hätte.[13]

Am 19. August erschien General Delmas im Kloster, ließ sich ungestüm jede Türe öffnen und drang herrisch in das Schlafzimmer des Abtes ein, bis er einsehen mußte, daß kein Zimmer mehr für ihn frei war und er erst am nächsten Tag unterkommen könnte; wohl aber fand er noch Platz an der reich gedeckten Tafel. Das Leben im Kloster war jetzt geprägt von andauernder Unruhe und von Lärm. Kaum hatten sich zehn, zwanzig oder noch mehr Logiergäste satt gegessen und getrunken, so waren schon wieder neue da, die an der Tafel Platz zu nehmen wünschten oder aus ihren Zimmern nach ausgesuchten kalten Delikatessen schrien; Eintreffende stürmten Küche und Keller, Abziehende versorgten sich mit bis zum Rand gefüllten Lebensmittelpaketen.[14] Der Konvent mußte sogar aus Mangel an anderer Nahrung an Freitagen Fleisch speisen. Der Chor wurde von jetzt an auf folgende Weise gehalten: Die Konventualen psalmodierten in der Früh um 6 Uhr leiser als gewohnt die vier »horas minores« und wohnten der Konventmesse bei; dann las jeder seine Messe, damit die Kirche um 8 Uhr verschlossen werden konnte. Die Mönche gingen, wie Stocker in seinem Tagebuch anführt, immer ohne Kapuze, auch der Novize Andreas Baumeister, der wie die Patres einen Kragen tragen mußte. Vesper und Komplet hielt man nach 15 Uhr ohne Glockengeläut, die Messe nach 16 Uhr, ehe um 17 Uhr 30 das Abendessen eingenommen wurde. Dies geschah in recht trauriger Stimmung, weil den Konventualen stets der Schrecken einer Überrumpelung im Nacken saß und weil sie fast zu jeder Stunde, Tag und Nacht, zum Musizieren bereit sein mußten, um die Gemüter der Offiziere zu erheitern.[15]

Forderungen, die im Kloster gestellt wurden, trafen natürlich auch die leidgeprüften Bürger Donauwörths. Die Franzosen verlangten Unmengen von Wein, Branntwein, Brot, Fleisch, Gemüse, Obst, Heu, Haber, Hemden, Schuhen, Schuhnägeln, Stecknadeln, Haarpuder, Pomade, Pfeifen, Tabak usw.; Schneider, Schuster, Sattler und Schmiede mußten alles schleunigst verfertigen, was die Soldaten begehrten. Zimmerleute und andere Handwerker waren beauftragt, an der Wiederherstellung der Donaubrücke zu arbeiten; Getreidekästen, Heustöcke und Strohvorräte wurden beschlagnahmt. Angst lähmte die Bevölkerung. Als am Morgen des 20. August ein Trupp Franzosen abzog, mußte Heilig Kreuz wiederum einen großen Verlust hinnehmen, denn, wie Königsdorfer überliefert hat, erdreisteten sich die Republikaner, sieben der edelsten Pferde aus den klösterlichen Stallungen mitzunehmen und dafür ein fast ganz steifes Reitrößlein und zwei übel zugerichtete Zugmähren zurückzulassen. Auch ein anderer Pferdehandel soll hier nicht unerwähnt bleiben: Ehe General Delmas vom Kloster abzog, verkaufte er Abt Cölestin für 45 Louisdor einen »mohrenköpfigen« Hengst, den er vom Reichsstift Kaisheim mitgehen hatte lassen. Delmas hatte aber im Verlaufe seines Aufenthaltes im Kloster das Zutrauen des Abts und des Konvents von Heilig Kreuz gewonnen, und so wartete man mit Bangen auf neue Einquartierungen.[16]

Am Nachmittag des 20. August ließ der berüchtigte Interimsquartiermeister Deyringer eigenmächtig 170 Franzosen in das klösterliche Gymnasium und die St.-Veits-Kirche eintreten. Daß dieser Männerhaufen nicht eben schonend mit der Einrichtung umging, überrascht nicht, die größte Gefahr zog aber herauf, als die Soldaten in der Kirche wegen des naßkalten Regenwetters ein loderndes Feuer anfachten. Die in der Schule einquartierten Franzosen errichteten dort eine Bierschenke, die sie mit einer grünen Staude kennzeichneten. Das Klostergebäude selbst, wo sich wiederum die Offiziere, u. a. der Kommandant Fager und der Kriegskommissar Pistorius, einquartiert hatten, wurde glücklicherweise durch eine Wache vor den Horden geschützt. Für die Garnison mußte die Stadt täglich 370 Pfund Fleisch und Brot liefern. Heilig Kreuz war erst am 1. September vollständig von den Eindringlingen in der Kirche und der Schule befreit. Als sich in den ersten Tagen des September die Gerüchte vermehrten, daß die Österreicher nahten, rüstete sich zwar auch alles zum Abzug aus der Stadt, doch die Garnison vergrößerte sich trotzdem von Tag zu Tag, und die Forderungen nach Fleisch stiegen von drei auf elf Zentner; die Franzosen wünschten immer mehr und mehr. Kommandanten wechselten von Stunde zu Stunde. Endlich, am 20. September, trafen die österreichischen Truppen in Donauwörth ein und vertrieben die Franzosen aus der Stadt. Am Abend erschien ein Bürger aus Wemding, um sich beim Abt nach den näheren Umständen der Vertreibung zu erkundigen. In der Abtei meldete er sich mit folgenden Worten: »Euer Hochwürda! I bi der Spio von Wemding. Saget mir nu, daß i ebbas Guots hoimbring und mei Geld verdien: Wie hot mas denn gmacht, daß ma d' Franzose nausbringt?«[17] [18]

Das Kloster hatte großen Schaden erlitten. Aus ständiger Angst vor Überfällen und auch um der geforderten Dienstleistungen an den Einquartierten willen, konnten Abt und Konvent ihren geistlichen Pflichten nur notdürftig nachkommen. Königsdorfer klagt besonders, daß der 14. September, das Fest der Erhöhung des Heiligen Kreuzes, zu dem sonst das katholische Volk und Geistliche zu Tausenden ins Kloster geströmt waren, nur innerhalb der Ordensgemeinschaft mit einem figurierten Hochamt gefeiert werden konnte. Großer Schaden war auch in den prachtvollen Räumen des Klosters zu verzeichnen, so waren z. B. im Kaiserzimmer die Gesichter der Portraits des Kaisers Maximilian I., des Kaisers Joseph II. und des Kurfürsten Karl Theodor mit einer Degenspitze zerstochen. Die genau feststellbaren finanziellen Einbußen des Klosters beliefen sich auf mehr als 8000 Gulden:

1854 fl. 19 kr.	für den Ankauf neuer Pferde
2700 fl.	für den Verlust des Getreides, Strohs und Heus
3000 fl.	für die Verpflegung der Franzosen
500 fl.	für Sonderausgaben im Dienste der Republikaner

Hinzu kamen Beschädigungen an Gebäuden, Grundstücken, Feldfrüchten und Waldungen, an Möbeln, Geräten und Fahrzeugen jeder Art und was am schwersten wog, waren die ausbleibenden Renten und Einkünfte.[19]

Am 3. September 1797 wurde zwischen Frankreich und Österreich der Friede von Campoformio geschlossen, der das Ende des ersten Koalitionskrieges bedeutete.

c) Neue Kriegsgeschehnisse und ihre Auswirkungen auf Heilig Kreuz

Während Heilig Kreuz noch unter den Requisitionen der Franzosen und auch der Österreicher zu leiden hatte und sich landesherrlicher Übergriffe Oettingen-Wallersteins, Bayerns und sogar Preußens erwehren mußte,[20] war erneut Kanonendonner im Anrollen. 1798 konnte gerade noch einmal verhindert werden, das Kloster im Auftrage Erzherzog Karls in ein Militär-Lazarett zu verwandeln. Daneben wurde Heilig Kreuz allein zu sieben Hochstiftaugsburgischen Requisitionen gezwungen. Bei der fünften Requisition im Juli 1799 wurde z. B. folgendes gefordert: Es mußten

95 Zentner, 34 Pf. Mehl	à 12 fl.	12 kr.	= 1 163 fl.	8 kr.
486, ⅜ Metzen Hartfutter	à 4 fl.	20 kr.	= 2 107 fl.	37½ kr.
243 Zentner, 30 Pf. Heu	à 2 fl.	20 kr.	= 567 fl.	42 kr.
also Waren um insgesamt			3 837 fl	87½ kr.

geliefert werden. In dem kurzen Zeitraum zwischen dem ersten und dem zweiten Einfall der französischen Truppen beliefen sich die Abgaben an die kaiserliche Armee allein an Mehl, Hartfutter und Heu auf 28 866 Gulden; zusammen mit den Kosten von Futterstroh, Brennholz und Mehlfässern, mit den Auslagen an Honorarien, Kriegskommissäre, Lieferanten, Magazinsinspektoren und Schreiber, mit der Stellung des Kontingents, mit den besonderen pfalz-bayerischen Requisitionen, mit vermehrten Kriegs- und Adversionssteuern und ständigen Einquartierungen ergaben sich insgesamt 40 299 Gulden.[21]

Als im Mai des Jahres 1800 das Vordringen des Generals Le Courbe über Memmingen gegen Augsburg bekannt wurde, traf man im Kloster Vorkehrungen gegen den von neuem herannahenden feindlichen Besuch. Der Abt ließ den größten Teil des Kirchen- und Tafelsilbers, die wichtigsten Urkunden, Schriften und Bücher aus dem Archiv, der Registratur und der Bibliothek und anderes wertvolles Eigentum der Geistlichen sowie mehrerer Donauwörther Bürger zu einem guten Freunde, dem Baron Wellwart zu Bolzingen, bringen; die Pferde des Klosters hinterstellte der Prälat in Ursheim. Mit Hilfe des Barons erreichte Abt Cölestin Königsdorfer auch die Ausstellung einer Urkunde,[22] die seiner Abtei den königlich preußischen Schutz gegen jede feindliche Behandlung zusicherte. Die Abschriften der Urkunde gingen in Verbindung mit einer Tafel, auf welcher der königlich preußische Adler, die Buchstaben »W. F. III. R. d. P.« und die Worte »Protegè par la grace de sa Mayesté Prusienne« zu lesen waren, an den Muttenhof, den Neudecker- und Ramhof, das Schlößchen zu Donaumünster und den Pfarrhof zu Mündling.[23]

Am 19. Juni und in der darauffolgenden Nacht traten die Österreicher ihren Rückzug von Donauwörth an. Auf dem Anmarsch über Wertingen und Dillingen plünderten die Franzosen ihr Durchzugsgebiet; darunter hatte genauso wie die anderen Ortschaften das Dörfchen Donaumünster zu leiden, denn der preußische Schutzbrief wurde von den Franzosen nur belacht. Am 20. Juni traf General Lavalle mit seinen Truppen in Donauwörth ein und bezog mit seinem Stab Quartier im Kloster. Einige Tage später rückte General Le Courbe mit 8000 Soldaten an; dieser hatte durch sein freundliches Auftreten schon die Angst des Abtes beruhigt, bis er durch einen Adjutanten und seinen Sekretär eine Kontributions-Forderung von 60 000 Francs überbringen ließ, die unter Androhung schärfster Exekution innerhalb von 24 Stunden fällig waren. Der Prälat, der so schnell nicht einmal ein Drittel der geforderten Summe aufbringen konnte, verhandelte recht gewandt mit General Le Courbe; möglicherweise durch eine psychologisch geschickte Anspielung auf seinen Bruder Martin Königsdorfer, Pfarrer zu Lutzingen bei Höchstädt, der vier Jahre zuvor die Freundschaft und Achtung Le Courbes gewonnen hatte, erreichte er, daß der General sich mit nur 75 Louisdor zufriedengab, die ihm der Abt in einer Börse entgegenhielt. Am Tag darauf rückte der Oberbefehlshaber der französischen Truppen, General Moreau, an, um vom Kloster aus den Durchzug der französischen Armee zu überwachen.[24] In der Stadt blieb eine kleine Garnison von 400 Mann, die den Bürgern, wie üblich, vieles abforderte, ehe sie am 6. Juli vom Graf-Mierischen-Freikorps überrumpelt und gefangengenommen wurde. Doch schon am nächsten Morgen besetzten die Franzosen erneut Donauwörth für längere Zeit.[25]

Königsdorfer hat in seiner »Geschichte des Klosters zum Heiligen Kreutz« ein Verzeichnis aufgenommen, das die Ausgaben des Klosters während der französischen Einquartierungen in der Zeit vom 20. Juni bis zum 17. Juli aufzeigt und das schon bei der Darstellung der wirtschaftlichen Verhältnisse angeführt wurde. Für diese immensen Ausgaben brachte auch der Waffenstillstand am 16. Juli 1800 keine Erleichterung. Immer wieder strömten so viele Logiergäste ins Kloster, daß jeweils 40 bis 80 Mann auf dem klösterlichen Gut Neudeck untergebracht werden mußten; rechnet man Einquartierungen im Schloß zu Donaumünster und im Ramhof hinzu, dann hatte Heilig Kreuz an manchen Tagen für 300 bis 400 Mann zu sorgen. Doch nicht nur diese Last traf das Kloster; zum Zwecke der Kontributionen an die Franzosen mußte es an die Hochstift-augsburgische Regierung in Dillingen 1485 fl. 43 kr. entrichten. Der Abt konnte diese Zahlung und die vielfältigen anderen Ausgaben nicht mehr bewältigen und sah sich deshalb gezwungen, alles Kirchen- und Tafelsilber, das im Kloster lagerte, zu veräußern und den nach Bolzing gebrachten Teil in Augsburg einschmelzen zu lassen. Durch diese Maßnahme gelangte er in den Besitz einer Summe von 12 000 Gulden. Nur wenige der kostbaren Stücke konnten dadurch gerettet werden, daß man sie wohlhabenden Bürgern aus Augsburg und Donauwörth »in Versatz gab«. Gleichzeitig nahmen die Forderungen von Kurbayern, umgehend 16 140 Gulden als Kontribution an die Franzosen zu leisten, immer drohenderen Charakter für die Stadt und das Kloster an. Abt Cölestin wurde in München vorstellig, machte die Verbindungen des Stifts zum Schwäbischen Kreise geltend, fand aber kein Gehör. Den Ausgang des Zwistes beschreibt Königsdorfer folgendermaßen: »Der Kampf dauerte fort bis zum Februar des folgenden Jahres, da wir uns endlich mit Einsendung eines Rauchfasses, eines Schiffchens, zweier Opferkännlein und des dazugehörigen Tellers, die zusammen 15 Marke, 2 Lothe und zwei Quintchen wogen, von fernerer Zudringlichkeit loskauften.«[26] Den nächsten großen Kummer bereitete dem Abt und seinem Konvent der französische Plan, in der Klausur des Klosters ein Lazarett für 300 Mann einzurichten; seit Anfang September nämlich rückten die republikanischen Truppen erneut in Bayern vor. Die Geistlichen waren entschlossen, bei einer Verwirklichung des Planes das Kloster zu verlassen. Nicht auszuschließen ist, daß sie diese Absicht bewußt als Druckmittel einsetzten, denn es folgte sogleich »Schützenhilfe« durch die Franzosen selbst und durch die Stadt; die einen wollten nämlich ihr schönes Quartier nicht verlieren, die anderen hingegen nicht alle Kosten der Einquartierungen tragen. Eine städtische Deputation hatte bereits General Moreau erreicht, als von dem Vorhaben, das Lazarett einzurichten, Abstand genommen wurde und die Mönche meinten, aufatmen zu können. Doch schon drohten neue Übel: Während das Kloster auf Befehl des Schwäbischen Kreises eine große Lieferung von Stroh, Heu und Spelz und 60 Metzen Hafer zu leisten hatte, belegten die Fürsten von Oettingen-Wallerstein und Oettingen-Spielberg die klösterlichen Gefälle im Ries mit Arrest und die dortigen klösterlichen Untertanen mit Exekution. Fast wäre Heilig Kreuz gegen Ende des Krieges noch Opfer eines Brandes geworden, den im Schulhaus einquartierte Rekruten verursacht hatten, der aber schon im Auflodern erstickt werden konnte. Noch einmal blieb das Kloster verschont.[27]

Am 3. Dezember 1800 erlitten die Österreicher zusammen mit den Bayern die Niederlage von Hohenlinden, und am 9. Februar des neuen Jahres kam der Friede von Lunéville zustande. Das ganze linke Rheinufer wurde an Frankreich abgetreten; dafür sollten nach Artikel 7 die erblichen Fürsten Entschädigung »aus dem Schoße des Reiches« erhalten. Die Säkularisation war mit dem Frieden von Lunéville endgültig beschlossen. Zur Durchführung der »Entschädigung« wurde eine außerordentliche Reichsdeputation nach Regensburg einberufen, deren Verhandlungen am 24. August 1802 begannen.[28]

Inzwischen mußte Heilig Kreuz seine letzten Kräfte aufbieten. Nach dem Friedensschluß erneut geplagt von Durchzügen und Einquartierungen, kehrte endlich ab Mitte April 1801 in den Klostermauern wieder etwas Ruhe ein. Es kamen jedoch andere Probleme auf den Prälaten und seinen Konvent zu: Landesherrliche Anmaßungen von Pfalz-Bayern, das plötzlich alle Naturalien-Bezüge des Klosters aus pfalz-bayerischem

Gebiet verzollen ließ, immer neue Nachtrags-Forderungen von der fürstbischöflichen Regierung in Dillingen zur französischen Kontribution, zur Spitalverpflegung in Augsburg und zur Fleischrequisition in Augsburg, außerdem Ärger und hohe finanzielle Ausgaben wegen des Pächters auf dem Ramhof; die Liste ließe sich bestimmt noch lange fortsetzen. Die Kassen des Klosters waren jedenfalls geleert. Die Angst vor der Säkularisation griff in bedrückender Weise um sich, wenn auch die Benediktiner versuchten, ihre Haushaltung in ökonomischer, kultureller und nicht zuletzt in religiöser Hinsicht fortzuführen; im Herbst 1801 nahm der Prälat sogar noch zwei Novizen auf. Die Mönche dachten nach wie vor an einen Fortbestand ihres Klosters. Sie fühlten sich Anfang des Jahres 1802 in ihrer Meinung bestärkt, als von der bayerischen Regierung drei Franziskanerbrüder in das Benediktinerstift beordert wurden, wenngleich auch hier wieder eine Rechtsverletzung Münchens vorlag. Die Aufhebung aller Franziskaner- und Kapuzinerklöster war für den bayerischen Minister Montgelas, der die Säkularisation in radikaler Ausweitung betrieb, bereits beschlossene Sache. Der kurfürstliche Befehl an Heilig Kreuz, nach der Auflösung des Kapuziner-Hospitiums in Höchstädt, dem Pfarrer dieses Ortes in der Seelsorge zur Seite zu stehen, ließ vielleicht den einen oder anderen Benediktinermönch noch ein wenig Mut schöpfen. Doch schon war das Donauwörther Kapuzinerkloster aufgelöst, und es sollte nicht lange anstehen, bis das Urteil auch über Heilig Kreuz gefällt wurde.[29]

2   Säkularisation

Das Kloster Heilig Kreuz blieb nicht ausgenommen von dem großen und radikalen Enteignungsprozeß an der Wende vom 18. zum 19. Jahrhundert. Sicherlich hatten die Lasten des Krieges und der nahezu endlosen Heereszüge das Vermögen des Klosters vollständig ausgeschöpft, sicherlich hatten die ständigen Einquartierungen im Kloster die Ordenszucht erheblich gelockert, sicherlich war die Ordensgemeinschaft auch im Inneren für die Auflösung reif, und doch bedeutete die Aufhebung des Klosters eine Gewalttat, die nicht nur für den Teil der Benediktinergemeinschaft, der noch auf ein Fortbestehen des Klosters hoffte, schmerzlich war, sondern auch gerade die ärmeren Bevölkerungsschichten hart traf.

a)   Aufhebung des Klosters

Im Zuge der Entschädigungsverhandlungen der Reichsdeputation im Jahre 1802 wurde in einem ersten Plan die Abtei Heilig Kreuz der Fürstin Philippine Karoline von Colloredo, geborene Gräfin von Oettingen-Baldern, als Entschädigung für die linksrheinische Herrschaft Dachstuhl zugesprochen. Abt Cölestin war gerade, als am »Feste des heiligen Schutzengels« die Nachricht davon eintraf, zu einer Feier der bayerischen Benediktinerkongregation nach Thierhaupten geladen. Durch einen Boten verständigt, sprach Cölestin folgende bezeichnende Worte: »Wohl mir, mein Leiden hat ein Ende! durch mich ging es nicht verloren das Erbe unserer Väter und unserer Stifter! – mögen es andere Hände eben so treu verwahren zur Ehre Gottes und zum Heile der Menschen! – Doch dieß will man ja nicht; und selbst so manche unserer Brüder, (ihre Sehnsucht ist erfüllt,) wie vergnügt werden sie nun herum schwärmen können im Genuße der

Freiheit, – in der großen weiten Welt –«[30]. Noch war der Abt guten Mutes, denn als ehemaliger Professor zu Salzburg stand er bei dem Erzbischof Hieronymus Colloredo in bestem Ansehen und hoffte, durch Colloredos Einfluß auf seinen Neffen und dessen Gattin Philippine Karoline einige Vorteile für sich und die Seinen erwirken zu können. Die Fürstin schloß aber mit dem Fürsten Kraft Ernst von Oettingen-Wallerstein über diese unter den beiden Häusern strittige Herrschaft einen Vergleich, demzufolge der Fürst von Oettingen-Wallerstein in den Besitz von Heilig Kreuz und der drei Abteien St. Magnus in Füssen, Deggingen und Kirchheim und des Klosters Maihingen gelangte.[31] Im Kloster Heilig Kreuz war man nicht gerade glücklich über den neuen Tatbestand, hatte sich Oettingen-Wallerstein in der Vergangenheit doch allerlei Anmaßungen gegenüber Besitzungen und Untertanen von Heilig Kreuz erlaubt; Fürst Kraft Ernst war aber keineswegs ein Feind der Geistlichen. Unerwartet schnell, ehe er noch von seinem Neuerwerb Besitz ergreifen konnte, ereilte den Fürsten am 6. Oktober 1802 der Tod. Die neue regierende Obervormünderin des Klosters wurde Fürstin Wilhelmine von Oettingen-Wallerstein, der, wie Königsdorfer berichtet, die Auflösung der Ordensgemeinschaft zu einer schweren Gewissensfrage wurde; selbst Abt Cölestin befürwortete die Auflösung, »er könne sich nicht vorstellen, wie irgend eine Familie, geistlich oder weltlich, ohne Selbständigkeit bestehen, wie gar die eine mit der andern, bey ganz entgegengesetzten Zwecken vereinbarlich seyn sollte. Ohnehin ziele nicht allein der ganz feindliche Zeitgeist, sondern selbst das nun bekannte Conclusum der Reichsdeputation vom 28. Oktober: den Unterhalt der Geistlichkeit in den zu sekularisierenden Ländern betreffend, offenbar auf Vertilgung jeder religiösen Gemeinschaft...«[32]. Endgültig war das Schicksal des Klosters schon einen Monat später entschieden, als am 29. November 1802 der Wallersteinsche Regierungsdirektor von Ellenrieder als Kommissär des fürstlichen Hauses und einige Tage darauf ein bayerischer Kommissär, Freiherr von Andrian, Pfleger zu Wemding, erschien; der erste kam, um die grundherrschaftlichen Renten und den Besitz von Heilig Kreuz für das Haus Wallerstein zu übernehmen, der zweite, um die Territorialherrschaft und die aus der Hochstift-augsburgischen Advokatie fließenden Rechte dem Kurstaate Bayern einzuverleiben. Die Besitznahme ging in milder Form vor sich, dauerte aber drei Wochen an, da die rechtlichen Verhältnisse nicht ganz durchsichtig waren. Abt und Konvent hatten schließlich dem bayerischen Kommissär, Herrn von Ellenrieder, ein Protokoll zu unterschreiben, demgemäß dem Kurfürsten als ihrem allergnädigsten Landesherrn der vollkommene Gehorsam zu geloben war; es folgte die Verpflichtung des Oberamtmanns als nunmehr bayerischen Beamten, der später von seiten Wallersteins den Titel eines fürstlichen Hofrats erhielt, und anschließend hatten die Untertanen ihren Gehorsam zuzusichern. Die Administration des Klosters wurde nun für das Haus Wallerstein geführt, die bisherige Haushaltung und das Zusammenleben von Abt und Konvent bestand jedoch bis auf weiteres fort.[33]

Neun Jahre nach Abt Cölestins Wahltag, am 15. Januar 1803, verfügte die Fürstin Wilhelmine von Oettingen-Wallerstein die Auflösung des Klosters:

»Von Gottes Gnaden
Wir, Wilhelmine, Friederike, des heiligen römischen Reichs verwittwete Fürstin zu Oettingen-Oettingen, und Oettingen-Wallerstein, Hohenbaldern und Sötern, geborne Herzogin zu Würtemberg und Teck etc. regierende Obervormünderin etc.
Demnach unserm fürstlichen Hause, als ein Entschädigungstheil für die ver-

lorne Söterische Fideicommiß-Herrschaft Dachstuhl, unter andern auch das Kloster zum heiligen Kreutze in Donauwörth zugefallen ist, und Wir Uns bewogen gefunden haben, die bisher daselbst bestandene Kommunität aufzuheben, und sämmtliche Kapitularen mit angemessenen Pensionen zu entlassen: Als bestimmen Wir dem P.N.N. eine lebenslängliche jährliche Pension von 450 fl. vom 1. Dezbr. verflossenen Jahrs anfangend, und von 3 zu 3 Monaten bey unserer Generalkassa in Wallerstein erheblich, mit der Vergünstigung solche dermalen wo immer verzehren zu können, jedoch mit dem Vorbehalt den P.N.N. bey sich ereignenden Gelegenheiten auf eine angemessene Art zu verwenden. Welches dem P.N.N. zu seiner Wissenschaft, Nachachtung, und Legitimation hiermit in Gnaden unverhalten wird. Urkundlich Unserer Unterschrift und beygedruckten fürstlichen Kabinets-Insiegels.

Decretum Wallerstein den 15. Jäner 1803

Wilhelmine,
verw. Fürstin zu Oett.-Wallerst.
Brn. Strn. etc.«[34]

Mit dieser Urkunde war die Auflösung des Klosters Heilig Kreuz offiziell und endgültig besiegelt und damit der über 750 Jahre dauernden Geschichte der Benediktinerabtei ein Ende gesetzt.

Oettingen-Wallerstein selbst kam zu Bayern im Zuge der Rheinbundakte vom 12. Juli 1806, die Bayern in aller Form zur Mediatisierung der von ihm umschlossenen oder begrenzten Gebiete ermächtigte.[35] Die »Klosteranlage« von Heilig Kreuz mit der Kirche blieb im Besitz des fürstlichen Hauses.

b) Verfahren mit dem klösterlichen Inventar

Das ganze Vermögen des Klosters mit allen Feldern, Wiesen und Wäldern, alle Bauten, die kostbare Bibliothek und die wertvolle wissenschaftliche Sammlung fielen an das fürstliche Haus Oettingen-Wallerstein. Noch im Jahre 1802 trafen nach der ersten Kommission von Oettingen-Wallerstein vier weitere im Kloster ein, studierten Kapitalien-, Gilt-, Zehnten-, Steuer- und Grundbücher, stellten ein Inventarium über alle Möbel her, ferner über alle »Haus- und Baufahrnisse« im Kloster, im Schlößlein zu Donaumünster, im Pfarrhof zu Mündling und auf dem Neudecker-, Ram- und Muttenhof: die Kommissionen waren interessiert an der Sakristei, den Altargefäßen und Kirchenparamenten, an den kunstwissenschaftlichen und wissenschaftlichen Gegenständen; wie sie beispielsweise in der Bibliothek oder im Armarium vorzufinden waren, und zeigten nicht zuletzt rege Aufmerksamkeit für den Viehbestand, besonders für Pferde, Kutschen, Wagen und Geschirre.[36]

Am 15. Januar wurde die Kaisermonstranz mit der Einfassung der Kreuztafel, das Geschenk des Kaisers Maximilian I., zusammen mit dem prächtigen Baldachin und dem ganzen Ornat nach Wallerstein gebracht. Dasselbe geschah auch mit anderen gottesdienstlichen Gerätschaften wie Meßgewändern, Kelchen oder Korporalen, womit man von Oettingen-Wallerstein aus ärmere Landkirchen zu beschenken gedachte. Die literarischen Schätze des Klosters, Tausende an Büchern aus allen Fächern der Wissenschaften, darunter auch seltene Manuskripte, Inkunabeln, Landkarten und dergleichen wurden zusammen mit allen Schränken und dem Galeriegeländer der Bibliothek nach

Maihingen gebracht. Die Mitnahme der kostbaren physikalischen und mathematischen Instrumente des Armariums erfolgte zunächst noch nicht. Die Möbel des Klosters wurden ganz belassen, ebenso das Küchen- und Tafelgeschirr, ausgenommen das Silbergeschirr. Um so eifriger leerte man die Stallungen und Scheunen von Vieh, Kutschen, Wägen, Schlitten und landwirtschaftlichen Fahrzeugen aller Art, doch nur der Rappenzug des Abts fand Aufnahme im Hofstall, die übrigen vierzehn Pferde, die vielen Kühe und Rinder wurden nach Harburg auf den Viehmarkt zur Versteigerung getrieben. Die beiden größten der fünf Glocken der Heilig-Kreuz-Kirche, die ein Gesamtgewicht von 73 Zentner und 85 Pfund ausmachten, veräußerte die fürstliche Gebäudeverwaltung im Jahre 1811 für 5414 fl. 40 kr. an einen Juden aus Wallerstein. Die drittgrößte Glocke, die Marienglocke aus dem 16. Jahrhundert, konnte Cölestin Königsdorfer für den Preis von 1100 fl. der Kirche erhalten.[37] Die Ausräumung des Klosters kam den Konventualen und besonders natürlich dem Abte hart an, am schmerzlichsten für alle Teile war die Trennung der Geistlichen selbst.[38]

c) Weiteres Schicksal des Abtes und des Konvents

Der Prälat und der Konvent von Heilig Kreuz hatten die Frist gesetzt bekommen, auf Lichtmeß das Klostergebäude zu verlassen. Als Pension waren Abt Cölestin jährlich 3500 Gulden, den Mitgliedern des Konvents je 450 Gulden zugedacht. Zu Neujahr hatte jeder der Konventualen von ihrem Prälaten neben den sonst üblichen Neujahrs-Geschenken 100 Gulden zum Abschied erhalten, und bald mußten sich die Zellen des Klosters leeren.[39]

Der Prior, Ulrich Schluderer, wurde von der Fürstin Wilhelmine von Oettingen-Wallerstein zum Pfarrer von Heilig Kreuz ernannt; er kümmerte sich um die kleine Pfarrei bis zu seinem Tode, welcher bald nach seinem fünfzigjährigen Priesterjubiläum, das fast alle seine ehemaligen Mitbrüder sowie der letzte Abt Cölestin Königsdorfer und der letzte Reichsprälat von Kaisheim mitgefeiert hatten, eintrat. Als Kooperator bei der Versorgung der Pfarrei fungierte Amand Weninger, der letzte Subprior von Heilig Kreuz; er folgte Ulrich Schluderer als Pfarrer nach. Pater Roman Zinsmeister ließ sich in Donauwörth nieder, ehe er im Jahre 1812 starb. Der letzte Archivar und Bibliothekar des Klosters, Bernhard Stocker, wurde zum Fürstlich Oettingen-Wallersteinschen Bibliothekar ernannt und zog mit der Bibliothek nach Maihingen bei Wallerstein, wo er bis 1806, dem Jahr seines Ablebens, weilte. Wiederum in Donauwörth blieb Pater Großkellerer, Candidus Sellinger; er lebte nahe beim Kloster in der Unterkunft des Hausmeisters in der Klostergasse, bis ihn 1814 der Tod ereilte. Der Pater Kastner, Augustin Bauer, und der Pater Küchenmeister, Magnus Lippert, begaben sich zurück in ihre Heimat; der erstere wohnte bis 1809 bei seiner Schwester in Rain, der zweite bis 1827 bei Verwandten in Eichstätt. Sein Wirken als Pfarrer von Mündling setzte Pater Placidus Herrle fort; er kam später als Benefiziat nach Marktoffingen, wo er im Jahre 1834 starb. Pater Simpert Gerstner blieb bis zu seinem Todesjahr 1847 Pfarrer von Donaumünster. Die beiden trefflichen Sänger und Musiker des Klosters, Pater Korbinian Fey, Professor der Syntax, und Pater Narcissus Schmidtner, lehnten das fürstliche Angebot einer Berufung als Hofmusiker nach Wallerstein ab und bezogen ihr Quartier in Donauwörth; Narcissus Schmidtner wurde von 1838 bis 1851 Pfarrer von Heilig Kreuz, Korbinian Fey schied 1837 in Osterberg aus dem Leben. Lediglich der Chorregent, Pater Leonhard Dümperle, folgte dem Wunsch der Fürstin und ging nach

Wallerstein. Er starb 1813 als Pfarrer von Munzingen. Pater Dionysius Mayr, Professor der Rhetorik in Salzburg und zugleich Präfekt des dortigen Gymnasiums, setzte zunächst sein Lehramt fort, kehrte dann aber nach Donauwörth zurück und fungierte bis 1820 als Kooperator für die Pfarrei von Heilig Kreuz. Der talentierte Mathematiker und Physiker des Klosters, Aemilian Gerstner, fand bis auf weiteres Aufnahme bei seinem Bruder im Pfleghause von Wörnitzstein; 1814 ereilte ihn in Donauwörth der Tod. Pater Aemilian Miller quartierte sich anfangs bei seinem Bruder in Neuburg an der Donau ein, wurde bald Pfarrer von Oberliezheim, resignierte 1814 und zog nach Donauwörth, wo er als der letzte Religiose von Heilig Kreuz 1853 das Zeitliche segnete. Der angesehene Organist, Pater Benedikt Arth, ging zu seinem Bruder nach Pöttmes, war 1825 Benefiziat in Burg und starb zwölf Jahre später, nachdem er von seinem Amt zurückgetreten war. Pater Gallus Vogl wurde von seiner Schwester in Donauwörth beherbergt, ehe er ab 1805 die Pfarrei Kösingen (bei Neresheim) im Bistum Rottenburg übernahm, die er bis zu seinem Lebensende 1837 leitete. Der jüngste Mitbruder der Benediktinergemeinschaft, Joseph Baumeister, begab sich schweren Herzens zum Studium nach Würzburg und wurde 1812 Pfarrer von Deiningen, wo er elf Jahre später starb.[40]

Abt Cölestin bedrückten die Vorgänge im »Kloster«, besonders das Weggehen seiner Konventualen, so sehr, daß er sich für einige Wochen in einer letzten Fahrt mit »seinem« Pferdegespann zu seinem Bruder, dem Pfarrer von Lutzingen, flüchtete. Nach seiner Rückkehr schlief er noch einmal in der leeren Abtei und las die heilige Messe. Dann wanderte er begleitet von den Patres Prior und Subprior, durch den Klostergarten in die sogenannte Münze, seine neue Wohnung, in der der bisherige Kloster-Oberamtmann Link gewohnt hatte. Damit hatte der letzte Prälat Heilig Kreuz verlassen.[41]

Die Einladung der Fürstin Wilhelmine, als Erzieher der vier Prinzen nach Wallerstein zu gehen, schlug Abt Cölestin aus; er wollte bei »seinem Kloster« bleiben und führte in dem nahegelegenen Wohnsitz ein zurückgezogenes Leben, das er ganz dem Religiösen und den Wissenschaften widmete. Im Jahre 1814 veröffentlichte er eine Sammlung von Predigten, die er in früheren Jahren zu verschiedenen Anlässen gehalten hatte. Unschätzbare Verdienste erwarb er sich in der Erforschung der Geschichte seines Klosters von den Anfängen bis zur Auflösung. In den Jahren 1819 bis 1829 verfaßte Cölestin Königsdorfer die dreibändige[42] »Geschichte des Klosters zum Heil. Kreutz in Donauwörth«, die jedem Leser genauen Einblick in die Benediktinerabtei gewährt und ungeachtet mancher kleiner Schwächen[43] wie dem Mangel an unbefangener Kritik, zu großer Eingenommenheit für sein Kloster und gewisser Weitläufigkeit in der Darstellung der Weltgeschichte ein Werk von hohem Wert ist. König Ludwig I. verlieh dem letzten Abt von Heilig Kreuz im Jahre 1832 den »Civil-Verdienst-Orden« der bayerischen Krone, womit der Adelstitel verbunden war.[44]

Darüber hinaus zeichnete sich das Leben Königsdorfers durch große Hilfsbereitschaft und Nächstenliebe aus; aus seinem Testament wird die große Fürsorge für die Armen, die Alten und die Kranken, für Bruderschaften und gemeinnützige Organisationen ersichtlich.[45] Am 16. März 1840, in seinem 84. Lebensjahre, verstarb Cölestin Königsdorfer, der letzte Prälat von Heilig Kreuz. Er hatte den Äbten und Konventualen der Benediktinerabtei durch die Errichtung einer Grabkapelle ein letztes Denkmal gesetzt; in dieser Kapelle fand der Verstorbene seine letzte Ruhe. Auf einer Marmorplatte steht die von Cölestin selbst entworfene Inschrift: »Celeberrimis olim comitibus/ Mangoldis/ de Mangoldstein, Dillingen, Kyburg/, monasterii ord. Benedictini/, cui particula SS. Crucis/ ab ipsorum primo/ Constantinopoli huc translata/ nomen indiderat, fundatoribus/, abbatissis quatuor/ et abbatibus quadraginta quatuor, eiusdem per annos septingentos quinquaginta conservatoribus/, singulisque suis in isthoc asceterio/ pro infelici pace patriae/ tandem dissoluto/ commilitonibus/, aeternum hoc pietatis monumentum/ propriis litteris exaratum/ poni, testamento rogavit iussitque// abbas ultimus/, Coelestinus de Koenigsdorfer,/ doctor philosophiae, professor emeritus/ physices et matheseos Salisburgi, et eques/ regio-Bavarici ordinis civilium meritorum,/ natus Flozhemii an MDCCLVI./ die XVIII. Augusti,/ elect. anno MDCCXCIV. die XV. Jan./ eodemque post novem annos exauctoratus,/ ordinis professione et sacerdotio/ jubilaeus, defunctus an. MDCCCXL., die XVI. Martii.«[46] [47]

VII   Heilig Kreuz im 19. und 20. Jahrhundert

Nach der Auflösung des Klosters und zwei Aufenthalten des französischen Kaisers blieb Heilig Kreuz einige Zeit abgeschieden von der Geschichte und vom Leben; im Laufe des 19. Jahrhunderts war vor allem die Heilig-Kreuz-Kirche dem Verfall nahe. In dieser schweren Schicksalszeit erwies sich Ludwig Auer als Retter. Heute wird das ehemalige Klostergebäude erfüllt von der Lebendigkeit junger Internatsschüler, die die Knabenrealschule Heilig Kreuz besuchen, und geprägt vom Wirken der Herz-Jesu-Missionare. Die Heilig-Kreuz-Kirche selbst erstrahlt den Donauwörthern und allen Besuchern, die eine Wallfahrt zum Heiligen Kreuz unternehmen, in neuem Glanze.

1   Ereignisse bis zur Gründung des Cassianeums

Nur wenige Jahre, nachdem Abt und Konvent das Klostergebäude verlassen hatten, wurde Heilig Kreuz Aufenthaltsort eines hohen Gastes. Im dritten Koalitionskrieg im Jahre 1805, in dem sich Frankreich mit Bayern verbündet hatte, quartierte sich am 7. Oktober der Kaiser der Franzosen, Napoleon Bonaparte, von Nördlingen her kommend, im ehemaligen Kloster ein. Beeindruckt von der Aussicht bemerkte er: »Donauwörth hat eine ungemein schöne Lage. Allein, ich stellte mir diesen so bekannten Ort weit größer vor, als er wirklich ist.«[1] Am 8. Oktober endete für die Franzosen ein Gefecht bei Wertingen siegreich, und daran anschließend erhielten die gemeinen französischen Soldaten die Heilig-Kreuz-Kirche als Quartier zugewiesen. Dies sollte der Kirche teuer zu stehen kommen. Als Schutz vor der Kälte zündeten die Soldaten im Gotteshaus ein Lagerfeuer an und richteten damit großen Schaden an. Spuren der Brandstellen sind noch heute am Pflasterboden zu sehen.[2]

Die Klostermauern beherbergten den Kaiser der Franzosen noch ein zweites Mal. Im Jahre 1809 – Bayern war inzwischen seit 1806 Königreich – traf Napoleon am 17. April ganz unerwartet in Heilig Kreuz ein, um sich einer Erhebung der Österreicher entgegenzustellen. Seine Persönlichkeit riß alle mit, Bayern, Württemberger, Franzosen, sogar den widerstrebenden Kronprinzen Ludwig.[3] Am 23. Oktober 1809 konnte der erneute Friede verkündet werden. Der Rückmarsch der Franzosen währte bis in den Sommer 1810 hinein, und so werden wohl nicht nur die Donauwörther Bürgerhäuser, sondern auch die ehemaligen Klosterräume die Last der Einquartierungen getragen haben.[4]

Während Napoleons Feldzug 1812 nach Rußland ein furchtbares Fiasko für seine große Armee bedeutete, während hohe und höchste Herrschaften wie die Kaiserin von Österreich und die Kaiserin von Rußland über Donauwörth zum Wiener Kongreß reisten[5], begannen die Räume von Heilig Kreuz zu veröden. Es soll sogar so weit gegangen sein, daß sich im Kaisersaal, heute Gallussaal genannt, der Vogelmist fußhoch sammelte.[6]

Selbst die Pfarrei Heilig Kreuz mußte um ihre Existenz kämpfen, denn zwischen dem fürstlichen Haus Oettingen-Wallerstein und der Pfarrei Heilig Kreuz entspann sich wegen der Dotierung der Pfarrei ein langwieriger Streit, der schließlich auf dem Rechtswege ausgetragen wurde. Gemäß dem Urteil des Ober-Appellationsgerichtes von 1843 blieb Oettingen-Wallerstein dotierungspflichtig und war angewiesen, dem Pfarrer jährlich bei freier Wohnung 500 Gulden, für den Mesner und Organisten und für die Chormusik 340 Gulden zu zahlen. Erst 1855 einigten sich das fürstliche Haus und die Pfarrgemeinde in einem Vergleich, die Veitskapelle als Pfarrkirche umzugestalten, nachdem die Gemeinde sich lange vergeblich um eine Restauration der Heilig-Kreuz-Kirche bemüht hatte. Weiter wurde dem Pfarrer eine Wohnung zugesichert und der Kirchenverwaltung das Kircheninventar als Eigentum überschrieben; ausgenommen blieben allerdings der Kreuzpartikel, die große wertvolle Barockmonstranz, die Partikelmonstranz der hl. Walburga und der Festkelch. Diese vier Gegenstände behielt sich Oettingen-Wallerstein vor, beließ sie aber in Heilig Kreuz.[7]

Im Jahre 1849, als es in Aussicht stand, in Donauwörth eine Garnison zu errichten, meinte die Stadt, eine Möglichkeit gefunden zu haben, die Gebäude von Heilig Kreuz zu erhalten. Voraussetzung war ein geeigneter Bau als Kaserne, ein Krankenhaus für 40 Mann und ein großer Exerzierplatz. Glücklicherweise wurde dieser Plan von der Regierung abgelehnt.[8] Sieben Jahre später, 1856, leuchtete die Hoffnung, ja es bestand schon fast die Gewißheit, daß noch einmal Benediktiner in die leeren Räume des Heilig-Kreuz-Klosters einziehen würden. Nach einem im Jahre 1856 zwischen dem fürstlichen Hause Oettingen-Wallerstein und der Stadt Donauwörth abgeschlossenen Übereinkommen sollte die Stadt in den Besitz der Klostergebäude gelangen, während sich die Benediktinerabtei Metten bereit erklärte, in Heilig Kreuz ein Priorat zu errichten, das die Führung einer gemeinnützigen Anstalt übernehmen würde. Leider fand auch dieser Plan die Mißbilligung der Regierung. Nun wurden in die Klostergebäude, die fürstliches Eigentum blieben, Wohnungen eingebaut, die meist von Beamten benutzt wurden.[9]

Inzwischen entwickelte sich der Bauzustand der Kirche immer bedenklicher. Schon 1862 zeigten sich große Sprünge und Risse im Putz, woraufhin Oettingen-Wallerstein aber nur Pläne zu einer Restaurierung der Veitskapelle faßte. Hieraus entsprang ein Streit zwischen dem fürstlichen Hause und der Stadt Donauwörth, die ihre Zustimmung zur Restaurierung von St. Veit versagte, weil sie dadurch die Kirche ganz dem Verfall preisgegeben sah. Von Wallerstein aus traf eine Beschwerde bei der bayerischen Regierung ein; daraufhin mußte sich die Stadt den Vorwurf der Regierung gefallen lassen, sie überschreite ihre Kompetenzen. Im Jahre 1875 wurde eine Bauuntersuchung vorgenommen, die zur Sperrung des Mittelschiffes führte. Jetzt aber nahmen die Ereignisse eine Wende, denn durch den Pädagogen Ludwig Auer kam es zu einer überraschenden Rettung von Heilig Kreuz.[10]

2 Ludwig Auer (1839–1914), Gründer und Stifter des Cassianeums

Ludwig Auer, am 11. April 1839 in Laaber in der Oberpfalz als Sohn eines Dorfschullehrers geboren, wurde wesentlich geprägt durch sein Elternhaus. Der Vater war durch Schule, Kirchen- und Gemeindedienst eng mit der Bevölkerung und gerade mit einfachen Menschen verbunden. Gemeinschaft, Tradition und ein tiefer katholischer

Glaube begegneten und formten den jungen Ludwig, der wie sein Vater die Laufbahn eines Lehrers einschlug, in Eichstätt zunächst »Schullehrling« wurde und dann bis zum »Seminarschulleiter« aufrückte. Bei der Ausübung seines Berufes führte er bald die Diskrepanz zwischen pädagogischer Theorie und erzieherischer Wirklichkeit, zweifelsohne der Anstoß für sein späteres pädagogisches Werk, denn sein Grundsatz lautete, Erziehung müsse immer von der Wirklichkeit ausgehen und zu deren Bewältigung reif machen. Ludwig Auer rief im stillen nach einer Reform. Als junger Lehrer schon gründete er einen katholisch-pädagogischen Verein, eine Schulzeitung, deren Beiträge er meist selbst schrieb, und die Familienzeitschrift »Monika«, die bis in die Gegenwart Bestand hat. Die gegen die Seminarlehrerstellung eingetauschte Lehrtätigkeit in dem entlegenen Dörfchen Schufenhofen bei Parsberg in der Oberpfalz wurde ihm zu »eng«. Auer gab 1869 den Schuldienst auf, übersiedelte nach Stadtamhof bei Regensburg, zwei Jahre später nach Regensburg und schließlich nach Neuburg an der Donau. Seine Absicht zur Gründung eines katholischen Pädagogiums zum Studium der Pädagogik war gereift; zur praktischen Erprobung der Theorien sollte mit dem Pädagogium auch ein Erziehungsinstitut verbunden werden. In Neuburg gewann Ludwig Auer Mitarbeiter für seine Aufgaben und rief das Pädagogium ins Leben, das seine Krönung durch die Gründung des Cassianeums in Neuburg am 4. Juni 1875 fand. Das Cassianeum, »der Kollektivname für eine Reihe von Anstalten, Einrichtungen und Unternehmungen zur Hebung und Förderung der Erziehung und des Unterrichtes im Geiste des heiligen Cassian, das ist im entschiedenen und konsequent katholischen Sinne«[11], sollte in drei Abteilungen gegliedert werden: die wissenschaftliche, also das Pädagogium mit Bibliothek, die praktische, das Institut, und schließlich die Hilfsabteilung bzw. Geschäftsabteilung wie Druckerei, Antiquariat, Buchhandlung und Buchbinderei. Ludwig Auer hatte ein Unternehmen gegründet, das eine Vereinigung von Theorie und Praxis ermöglichte, wirtschaftlich selbständig war und eine relative Unabhängigkeit von staatlichen und kirchlichen Stellen besaß.[12]

Das Haus in Neuburg erwies sich bald als zu klein, und noch im Herbst 1875 erfolgte die Übersiedlung der Anstalt in die Räume des ehemaligen Benediktinerklosters Heilig Kreuz in Donauwörth, die der damalige Besitzer, Fürst Carl Friedrich zu Oettingen-Wallerstein, zunächst pachtweise überließ. Schon 1877 konnte Ludwig Auer vom fürstlichen Hause Oettingen-Wallerstein das Klostergebäude Heilig Kreuz mit der Kirche, das ehemalige Ökonomiegebäude, das sogenannte Pfarrhaus und zehn Tagwerk Gärten und Wiesen für die Summe von 110 000 Mark erwerben. Auers erste Sorge nach Erwerb der Gebäude war die Wiederherstellung der Kirche und der Gruftkapelle; er betrachtete es als eine von Gott gesetzte Aufgabe, die altehrwürdige Heilig-Kreuz-Kirche vor dem Untergang zu retten und die Verehrung der Kreuzesreliquie, die der Fürst von Oettingen-Wallerstein endgültig Heilig Kreuz überlassen hatte, durch eine Neubelebung der nahezu in Vergessenheit geratenen Wallfahrt zu fördern. Die Restauration der Gruftkapelle, der Kirche und des Turmes waren größtenteils bis 1878 durchgeführt. Mit 120 Gulden in der Tasche beschäftigte Ludwig Auer 40 Maurer und 22 Zimmerleute. Er sagte selbst: »Ich muß gestehen, ich wußte selber nicht ganz genau, wo das viele Geld herkam für die Löhne, Baumaterialien, Maschinen. Der liebe Gott hat durch gute Menschen immer genau das geschickt, das ich notwendig brauchte, nicht einen Kreuzer mehr. Ich mußte immer zuerst das Vertrauen auf Gott einsetzen.«[13] Am 5. Januar 1879 konnte die Neueinweihung der Kapelle vollzogen werden. Bis zum Jahre 1882 erfolgte die Restaurierung des Inneren der Heilig-Kreuz-Kirche. Durch die Wiederherstellung wurde das herrliche Gotteshaus vor der Gefahr des Einsturzes der Gewölbe bewahrt, und damit blieb dieses wertvolle Kunstwerk für die Nachwelt erhalten. Gleichzeitig mit der Barockkirche und der Gruftkapelle unterzog man auch das Äußere des stark verwitterten Klostergebäudes einer umfassenden Restauration. Die Stadtmauern, die den Bau nach Süden und Westen umgaben, wurden niedergelegt und das ehemalige Kloster mit großzügigen Gartenanlagen verschönert. Nun waren die Möglichkeiten für eine umfangreiche pädagogische Tätigkeit geschaffen.«[14]

Zunächst kam es zu einem Aufblühen des Zeitschriftenwesens in dem ehemaligen klösterlichen Ökonomiegebäude. In rascher Folge erschienen die Hefte »Monika« und »Schutzengel«, wobei das letztere Ludwig Auer weithin unter dem Pseudonym »Onkel Ludwig« bekannt machte, dann die Hefte »Ambrosius«, »Notburga«, »Raphael«, zahlreiche Kalender und weitere Veröffentlichungen, die einer lebendigen religiösen Volkserziehung dienten. Hand in Hand mit der wachsenden Zeitschriftenauflage vollzog sich der Aufbau des Buchverlags, der Buchhandlung, der Druckerei, der Buchbinderei und der Bibliothek. Entsprechend seiner ursprünglichen Absicht eröffnete Auer 1889 im ehemaligen Klostergebäude das Knabeninstitut Heilig Kreuz mit Schule und Internat für 25 Zöglinge, die in vorerst zwei Jahreskursen eine zeitgemäße Vorbildung für den gewerblichen und landwirtschaftlichen Beruf erhielten. Bis zum Schluß des Schuljahres zählte das Institut schon 37 Schüler. Im Jahre 1896 wurde innerhalb der früheren Klostermauern auch ein Internat für Studierende des staatlichen Progymnasiums eingerichtet. Der Traum Auers, ein Waisenhaus ins Leben zu rufen, sollte sich erst nach seinem Tode erfüllen. Für seine Verdienste wurde Ludwig Auer aber schon zu Lebzeiten vielfältige Anerkennung zuteil: Von Papst Pius IX. erhielt er 1887 in einer Urkunde den Apostolischen Segen, 1884 empfing er das Diplom des Ehrenmitgliedes der Società de S. Paolo; 1888 zeichnete ihn Papst Leo XII. mit einer goldenen Medaille aus, 1889 mit dem silbernen Ordenskreuz »Pro Ecclesia et Pontifice«, 1900 wurde er Ehrenbürger der Stadt Donauwörth und noch im selben Jahr ernannte ihn Papst Leo XIII. zum »Träger des Ordens vom Heiligen Gregorius dem Großen«.[15]
Im Jahr 1910 erwies sich Ludwig Auer erneut aller Auszeichnungen würdig, er wandelte die ganze Anstalt, die bislang sein persönlicher Besitz gewesen war, in eine Stiftung um. In der Stiftungsurkunde steht: »Als Stiftung gehört das Cassianeum nicht mehr dem Gründer oder dessen Erben, sondern die ganze Vermögensmasse gehört dem festgesetzten Zweck.«[16] Der Zweck ist »die möglichste Förderung der Erziehung im Geiste der katholischen Kirche nach den berechtigten Anforderungen der Zeit, und zwar der Familienerziehung, der Schulbildung und der Fortbildung bis zur Selbsterziehung im Berufs- und Kulturleben.«[17] [18]

Gründung und Aufbau des Cassianeums waren begleitet vom großen Aufschwung einer langen Friedenszeit. Mit dem Jahre 1914 jedoch sollten schicksalsträchtige Jahre einsetzen, die auch eine schwere Zeit für das Cassianeum mit sich brachten. Auer warnte mehrmals »überall bricht sich das Geständnis Bahn ›so kann es nicht weitergehen‹«.[19] Im August 1914 brach der Erste Weltkrieg aus, am 28. Dezember desselben Jahres starb Ludwig Auer, der Gründer des Cassianeums, im 76. Lebensjahr.[20] Er fand seine letzte Ruhestätte in der Grabkapelle des Friedhofes von Heilig Kreuz neben dem letzten Abt, Cölestin Königsdorfer.

3 Schicksalsjahre und der Weg in die Gegenwart

Die Ausführung größerer Pläne der Stiftung wurde durch den Ersten Weltkrieg verhindert. Nur ein bescheidenes Waisenhaus konnte 1915 der Sohn des Stifters, Generaldirektor Ludwig Auer, eröffnen. Nach dem Ersten Weltkrieg faßte die Stiftung langsam wieder Tritt, und 1927 war es möglich, einen großen Geschäftsneubau durchzuführen. Durch den aufkommenden Terror des Nationalsozialismus mußte das Institut und 1938 die ganze Schule geschlossen werden. In rascher Folge wurden alle Zeitschriften des Cassianeums verboten. Die Auswirkungen des Zweiten Weltkrieges trafen die Pädagogische Stiftung immer härter: Die Mitarbeiter hatten zum Kriegsdienst einzurücken, das Institutsgebäude diente als Lazarett und immer neue Teile des Geschäftsgebäudes wurden für Rüstungsaufgaben beschlagnahmt. Am 11. und 19. April 1945 fielen Bomben auf Donauwörth, welche die Stadt in ihrem Kern total zerstörten und auch Generaldirektor Ludwig Auer und seiner Frau Bertha das Leben kosteten.[21]

Wie durch ein Wunder hatte der Bombenhagel Kirche, Schule und Wirtschaftsgebäude der Stiftung unbeschädigt gelassen. Max Auer, ein Enkel des Stifters, damals Pfarrer von Minderoffingen bei Nördlingen, übernahm die Leitung und Verantwortung der Geschäfte, bis sein Bruder Ludwig Auer jun. aus russischer Gefangenschaft zurückkehrte und 1947 neuer Generaldirektor wurde. Schon im selben Jahre konnten Druckerei, Buchbinderei und Buchhandlung wieder voll arbeiten, und so gelang es, das Werk des Stifters Ludwig Auer bis in die Gegenwart hinein fortzusetzen.[22]

Bereits 1946 wurde das Waisenhaus und die Schule mit Internat als sechsklassige Realschule wiedereröffnet. Die Realschule Heilig Kreuz, die erst vor kurzem einen Neubau mit modernen Klassenzimmern im neu entstandenen Schulgebiet Donauwörths erhalten hat, steht unter der Leitung der Herz-Jesu-Missionare aus Liefering bei Salzburg, die seit 1935 auch die Pfarrei- und Wallfahrtsseelsorge von Heilig Kreuz übernommen haben. Ludwig Auer hatte in seiner Stiftungsurkunde vom 10. Mai 1910 als »Pietätspflicht« festgehalten: »die tunlichste Erhaltung der altehrwürdigen, kunsthistorisch wertvollen ... Heilig-Kreuz-Kirche und die möglichste Förderung der Verehrung des kostbaren Kreuzpartikels in derselben.«[23] Auer selbst leitete die erste Periode der Restauration. Aus der Zeit zwischen dem Ersten und Zweiten Weltkrieg stammen weitere Arbeiten zur Erhaltung der Kirche, wobei hier nur einiges erwähnt werden soll: 1926 wurden drei neue Glocken als Ersatz für die im Ersten Weltkrieg abgenommenen eingesetzt; 1934/35 vollzog sich die Erneuerung der großen Kuppel, die alte, wohl 1000 Zentner schwere Kuppel mußte abgetragen und neu aufgeführt werden; Hochaltar und Kanzel wurden nach den Gesichtspunkten einer stilgerechten Renovation von fremden Elementen befreit. Nach 1945 steigerten sich die Aufgaben einer gründlichen Renovation in großem Maße: 1955 stellte man den Hochaltar in seiner jetzigen Fassung her, verputzte 1957 den Kirchturm, erneuerte die Orgel, beschaffte für die wiederum geraubten Glocken Ersatz, deckte das Kirchendach neu ein und verputzte schließlich die Ostfassade. Eine in den siebziger Jahren erfolgte Überprüfung ergab die Unausweichlichkeit einer fundamentalen Restauration der Kirche, die zum Teil große Kriegsschäden aufwies. 1973 lösten sich Gewölbeteile. Nun begann 1975 eine umfassende Erneuerung des Gotteshauses, die im Inneren bis zur Feier »950 Jahre Kreuzpartikel« im Jahre 1979 abgeschlossen werden konnte, als zahlreiche hochgestellte Persönlichkeiten den Weg nach Donauwörth zur Verehrung des Kreuzpartikels fanden.[24]

Um die Kreuzesreliquie, Zeichen des Heils und der Erlösung, rankte sich einst die über 750jährige Geschichte der Benediktinerabtei Heilig Kreuz. Das Kreuz wurde verehrt, geraubt und verherrlicht; oftmals war es der einzige Hoffnungsschimmer für die von Kriegen und Leiden geplagten Donauwörther und für die nicht selten von weit her angereisten Wallfahrer. Heute erstrahlt die Heilig-Kreuz-Kirche den Gläubigen in einem neuen und wie ehemals prachtvollen Glanze. Zentrum des Gotteshauses ist nach wie vor der Kreuzpartikel, der einst von Mangold I. von Werd in die Stadt gebracht worden war. So erfüllen sich in gewisser Weise heute noch, über 180 Jahre nach der Auflösung des Klosters, die Worte, die Papst Leo IX. im Jahre 1049 gesprochen hatte: »Nos vero, ..., sancte et vivifice crucis portionem, eandem inibi semper manere volumus, cupimus, optamus, et a nemini auferri, statuentes apostolica censura sub divini iudicii obtestatione, ut nullus imperator, nullus rex, nullus episcopus, nulla potestas, nulla praeterea magna parvaque persona eandem vivifici ligni portionem ab ipso monasterio audeat auferre...«[25] Der hl. Kreuzpartikel möge Heilig Kreuz für immer bleiben!

Anmerkungen

I Das Kloster Heilig Kreuz im Mittelalter

[1] Königsdorfer, C., Geschichte des Klosters zum Heil. Kreutz in Donauwörth, Bd. I, 1–15 – Steichele, A., Bisthum Augsburg, historisch und statistisch beschrieben, Bd. III, 693–695:
Königsdorfer führt in seiner Klostergeschichte die Grafen von Kyburg und Dillingen als die Stammväter der Herren von Werd an. Steichele weicht im Laufe seiner Forschungen von der Meinung ab, daß die Edlen von Werd, Aribo und sein Sohn Mangold, aus einer Seitenlinie des Grafenhauses von Dillingen stammen, die mit einem Manegold, Sohn des Grafen Richwin von Dillingen, abgezweigt sei und sich bei einer Teilung der Grafschaft entweder auf der Dillingischen Burg zu Werd niedergelassen habe oder die Burg Mangoldstein selbst gebaut habe. Nach Steichele entstammen die Herren von Werd einem eigenen unabhängigen Adelsgeschlecht, das mit den Grafen von Kyburg und Dillingen in keinerlei Verbindung zu bringen ist. Für seine These bringt Steichele folgende Beweisgründe:
In der am 17. Januar 1030 von Kaiser Konrad II. ausgestellten Urkunde, die Werd den Wochenmarkt und das Münz- und Zollrecht bestätigt und erweitert hatte, wird Manegold I. von Werd als der Sohn Aribos und nicht Richwins benannt.
Eine Dillinger Linie könne nicht nach Werd übergesiedelt sein, denn Werd lag im Ries-Gau und gehörte im Jahre 1030 zum Comitate des Grafen Friedrich von Oettingen.
Der Güterbesitz der Herren von Werd weise nicht auf die alte Grafschaft Dillingen hin, er erstreckte sich nämlich im Ries, Kesseltal und zu beiden Seiten der Donau, südlich und nördlich von Werd.
[2] Königsdorfer, a. a. O., Bd. I, 27 f. – Zelzer, M., Geschichte der Stadt Donauwörth, Bd. I (Von den Anfängen bis 1618), 16
[3] Steichele, a. a. O., Bd. III, 837: Von der ältesten Tochter des byzantinischen Kaisers, Eudocia, ist bekannt, daß sie, abgesehen von ihrem vorgerückten Alter, Nonne war; die zweitgeborene Zoe war im Jahre 1028 bereits 48 Jahre alt; danach zu schließen muß auch die dritte Kaisertochter, Theodora, schon über ihre Jugendjahre hinaus gewesen sein.
[4] Königsdorfer, a. a. O., Bd. I, 27–32 – Litterae Bertholdi, Ad pag. 27, Domino Theodorico Sanctae Crucis in Werde Abbati venerando, zitiert nach Königsdorfer, a. a. O., Bd. I, 384–392 – Steichele, a. a. O., Bd. III, 833–835 – Zelzer, a. a. O., Bd. I, 16–18
[5] Litterae Bertholdi, Ad pag. 27, Domino Theodorico Sanctae Crucis in Werde Abbati venerando, zitiert nach Königsdorfer, a. a. O., Bd. I, 384–392
[6] Ebd. 384–392 – Steichele, a. a. O., Bd. III, 833–835 – Zelzer, a. a. O., Bd. I, 16–18:
Berthold erwähnt in seinem Brief beispielsweise, der Kaiser habe die Klugheit Mangolds auf die Probe stellen wollen und deshalb das Verbot erlassen, Holz an den kaiserlichen Gesandten zu liefern, um zu sehen, wie er sich ohne Brennmaterial helfen würde; Mangold habe kurz entschlossen Nüsse zum Schüren des Feuers verwendet.
Um sich den Anschein von großem Reichtum zu geben, habe Mangold die Hufe seiner Pferde mit Messing beschlagen lassen, damit sie golden glänzten, ein Huf sei aber so locker mit Gold beschlagen worden, daß der Beschlag nach kurzer Zeit abgefallen sei und sich die Kunde verbreitet habe, Mangolds Pferde tragen goldene Hufeisen.
Kurz vor der Heimreise habe Mangold einen Traum gehabt, in dem ihm befohlen worden sei, daß er nach seiner glücklichen Heimkehr nach Werd zu Ehren des hl. Emmeran eine Kirche in Form eines Kreuzes zu Wemding bauen solle. In einem zweiten Traum habe sich der Befehl wiederholt, und gleichzeitig sei Mangold der Tod seines Begleiters, Bischof Wernher von Straßburg, angekündigt worden.
Bischof Wernher starb laut Steichele noch zur Zeit des Kaisers Konstantin.

[7] Königsdorfer, a. a. O., Bd. I, 30 f. – Steichele, a. a. O., Bd. III, 836–838:
Berthold berichtet, wie es auch in der von Papst Leo IX. ausgestellten Bulle steht, daß Mangold als Brautwerber einer griechischen Kaiserstochter zu Romanus, dem Nachfolger Kaiser Konstantins VIII., gesandt worden sei. Im Jahre 1027, als die Gesandtschaft von Werd aufbrach, regierte aber auf dem byzantinischen Kaiserthrone noch Konstantin VIII., Romanus Argyrus wurde erst nach Konstantin VIII., der am 12. November 1028 verstarb, Kaiser. Königsdorfer bemerkt hierzu, daß Romanus schon vor dem Tode Kaiser Konstantins Mitregent und Reichsverweser war und daß der Name Romanus von Berthold bewußt nur einmal angeführt worden sei und dies wohl nur im Hinblick auf die Bulle Leos IX., denn Berthold müsse unbedingt Kenntnis davon gehabt haben, daß Romanus keine Töchter hatte und somit eine Brautwerbung sinnlos gewesen wäre.
Kaum Glauben kann dem Bericht Bertholds an der Stelle geschenkt werden, an der erwähnt wird, daß Bischof Wernher von Straßburg sei ganz kurz vor Mangolds Abreise gestorben; Steichele berichtigt, daß Wernhers Tod am 28. Oktober 1028, noch zur Zeit Kaiser Konstantins VIII., eintrat.
Wipo, der Geschichtsschreiber Kaiser Konrads II., nennt zwar Bischof Wernher von Straßburg, nicht aber Mangold von Werd als kaiserlichen Gesandten in Konstantinopel; einen Grund oder Anlaß für die Gesandtschaft gibt Wipo nicht an. Diesem Bericht tritt die Bulle Papst Leos IX. entgegen, die von einer Gesandtschaft Mangolds nach Konstantinopel zur Brautwerbung spricht. Berthold führt in seinem Schreiben die Gesandten Mangold von Werd und Bischof Wernher von Straßburg an, die mit dem Auftrag der Brautwerbung nach Konstantinopel gereist waren.
Es möge hier erlaubt sein, anzuführen, daß es doch, nachdem Papst Leo IX. einerseits in seiner Bulle nur von einer Sendung Mangolds, nicht aber Bischof Wernhers nach Konstantinopel zur Brautwerbung spricht, andererseits Wipo nur Bischof Wernher als Gesandten ohne genaue Zeitangabe und Grund seines Aufenthalts zu Konstantinopel angibt, auch so sein könnte, daß zwei verschiedene Gesandtschaften etwa zur gleichen Zeit am byzantinischen Kaiserhaus weilten und bis zu der Zeit, als Berthold seine Nachforschungen antrat, im Volksmund die Erzählungen verknüpft waren.
Bei allen Überlegungen bleibt ein undurchsichtiger Punkt, nämlich die Frage, warum das schon erwähnte hohe Alter der griechischen Kaisertöchter am deutschen Kaiserhof unbekannt war.

[8] Königsdorfer, a. a. O., Bd. I, 31

[9] Ebd. 31 f.; 41 – Zelzer, a. a. O., Bd. I, 18:
Maria Zelzer, die u. a. auf Pl. Braun, Geschichte der Bischöfe von Augsburg, Bd. I, 361 stützt, schreibt, daß Mangold im Frühjahr 1029 in Regensburg als bischöflich-augsburgerischer Schirmvogt auftrat; wenn man aber dazu Steichele, A., Bisthum Augsburg, Bd. III, 837 anführt, wo der Todestag Kaiser Konstantins VIII. am 12. November 1028 angegeben wird, dann besteht hier eine Ungereimtheit, die ich nur andeuten will: In der kurzen Zeit von November 1028 bis zum Frühjahr 1029 hätte Mangold verhaftet und freigelassen werden müssen, seine Heimreise vorbereiten und die Gunst des neuen byzantinischen Kaisers gewinnen, nach Werd zurückreisen und schließlich nach Regensburg kommen müssen.
Königsdorfer datiert Mangolds Abreise von Konstantinopel auf Ende August 1029, ohne aber hier seine Quellen zu nennen. Die Begünstigungen, die Mangold im Jahre 1030 durch Kaiser Konrad erfährt, setzen eine Rückkehr des Gesandten voraus.

[10] Königsdorfer, a. a. O., Bd. I, 41 f. – Steichele, a. a. O., Bd. III, 828 f. – Zelzer, a. a. O., Bd. I, 19

[11] Bulla Leonis, Ad pag. 42, zitiert nach Königsdorfer, a. a. O., Bd. I, 392–395 – Königsdorfer, a. a. O., Bd. I, 42 f. – Steichele, a. a. O., Bd. III, 828–831:
Steichele wie auch Königsdorfer haben in ihren Werken die Bulle Papst Leos IX. aufgenommen. Das Original befindet sich heute unter der Registratur U 1 FÖAW 4743 im Fürstlichen Archiv in Wallerstein. An dieser Stelle soll die Quellenschrift aufgrund ihrer großen Bedeutung für das Kloster Heilig Kreuz, zitiert nach Steichele, a. a. O., Bd. III, 828–831, in ihrer vollen Länge dargestellt werden:
»Leo episcopus seruus seruorum dei, Gunderade dilecte in Christo filie a nobis ordinate et consecrate abbatisse in nouiter facto a patre tuo Manegoldo sancte crucis monasterio, tibique success / / uris perenniter abbatissis perpetuam in domino salutem. Sacre deuotionis labor quia semper diuino fauore iuuatur, semper optato fine terminatur. Ideo, filia, tui patris ampla in deum / / deuotio laudabilem fructum produxit, cum pro portione sancte et viuifice crucis, in qua dominus noster Jhesus Christus salus nostra pependit, decenter auro et gemmis ornata, tunc ab autocratore Constantinopoleos nomine Romano dono data, cum ad eum missus esset ab imperatore Chuonrado, ut filiam suam nuptum traderet eius filio, fundauit ecclesiam in petra, que ex eius nomine dicitur Manegoltstein. Et bene in petra, quia non edificauit super arenam, ut incumbentibus uentis, uenientibus fluuiis, descendentibus pluuiis, quod edificasset, rueret, sed firmiter fundatum perenniter permaneret. Ut uero uotum sue constructionis deo solueret secundum illum, qui dixit: uouete et

131

reddite domino deo uestro omnes, qui in circuitu eius affertis munera, nos a Mogontina synodo Romam uersus redeuntes ad ipsum dei templum uenire inuitauit. Quod a nobis III. Non. Dec. merito honore dedicatum, sic tandem iuri sancte Romane ecclesie et beatissimo Petro apostolo prompto donauit et optulit animo, teque filiam suam, quam iam deo in monastica conuersatione et habitu sacrauerat, eiusdem rogauit a nobis fieri abbatissam loci. Id auspice deo fecimus, attendentes in te, quantum homini est possibile, timorem dei, cordis conpunctionem, mentis humilitatem, morum grauitatem, in adolescentibus membris pretendentem iam senectutem, et constituentes, eundem locum esse in perpetuum ancillarum dei monasterium, ubi tu de te et sororibus tuis prima deo primitas offeras religionis, merito castitatis omnisque bonitatis. Hac tamen ratione nostre apostolice sedi parens tuus eandem fecit oblationem, ut dum ipse uiuit, ipsius loci aduocationem habeat; similiter et post mortem ipsius, quem nunc habet, filius, qui si filius heredem habuerit, ipse quoque aduocatus sit. Si uero uel ipsi Manegoldo uel eius filiolo nemo filius superstes extiterit, tunc liceat abbatisse ipsique congregationi aduocatum sibi secundum deum eligere, petendum tamen ab apostolica sede. Lex uero omnium aduocatorum post Manegoldum talis erit, ut quisquis eorum digne non administrauerit sue aduocationis offitium, liceat abbatisse ipsique congrationi de eo apud papam conqueri. Qui si uocatus ab eo fuerit et monasterio satisfecerit, aduocationem suam retineat. Quodsi uenire distulerit, aut si uenerit et non satisfecerit, tunc liceat abbatisse ipsique congregationi ex consensu pape talem sibi aduocatem eligere, qui secundum deum sit. Post obitum uero tuum de ipsa congregatione, que melior sit, eligatur, si idonea inuenta fuerit, eaque donum et consecrationem abbatie a papa recipiat; alioquin de alia congregatione idonea eligatur, a papa similiter donanda et consecranda. Decernimus preterea, ut in altare maiori, quod nos ipsi consecrauimus, nullus audeat missam celebrare, nisi sit episcopus uel abbas, tresque sacerdotes ebdomadarii ad hoc offitium deputati, eorumque successores. Episcopum quoque, in cuius parrochia locus est, nihil sibi in eo uendicare audeat, preter ordinationem facere clericorum et monialium, si tamen gratis fecerit, sin autem, ordinationes expetant ab alio quocumque uelint episcopo. Ut uero locus ipse in quadragesimali tempore soluat pape annuam pensionem, statuit idem Manegoldus, pensionem ipsam esse anagolagium, id est fanonem, stolam cum auro, manipulum et cingulum. Nos uero, quia locus ipse conditus est propter eam, que supra dicta est, sancte et uiuifice crucis portionem, eandem inibi semper manere uolumus, cupimus, optamus, et a nemine auferri, statuentes apostolica censura sub diuini iuditii obtestatione, ut nullus imperator, nullus rex, nullus episcopus, nulla potestas, nulla preterea magna paruaque persona eandem uiuifici ligni portionem ab ipso monasterio audeat auferre quolibet modo, uel aliquid facere contra omnia, que superius scripta sunt, sed nec etiam aliquid diminuere de bonis eiusdem monasterii, que modo habet et usque in eternum habebit, quolibet furto, quolibet raptu, quolibet alienationis modo. Id quicumque presumpserit, donec digne satisfecerit, anathema sit; qui uero pio intuitu custos et obseruator huius nostri priuilegii extiterit, a domino deo benedicatur et eternae uitae particeps efficiatur.

Data III. Nonas Decembres per manus Petri diaconi bibliothecarii et cancellarii sancte apostolicae sedis, anno domni Leonis VIIII. pape I., indictione III.«

[12] Königsdorfer, a. a. O., Bd. I, 43 – Steichele, a. a. O., Bd. III, 840 – Zelzer, a. a. O., Bd. I, 19 f.

[13] Bulla Innocentii II., Ad pag. 62. zitiert nach Königsdorfer, a. a. O., Bd. I, 396:
»... Factum est autem ut eodem Caenobio per operam pravorum hominum diruto atque destructo, alter Mangoldus jam dicti nobilis viri filius, ab Apostolica sede obtinuit, ut sibi lecentia praeberetur idem Monasterium ad alia loca transferre, ...«
Königsdorfer, a. a. O., Bd. I, 45 – Zelzer, a. a. O., Bd. I, 21:
Königsdorfer führt zwar die Bulle Innocenz' II. in dem Anhang des ersten Bandes seiner Klostergeschichte an, erwähnt aber bei seiner Geschichtsschreibung kein Wort von einer Zerstörung des Klosters. Auch Zelzer berichtet, daß der einheimische Chronist nichts von einer Zerstörung des Klosters durch böse Menschen weiß.
Vielleicht besteht die Möglichkeit, daß Papst Innozenz »eodem Caenobio per operam pravorum hominum diruto atque destructo« nicht als Zerstörung des Klosters mit Waffen ansieht, sondern als Zerstörung des inneren Frömmigkeitsgeistes und damit als Vernichtung des Klosters durch den Einfluß schlechter und böswilliger Menschen, die alle Gedanken der Ordensgemeinschaft auf weltliche Dinge gelenkt haben.

[14] Traber, F. X., Die ehemalige Benediktinerabteikirche zum Heiligen Kreuz in Donauwörth, 3

[15] Königsdorfer, a. a. O., Bd. I, 44–46 – Zelzer, a. a. O., Bd. I, 20–22

[16] Königsdorfer, a. a. O., Bd. I, 46–53 – Steichele, a. a. O., Bd. III, 840 – Zelzer, a. a. O., Bd. I, 23–25

[17] Bulla Innocentii II., Ad pag. 62, zitiert nach Königsdorfer, a. a. O., Bd. I, 396–399 – Steichele, a. a. O., Bd. III, 832 f.

[18] Lindner, P., und Traber J., Verzeichnis der Aebte und Mönche des ehemaligen Benediktiner-Stiftes Heilig Kreuz in Donauwörth, in: Mitteilungen des Historischen Vereins für Donauwörth und Umgegend, Jg. 2 (1905), 5

[19] Traber, F. X., a. a. O., 4

[20] Königsdorfer, a. a. O., Bd. I, 56 – Steichele, a. a. O., Bd. III, 840–846:
Am Kirchensatz von Mündling wird besonders deutlich, wie fehlerhaft die Überlieferung der ersten Stiftungen ist, denn er wurde erst im 13. Jahrhundert von König Heinrich VII. dem Kloster geschenkt. Steichele hat die Urkunde Heinrichs VII. in seinen Bisthum Augsburg, Bd. III, 846 aufgenommen:
»Significamus vobis, quod nos ad imitationem domini imperatoris, patris nostri, contulimus abbati et monasterio de Werda perpetuo ius patronatus ecclesie de Mundelingen, que in fundo patrimonii nostri sita esse dinoscitur«, actum apud Werdam, V. Idus Aprilis, indict. XIIII.
Ein Hebe-Register aus der Mitte des 13. Jahrhunderts gibt zwar die Besitzungen von Heilig Kreuz zur damaligen Zeit an, und die Orte, in denen das Kloster Gefälle bezog, läßt aber offen, woher und auf welche Weise Besitz und Gefälle vom Stift erworben wurden.

[21] Königsdorfer, a. a. O., Bd. I, 53–58 – Steichele, a. a. O., Bd. III, 840–846 – Zelzer, a. a. O., Bd. I, 25–28

[22] Bauch, A., 950 Jahre Heilig-Kreuz-Verehrung in Donauwörth im Spannungsfeld der Jahrhunderte. Festvortrag bei der Abschlußfeier des Jubiläumsjahres am 7. Oktober 1979, hrsg. von der Pädagogischen Stiftung Cassianeum und vom Historischen Verein für Donauwörth und Umgebung, 5–7

[23] Königsdorfer, a. a. O., Bd. I, 32 f.

[24] Festschrift Heilig Kreuz Donauwörth. 950 Jahre Kreuzpartikel in Donauwörth, hrsg. von der Pädagogischen Stiftung Cassianeum, 40 – Münsterer, H. O., Die doppelbalkigen Partikelkreuze von Scheyern, Wiblingen und Donauwörth, in: Bayerisches Jahrbuch für Volkskunde (1952), 50 f.; 59 f.

[25] Festschrift Heilig Kreuz Donauwörth, a. a. O., 25 – Königsdorfer, a. a. O., Bd. I, 32–40 – Münsterer, a. a. O., 60 – Steichele, a. a. O., Bd. III, 838 f.

[26] Bulla Leonis, Ad pag. 42, zitiert nach Königsdorfer, a. a. O., Bd. I, 392 f.

[27] Königsdorfer, a. a. O., Bd. I, 34

[28] Ebd. 35

[29] Ebd. 35

[30] Ebd. 34 f. – Festschrift Heilig Kreuz Donauwörth, a. a. O., 31 f.

[31] Königsdorfer, a. a. O., Bd. I, 35

[32] Ebd. 36

[33] Ebd. 35 f. – Festschrift Heilig Kreuz Donauwörth, a. a. O., 32

[34] Meist wird der Rat bei seinem Anerbieten der Ummauerung des Klosters zum Schutz des Heiligtums zu großmütig angesehen. Die Stadtväter handelten hier wohl nicht zuletzt aus wirtschaftlichen Motiven, denn der Kreuzpartikel hatte einen bedeutenden Anteil am Aufschwung Werds. Die Tatsache, daß zwei Jahrhunderte später der Rat das Kloster, das nun innerhalb der Stadtmauern lag, gerne in seinen Besitz gebracht hätte, soll hier nun angedeutet werden.

[35] Festschrift Heilig Kreuz Donauwörth, a. a. O., 26–28 – Königsdorfer, a. a. O., Bd. I, 103–108

[36] Zitiert nach Königsdorfer, a. a. O., Bd. I, 153

[37] Zitiert nach Königsdorfer, a. a. O., Bd. I, 154

[38] Festschrift Heilig Kreuz Donauwörth, a. a. O., 28 – Königsdorfer, a. a. O., Bd. I, 151–154

[39] Ebd. 59–61 – Lindner P. und Traber, J., a. a. O., 4 f. – Steichele, a. a. O., Bd. III, 843 f.:
Königsdorfer erwähnt eine 71jährige Prälatur des ersten Abtes; der Prälat wäre über 100 Jahre alt geworden. Steichele schreibt nur, daß Abt Dietrich von 1135–1171 beurkundet sei.
Lindner und Traber plädieren für zwei Äbte mit dem Namen Dietrich. Sie sehen für den Nachfolger Dietrichs, Abt Berthold I., nicht wie Stocker und Königsdorfer die Zeit von 1172 bis 1178 an, sondern den Zeitraum von 1155 bis 1160. Allerdings bestehen für beide Zeitspannen keine Urkunden. Wichtig für die Vermutung von Lindner und Traber war eine am 1. Mai 1171 zu Giengen ausgestellte Urkunde, laut der Kaiser Friedrich I. das Weltpriesterstift zu Herbrechtingen aufgelöst und Kanoniker nach der Regel des heiligen Augustinus an deren Stelle gesetzt habe. Unter den üblicherweise dem Alter nach aufgeführten Zeugen befinden sich der Reihe nach: Abt »Siegfried von Anhausen« (1156–1174), Abt »Heinrich von Lorich« (1153–1172), Abt »Hartmann von Eschenbrunn« und als letzter Abt »Theoderich von Werde« (= Dietrich von Werd). Wenn nun der im Jahre 1101 erwählte Abt »Theoderich« von Werd im Jahre 1171 in einem Alter von mindestens 104 Jahren noch der jüngste von vier Äbten gewesen wäre, so erscheint eine solche Regierungszeit des Abtes von Jahre 1101 doch ziemlich unwahrscheinlich. Lindner und Traber datieren die Amtszeit des Abtes Dietrich I. vom Jahre 1101 bis 1155, die Amtszeit Bertholds I. von 1155 bis 1160 (= Zeitraum ohne Urkunden) und die Prälatur eines Dietrich II. auf die Zeit von 1160 bis 1179 (= Zeitraum der Urkunde von 1171).

[40] Königsdorfer, a. a. O., Bd. I, 59–65 – Lindner, P. und Traber, J., a. a. O., 4 f. – Steichele, a. a. O., Bd. III, 843 f.

[41] Königsdorfer, a. a. O., Bd. I, 69–71 – Lindner, P. und Traber, J., a. a. O., 5 f. – Steichele, a. a. O., Bd. III, 845

[42] Königsdorfer, a. a. O., Bd. I, 72–80 – Lindner, P. und Traber, J., a. a. O., 6 f.

[43] Steichele, a. a. O., Bd. III, 879

[44] Königsdorfer, a. a. O., Bd. I, 90–94 – Steichele, a. a. O., Bd. III, 847–851

[45] Horn, A., Die Kunstdenkmäler von Bayern. Teil Schwaben, Bd. III, Landkreis Donauwörth, 110 – Traber, F. X., a. a. O., 4

[46] Steichele, a. a. O., Bd. III, 707

[47] Ebd. 711

[48] Königsdorfer, a. a. O., Bd. I, 109–150 – Lindner, P. und Traber, J., a. a. O., 7 f. – Steichele, a. a. O., Bd. III, 852–854

[49] Traber, F. X., a. a. O., 4 f.

[50] Hartig, M., Heilig Kreuz, in: Lexikon für Theologie und Kirche, Buchberger, M. (Hg.), Bd. IV, 895 f. – Ders., Donauwörth, in: Lexikon für Theologie und Kirche, Höfer, J. und Rahner, K. (Hg.), Bd. III, 507 f. – Hemmerle, J., Die Benediktinerklöster in Bayern (= Germania Benedictina, Bd. 2), 76 – Königsdorfer, a. a. O., Bd. I, 154 f. – Monumenta Boica, edidit Academia Scientarium, Volum. XVI, 44–48 – Steichele, a. a. O., Bd. III, 854:
Michael Hartig führt in seinen zwei Artikeln des Lexikons für Theologie und Kirche an, Heilig Kreuz sei im Jahre 1404 Reichsstift gewesen. Ebenso bezeichnet Hemmerle das Kloster als ehemalige Reichsabtei. In dem von König Ruprecht im Jahre 1404 ausgestellten Schirm- und Privilegienbrief, der in den Monumenta Boica aufgenommen ist, wird zwar Schwäbischwerd als »Reichs Stat«, aber Heilig Kreuz nicht als Reichsstift bezeichnet. Königsdorfer und Steichele sprechen nur von einem Gnadenbrief bzw. Schirm- und Privilegienbrief. Wenn Heilig Kreuz wirklich im 15. Jahrhundert eine Reichsabtei gewesen wäre, hätten Königsdorfer und Steichele dies mit Sicherheit nicht außer acht gelassen.

[51] Königsdorfer, a. a. O., Bd. I, 151–158 – Lindner, P. und Traber, J., a. a. O., 8 – Steichele, a. a. O., Bd. III, 854 f.

[52] Königsdorfer, a. a. O., Bd. I, 158–208 – Lindner, P. und Traber, J., a. a. O., 8 f. – Steichele, a. a. O., Bd. III, 855–857 – Zelzer, a. a. O., Bd. I, 87–89

[53] Steichele, a. a. O., Bd. III, 880

[54] Königsdorfer, a. a. O., Bd. I, 214–270 – Lindner, P. und Traber, J., a. a. O., 9 – Steichele, a. a. O., Bd. III, 857 f. – Zelzer, a. a. O., Bd. I, 89

[55] Königsdorfer, a. a. O., Bd. I, 198–201 – Steichele, a. a. O., Bd. III, 861 – Traber, J., Die Kreuzpartikel-Monstranz Kaiser Maximilians I., in: Donauwörther Institutsblätter, Jg. 3 (1924), Heft 2, 118–129:
Königsdorfer berichtet außer über den Dorn von Kaiser Maximilian über einen zweiten Dorn aus der Spottkrone Jesu Christi, der unter mysteriösen Umständen etwa um das Jahr 1442 aus dem Nachlaß eines Diebes zum Kloster gelangt sei und später ebenfalls an der Monstranz angebracht wurde. Steichele läßt den zweiten Dorn völlig unerwähnt und berichtet nur über das Geschenk Kaiser Maximilians.
Die beiden Dorne befinden sich heute in der Barockmonstranz; die Kaisermonstranz hat ihren Platz auf der Harburg gefunden.

[56] Königsdorfer, a. a. O., Bd. I, 270–344 – Steichele, a. a. O., Bd. III, 858–861 – Traber, J., Die Kreuzpartikel-Monstranz Kaiser Maximilans I., a. a. O., 118–129 – Zelzer, a. a. O., Bd. I, 113–118

[57] Königsdorfer, a. a. O., Bd. I, 250 – Steichele, a. a. O., Bd. III, 880:
Nach Königsdorfer wäre schon Fürstbischof Peter von Augsburg Schirmherr des Klosters gewesen. Laut Steichele hat sich Königsdorfer bei der Angabe auf die Chronik von Beck gestützt, die das genaue Jahr 1468 angibt.

[58] Steichele, a. a. O., Bd. III, 880 f.

[59] Königsdorfer, a. a. O., Bd. II, 1–19 – Steichele, a. a. O., Bd. III, 862 f. – Lindner, P. und Traber, J., a. a. O., 9 – Zelzer, a. a. O., Bd. I, 145 f.

II Äbte und Konvent im 17. und 18. Jahrhundert

[1] Königsdorfer, a. a. O., Bd. II, 168–274 – Lindner, P. und Traber, J., a. a. O., 9 – Steichele, a. a. O., Bd. III, 864–866

[2] Königsdorfer, a. a. O., Bd. II, 553 – Lindner, P. und Traber, J., a. a. O., 9 f. – Steichele, a. a. O., Bd. III, 869:
An dieser Stelle weichen Steichele und Lindner bzw. Traber von Königsdorfer ab und geben nicht den 4. Oktober 1643 als Tag der Erwählung des Abtes Johann Jakob Jäger an. Nach Bearbeitung von Quellenmaterial haben sie den Antritt des Abtes Johann Jakob Jäger auf den 26. April 1644 festgelegt und die Resignation seines Vorgängers Konrad am 25. April 1644 angegeben. Auch das Resignations-datum von Johann Jakob Jäger aus Königsdorfers Geschichte (Juli 1644) wurde außer acht gelassen und stattdessen der 9. Mai 1645 sichergestellt. Die Datierung Steicheles und Lindners bzw. Trabers fügt sich auch besser in das geschichtliche Bild, denn mit dem Einrücken der Franzosen in das Ries findet sich 1645 ein triftiger Grund für die Handlungsweise des Abtes.

[3] Hubensteiner, B., Bayerische Geschichte, Staat und Volk, Kunst und Kultur, Jubiläums-Sonderaus-gabe, 184

[4] Königsdorfer, a. a. O., Bd. II, 457 ; 479–481; 523–527; 548–553; 573–581; 615–617 – Lindner, P. und Traber, J., a. a. O., 9 f. – Steichele, a. a. O., Bd. III, 868 f.

[5] Hubensteiner, Bayerische Geschichte, a. a. O., 184

[6] Königsdorfer, a. a. O., Bd. III/1, 1–25 – Lindner, P. und Traber, J., a. a. O., 10 – Steichele, a. a. O., Bd. III, 869 f.

[7] Königsdorfer, a. a. O., Bd. III/1, 28–58; 418–437 – Lindner, P. und Traber, J., a. a. O., 10 f. – Steichele, a. a. O., Bd. III, 871–873

[8] Königsdorfer, a. a. O., Bd. III/1, 437–478 – Lindner, P. und Traber, J., a. a. O., 11 – Steichele, a. a. O., Bd. III, 874 f.

[9] Lindner, P. und Traber, J., a. a. O., 9–11; 33 f.

[10] Ebd. 9–11; 33 f.

[11] Ebd. 10 f.

[12] Böswald, A., Eine Stadt im Widerspruch. Donauwörth und die Gebrüder Röls, in: Nordschwaben, Jg. 3 (1975), Heft 4, 165–171 – Anonym, Die vier berühmten Söhne des Schwandorfer Schmieds Röls, in: Heimatfreund. Beilage der »Donauwörther Zeitung« für heimatliches Leben (1963), Nr. 4 – Königsdorfer, a. a. O., Bd. III/1, 434

[13] Auer, L., Amandus Röls, Abt des Klosters Hl. Kreuz. Zum 200. Todesjahr des Erbauers von Hl. Kreuz und Cassianeum Donauwörth, in: Nordschwäbische Chronik, Jg. 1 (1948), Nr. 3, 54 – Hemmerle, a. a. O., 76 – Königsdorfer, a. a. O., Bd. III/1, 425–427; 431 – Lindner, P. und Traber, J., a. a. O., 36 – Steichele, a. a. O., Bd. III, 873:
Von Hemmerle und auch Auer wird der Stand des Konvents mit 65 Mitgliedern angegeben. Sowohl Königsdorfer als auch Lindner und Traber sprechen nur von 23 Konventualen des Klosters im Jahre 1747, die sie sogar mit Namen anführen. Steichele gibt den Konvent beim Tod des Abtes Amandus im Jahre 1748 mit einer Stärke von 24 Mitgliedern an. Möglicherweise könnten von Hemmerle und auch Ludwig Auer Königsdorfers Worte mißverstanden worden sein, die besagen, daß 42 der geistli-chen Söhne unter Abt Amands Prälatur das Ordenskleid angelegt haben. Es ist zu vermuten, daß viele dieser jungen Konventualen in anderen Klöstern Aufnahme gefunden haben.

[14] Königsdorfer, a. a. O., Bd. III/1, 53; 428–431 – Steichele, a. a. O., Bd. III, 873

[15] Königsdorfer, a. a. O., Bd. III/1, 428 f. – Steichele, a. a. O., Bd. III, 873:
Königsdorfer führt die genauen Gründe, die zum Austritt führten, nicht an.
Steichele hat einen Ausschnitt des Visitationsberichtes vom 17. Juli 1737 aufgenommen. Danach habe Abt Amandus erklärt: »Monasterium ... rediisse ad dominum Ordinarium, eo quod congregatio quaesierit exemptionem, cui se ex rationibus gravibus opposuit; insuper congregationem quaesisse bona facere communia, sic ut tractu temporis potuisset depauperari proprium monasterium; propter has et alias causas se rediisse ...«; finanzielle Gründe werden also mitausschlaggebend gewesen sein.

[16] Königsdorfer, a. a. O., Bd. III/1, 428–436

[17] Ebd. 53–57; 420–436

[18] Ebd. 420

[19] Hubensteiner, Bayerische Geschichte, a. a. O., 203

[20] Königsdorfer, a. a. O., Bd. III/1, 53–58; 418–420

[21] Lindner, P. und Traber, J., a. a. O., 11

[22] Zitiert nach Lindner, P. und Traber, J., a. a. O., 11

[23] Uttenweiler, J., Benediktiner, in: Lexikon für Theologie und Kirche, Buchberger, M., (Hg.), Bd. II, 151–159 – Hilpisch St., Benediktiner, in: Lexikon für Theologie und Kirche, Höfer, J., Rahner, K., (Hg.), Bd. II, 184–192

[24] Lindner, P. und Traber, J., a.a.O., 36

[25] Ebd. 20–29

[26] Ebd. 22–24

[27] Ebd. 21–24

[28] Ebd. 22–25

[29] Ebd. 11

[30] Ebd. 23

[31] Ebd. 22–27

[32] Ebd. 24–29

[33] Weißenberger, P.A., Aus dem innerklösterlichen Leben der Abtei zum Hl. Kreuz in Donauwörth in der zweiten Hälfte des 17. Jahrhunderts, Teil I, in: Nordschwaben, Jg. 6 (1978), Heft 4, 191 f.

[34] Lindner, P. und Traber, J., a.a.O., 10

[35] Weißenberger, P.A., a.a.O., 192–194

[36] Bronner, F.X., Ein Mönchsleben aus der empfindsamen Zeit von ihm selbst erzählt, hrsg. von O. Lang, Bd. I (= Memoirenbibliothek, IV. Serie, Bd. 9), 176–180

[37] Ebd. 180–189

[38] Ebd. 198–208; 260; 290–293

[39] Steidle, B. (Hg.), Die Benediktus-Regel, 90 f.; 144–147

[40] Bronner, a.a.O., Bd. I, 296–300

III Geistlicher Charakter des Stifts

[1] Königsdorfer, a.a.O., Bd. II, 30 f. – Steichele, a.a.O., Bd. III, 764; 862

[2] Ebd. 879 f. – Zelzer, a.a.O., Bd. I, 109–112:
Maria Zelzer gibt als Datum für die Ausfertigung des Privilegienbriefes für Schwäbischwerd den 27. Mai 1465 an. Steichele nennt das Datum des 27. Mai 1463

[3] Königsdorfer, a.a.O., Bd. II, 47–112 – Steichele, a.a.O., Bd. III, 722–728 – Zelzer, a.a.O., Bd. I, 144–146; 182–184

[4] Königsdorfer, a.a.O., Bd. II, 112–118 – Steichele, a.a.O., Bd. III, 728 – Zelzer, a.a.O., Bd. I, 184

[5] Königsdorfer, a.a.O., Bd. II, 118–159 – Steichele, a.a.O., Bd. III, 728–732 – Zelzer, a.a.O., Bd. I, 184–186

[6] Königsdorfer, a.a.O., Bd. II, 159–188 – Stieve, F., Der Kampf um Donauwörth im Zusammenhange der Reichsgeschichte (= Der Ursprung des Dreißigjährigen Krieges, 1607–1619, Erstes Buch), 16 f. – Zelzer, a.a.O., Bd. I, 200–202

[7] Königsdorfer, a.a.O., Bd. II, 204 f. – Steichele, a.a.O., Bd. III, 732 – Stieve, a.a.O., 18:
Felix Stieve führt an, daß Georg Beck in seiner Chronik des Klosters Heilig Kreuz erwähnt, daß Fackeln und Lichter erst im Jahre 1593, die Stola erst 1602 abgeschafft worden sei. Stieve hält diese Angaben zeitlich für unrichtig und stützt sich dabei auf ein Protokoll vom 21. April 1598.
Königsdorfer setzt gleich Stieve die Anmaßungen des Rats auf das Jahr 1570 an.
Anton Steichele hingegen hat die Datierung Becks übernommen.

[8] Königsdorfer, a.a.O., Bd. II, 196

[9] Steichele, a.a.O., Bd. III, 733 – Stieve, a.a.O., 23:
Im Jahre 1607 hingen, laut Stieve, nur noch sechzehn Bürger dem alten Glauben an. In einer Anmerkung führt Stieve eine Bittschrift um Überweisung der Pfarrkirche an, die Herzog Maximilian dem Kaiser am 23. Januar 1608 überreichte und die Unterschrift von zwanzig Bürgern und drei Witwen aufweist. Steichele berichtet von etwa zwanzig Familien zu Anfang des 17. Jahrhunderts. Die Zahl wird vermutlich einem ständigen Wechsel unterlegen sein.

[10] Königsdorfer, a.a.O., Bd. II, 204–215 – Steichele, a.a.O., Bd. III, 732 f. – Stieve, a.a.O., 17–23

[11] Bihlmeyer, K. und Tüchle, H., Kirchengeschichte, Bd. III, (Die Neuzeit und die neueste Zeit), 162

[12] Königsdorfer, a.a.O., Bd. II, 237 – Stieve, a.a.O., 21:
Stieve vermutet hierfür ein von Bischof Marquard von Augsburg veranlaßtes energisches Vorgehen

gegen Kaufbeuren im Jahre 1588, während Königsdorfer berichtet, der Rat habe bezüglich der Vogtei-
frage den Schiedsspruch der Universität Ingolstadt anerkannt.

[13] Königsdorfer, a. a. O., Bd. II, 235–250 – Stieve, a. a. O., 20 f.

[14] Stieve, a. a. O., 21–24 – Zelzer, a. a. O., Bd. I, 234 f.

[15] Königsdorfer, a. a. O., Bd. II, 251–255 – Stieve, a. a. O., 24 f.

[16] Königsdorfer, a. a. O., Bd. II, 255–261 – Stieve, a. a. O., 25–29 – Zelzer, a. a. O., Bd. I, 236

[17] Königsdorfer, a. a. O., Bd. II, 261–270 – Stieve, a. a. O., 29–31 – Zelzer, a. a. O., Bd. I, 236–238

[18] Stieve, a. a. O., 42 f.

[19] Zelzer, a. a. O., Bd. I, 239

[20] Königsdorfer, a. a. O., Bd. II, 270–274 – Steichele, a. a. O., Bd. III, 736–741 – Stieve, a. a. O., 43–45 –
Zelzer, a. a. O., Bd. I, 238 f.

[21] Stieve, a. a. O., 52

[22] Ebd. 109

[23] Kraus, A., Geschichte Bayerns. Von den Anfängen bis zur Gegenwart, 234

[24] Königsdorfer, a. a. O., Bd. II, 274–332 – Steichele, a. a. O., Bd. III, 741–748 – Zelzer, a. a. O., Bd. I,
240–250

[25] Königsdorfer, a. a. O., Bd. III/2, 358

[26] Ebd. 359

[27] Königsdorfer, a. a. O., Bd. II, 368–375

[28] Steichele, a. a. O., Bd. III, 748–750

[29] Bauerreiss, R., Kirchengeschichte Bayerns, Bd. VII (1600–1803), 357 f.

[30] Königsdorfer, a. a. O., Bd. II, 316 f.; 378–393 – Steichele, a. a. O., Bd. III, 746; 866–868

[31] Zelzer, a. a. O., Bd. I, 255–258

[32] Königsdorfer, a. a. O., Bd. II, 423–429

[33] Bihlmeyer und Tüchle, a. a. O., Bd. III, 164

[34] Hubensteiner, Bayerische Geschichte, a. a. O., 173–178

[35] Zitiert nach Königsdorfer, a. a. O., Bd. II, 487

[36] Grohsmann, L., Geschichte der Stadt Donauwörth, Bd. II (Von 1618 bis zur Gegenwart), 20–23 –
Königsdorfer, a. a. O., Bd. II, 476–529

[37] Zitiert nach Königsdorfer, a. a. O., Bd. II, 526

[38] Ders., a. a. O., Bd. III/1, 3 f.

[39] Ders., a. a. O., Bd. II, 548–550

[40] Zitiert nach Grohsmann, a. a. O., Bd. II, 128

[41] Ebd. 126–128 – Königsdorfer, a. a. O., Bd. III/2, 359–362

[42] Anmerkung II.2, 12 f.

[43] Grohsmann, a. a. O., Bd. II, 24–26 – Königsdorfer, a. a. O., Bd. II, 550–588

[44] Zitiert nach Königsdorfer, a. a. O., Bd. II, 580

[45] Grohsmann, a. a. O., Bd. II, 25 f. – Königsdorfer, a. a. O., Bd. II, 566–581; 613–617

[46] Ders., a. a. O., Bd. III/1, 1–28 – Lindner, P. und Traber, J., a. a. O., 10 – Steichele, a. a. O., Bd. III, 871

[47] Traber, F. X., a. a. O., 6 f.

[48] Königsdorfer, a. a. O., Bd. III/1, 28–41 – Lindner, P. und Traber, J., a. a. O., 10 – Steichele, a. a. O.,
Bd. III, 870 f.

[49] Königsdorfer, a. a. O., Bd. III/1, 43–47 – Steichele, a. a. O., Bd. III, 883 f.:
Der Vergleich über die Advokatie- und Temporalien-Verhältnisse, den Kurfürst Max Emanuel von
Bayern und Bischof Johann Christoph von Augsburg am 26. Juni 1688 ratifizierten, enthält im
wesentlichen folgende Punkte:
Das »jus protectionis«, Schutz- und Schirmgerechtigkeit der Stadt Donauwörth, »cum jure territo-
riali« sollte, soweit sich der Stadt-Distrikt erstreckte, dem Kurfürsten verbleiben, außerhalb dieses
Distrikts aber in den bischöflich-augsburgischen oder anderer Herrschaften Landen sollte sowohl der
Schutz, als auch die Kastenvogtei und andere Jura, die das Hochstift bisher innehatte, dem Hochstift
Augsburg verbleiben.
Ein Prälat sollte in »mere personalibus civilibus« (»salvis tamen realibus domino territoriali compe-
tentibus«) dem Bischof unterworfen sein und daselbst »immediate« konveniert werden.
Die Bediensteten des Klosters aber, die in der Stadt Donauwörth und deren Distrikt wohnten, sollten
der hohen und niederen Jurisdiktion des Kurfürsten unterworfen sein und bleiben.
Bezüglich der Elektions-Fälle eines neuen Prälaten sollte die Obsignation und Elektion, auch Auf-
richtung der Inventarien und andere diesem Werke anhängige Akte auf diejenige Weise vorgenommen werden, wie es 1684 mit anderen in kurbayerischen Landen gelegenen Klöstern Augsburger

Diözese vorzunehmen verglichen sei, wobei sich der Bischof die bisher »exercirten« »jura dioecesana« wie auch dieses »expresse« reservierte, daß ein regierender Bischof neben dem geistlichen auch einen weltlichen Commissarius sowohl »ad acta obsignationis et refixionis«, als zu diesem Ende verordnen möge, daß er die außer der Stadt Donauwörth und deren Distrikt gelegenen, unter des hohen Stiftes Schutz und Kastenvogtei gehörigen Untertanen dahin anweisen könne, daß sie einem neu erwählten Prälaten die Huldigung leisten sollen.

Von seiten des Hochstifts Augsburg wurde ausdrücklich bedingt und ausgenommen, daß das Kloster Heilig Kreuz der kurbayerischen Benediktinerkongregation keineswegs einverleibt, noch (außer den verglichenen Fällen) für ein kurbayerisches Kloster gehalten werden solle. Außerdem sollten dem Kloster keine neuen »onera«, als welche bisher in Übung gewesen, auferlegt werden.

[50] Königsdorfer, a. a. O., Bd. III/2, 42–48 – Steichele, a. a. O., Bd. III, 882–884

[51] Königsdorfer, a. a. O., Bd. III/1, 48–52 – Steichele, a. a. O., Bd. III, 871 f.

[52] Anonym, Der Kreuzaltar, in: Donauwörther Institutsblätter, Jg. 7 (1928), 61–63 – Horn, a. a. O., Bd. III, 137

[53] Grohsmann, a. a. O., Bd. II, 30–32 – Königsdorfer, a. a. O., Bd. III/1, 53–110

[54] Grohsmann, a. a. O., Bd. II, 33–35 – Königsdorfer, a. a. O., Bd. III/1, 135–141; 186–190

[55] Grohsmann, a. a. O., Bd. II, 36–41 – Königsdorfer, a. a. O., Bd. III/1, 250–330

[56] Lieb, N., Ottobeuren und die Barockarchitektur Ostschwabens (Dissert.), 122

[57] Traber, F. X., a. a. O., 9

[58] Anmerkung II.13, 14

[59] Bauerreiss, a. a. O., Bd. VII, 426

[60] Albrecht, D., Die Barockzeit, in: Spindler, M. (Hg.), Handbuch der Bayerischen Geschichte, Bd. II, 655 f.

[61] Festschrift Heilig Kreuz Donauwörth, a. a. O., 33–36 – Königsdorfer, a. a. O., Bd. III/1, 141; 418–437 – Steichele, a. a. O., Bd. III, 872 f.

[62] Königsdorfer, a. a. O., Bd. III/1, 444

[63] Traber, F. X., a. a. O., 46

[64] Königsdorfer, a. a. O., Bd. III/1, 437–450

[65] Ebd. 450–456

[66] Ebd. 456–459

[67] Ebd. 462

[68] Hauntinger, J. N., Reise durch Schwaben und Bayern im Jahre 1784, 58

[69] Bauerreiss, a. a. O., Bd. VII, 401 f.

[70] Königsdorfer, a. a. O., Bd. III/1, 459–463 – Steichele, a. a. O., Bd. III, 874

[71] Bauerreiss, a. a. O., Bd. VII, 384

[72] Hörmann, J., P. Beda Mayr von Donauwörth. Ein Ireniker der Aufklärungszeit, in: Gietl, H., Pfeilschifter, G. (Hg.), Festgabe Alois Knöpfler zur Vollendung des 70. Lebensjahres, 191 f.

[73] Hubensteiner, Bayerische Geschichte, a. a. O., 221

[74] Sailer, J. M., Es ist seliger geben als empfangen. Trauerrede auf den würdigen Vorsteher des Benediktinerklosters zum Hl. Kreuze in Donauwerd, Abt Gallus. Gehalten am dreyssigsten Tage nach seiner Begräbniß 1793, in: J. M. Sailers christliche Reden an's Christenvolk, Bd. I, 108–130

[75] Grohsmann, a. a. O., Bd. II, 131–134 – Königsdorfer, a. a. O., Bd. III/1, 463–478 – Steichele, a. a. O., Bd. III, 874 f.

[76] Steichele, a. a. O., Bd. III, 855

[77] Ebd. 887 f.:

Der Text der Urkunde, zitiert nach Steichele, lautet:

»Cum homines habitantes in villula Lederstat in monasterio dicto [S. Crucis in Werdea] vobis credito habeant suas ecclesiasticas sepulturas, et in eadem debitis temporibus suscipiant eucaristie sacramentum, ac decime maiores et minores eiusdem villule spectant [sic] ad antefatum monasterium, idcirco ut vos, successores vestri, aut presbiter professus aut non professus seu religiosus aut secularis, cui vos aut successor vester commiseritis, possitis et valeatis hominum utriusque sexus antedicte villule Lederstat, necnon famulorum continue domesticorum monasterii vobis crediti confessiones audire, penitencias salutares imponere et ipsis super peccatis et commissis beneficium absolutionis, tociens quociens opus fuerit, absque nostra et successorum nostrorum speciali licencia impendere, liberam concedimus facultatem.« Orig. in Wallerstein

[78] Steichele, a. a. O., Bd. III, 888: Zitiert nach Steichele lautet die betreffende Stelle aus dem Taufbuch: »Nomina locorum et subditorum ad baptisterium monasterii S. Crucis Werdae spectantium: Omnes servi intra septa monasterii habitantes, ut etiam domus praefecti, aerarium, pistrina etc., omnes

subditi in Zusum, uno excepto, omnes subditi in Lederstatt. [Item Stilberg, Eintrag von 1586].« Das Taufbuch mit diesem Eintrag befindet sich in der Pfarr-Registratur von Heilig Kreuz.

[79] Königsdorfer, a. a. O., Bd. I, 64 – Ders., a. a. O., Bd. II, 456 – Steichele, a. a. O., Bd. III, 887 f.; 894 f.

[80] Königsdorfer, a. a. O., Bd. I, 77 f. – Steichele, a. a. O., Bd. III, 846
Königsdorfer legt Wert auf eine »kritische Hand« in der Klosterchronik, laut der schon Heinrich VI. im Jahre 1196 das »ius patronatus« dem Kloster Heilig Kreuz verehrt haben soll. Der letzte Abt von Heilig Kreuz hielt Mündling dementsprechend für ein unmittelbares Erbgut Mangolds IV., zumal in der Urkunde Kaiser Heinrich VII. und sein Vater Friedrich II. angesprochen werden, das Patronatsrecht aber nicht von beiden zugleich geschenkt, jedoch von beiden bekräftigt worden sein könne. Der Wortlaut der Urkunde zitiert nach Steichele, a. a. O., Bd. III, 846:
»Significamus vobis, quod nos ad imitationem domini imperatoris, patris nostri, contulimus abbati et monasterio de Werda perpetuo ius patronatus ecclesie de Mundelingen, que in fundo patrimonii nostri sita esse dinoscitur, . . .« Orig. in Wallerstein

[81] Königsdorfer, a. a. O., Bd. I, 118 f.; 126 f. – Steichele, a. a. O., Bd. III, 853 f.:
Königsdorfer berichtet im Gegensatz zu Steichele, der vollständige Erwerb des Kirchensatzes sei erst im Jahre 1373 mit dem Kauf eines Hofes in Münster aus der Hand des Abtes Eberhard zu Reichenau abgeschlossen worden.

[82] Königsdorfer, a. a. O., Bd. I, 154 f. – Steichele, a. a. O., Bd. III, 854

[83] Königsdorfer, a. a. O., Bd. III/1, 470–475

[84] Ders., a. a. O., Bd. II, 161–163; 224–235; 375–377

[85] Ders., a. a. O., Bd. III/1, 433 – Steichele, a. a. O., Bd. III, 877

[86] Lindner, P. und Traber, J., a. a. O., 38

[87] Königsdorfer, a. a. O., Bd. II, 425

[88] Ders., a. a. O., Bd. III/1, 426

[89] Lindner, P. und Traber, J., a. a. O., 38

[90] Ebd. 19–35

[91] Königsdorfer, a. a. O., Bd. III/1, 56

[92] Horn, a. a. O., Bd. III, 72

[93] Ebd. 272

[94] Ebd. 452

[95] Steichele, a. a. O., Bd. III, 888

[96] Königsdorfer, a. a. O., Bd. III/2, 318

[97] Ders., a. a. O., Bd. II, 425

[98] Ders., a. a. O., Bd. III/1, 29

[99] Ders., a. a. O., Bd. II, 361

[100] Ebd. 425–427

[101] Königsdorfer, a. a. O., Bd. III/1, 29 f.

[102] Ebd. 430; 435

[103] Königsdorfer, a. a. O., Bd. II, 270–274

[104] Ebd. 369

[105] Traber, J., Passionsaufführer und Geißler, in: Mitteilungen des Historischen Vereins für Donauwörth und Umgebung, Jg. 1 (1902), 56 f.

[106] Grohsmann, a. a. O., Bd. II, 125; 347

[107] Lindner, P. und Traber, J., a. a. O., 21; 28 f.

[108] Königsdorfer, a. a. O., Bd. II, 204–206 – Steichele, a. a. O., Bd. III, 732

[109] Königsdorfer, a. a. O., Bd. II, 209–211; Bd. III/1, 435

[110] Ders., a. a. O., Bd. II, 317

[111] Ders., a. a. O., Bd. III/1, 422 f.

[112] Sailer, a. a. O., 121–124

IV Wirtschaftliche Verhältnisse

[1] Fürstlich Oettingen-Wallersteinsches Archiv Wallerstein, (W. FÖAW), Nr. 607, Gült Register des Klosters Hl. Kreuz (D), 1795–1803, Pro Anno 1795

[2] Stadtarchiv Donauwörth, Alte Registratur III b 1, Auszeigung der sämtlichen Grundzinsen, Gült-, Zehent-, und Gerichtsbarkeits-Gefälle des Benediktiner Klosters zum Hl. Kreutz in Donauwerd außerhalb Churpfalzbayern von 1786–1795

[3] Stadtarchiv Donauwörth, Alte Registratur III b 1, Actum Donauwörth den 17. Janner 1806. Aus dem Revenüenetat des Oberamts zum Hl. Kreuz in Donauwörth 1803, Abschrift des Originals, Fürstlich Oettingen-Wallersteinsches Archiv Wallerstein, Nr. 37

[4] Ebd. Nr. 37

[5] Buchner, F. X., Das Bistum Eichstätt, Bd. I, 57–61

[5] Ders., a. a. O., Bd. II, 206–213 – Steichele, a. a. O., Bd. III, 846

[7] Steichele, a. a. O., Bd. III, 853 f. – Ders., a. a. O., Bd. IV, 705–719

[8] Ders., a. a. O., Bd. III, 854

[9] Lieberich, H., Die Rechtsformen des bäuerlichen Besitzes in Altbayern, in: Mitteilungen für die Archivpflege in Oberbayern (1947), Nr. 6, 159–176:
Der Bestänter ist nicht nur moderner Pächter, sondern selbst Eigentümer; er genießt ausschließlich die Nutzung »usufructus« des Gutes und hat für alle auf dem Gut lastenden Verpflichtungen »onera« aufzukommen.
Der Grundherr hat Anspruch auf die im Bestandsbrief festgesetzten wiederkehrenden Leistungen, wie Zinsen (Geldabgaben), Gilten (Naturalleistungen und Dienste »onera) und hat das Recht, das Gut zu veräußern.

[10] Königsdorfer, a. a. O., Bd. III/2, 1–12 – Stadtarchiv Donauwörth, Alte Registratur IIIb1, Actum Donauwörth den 17. Janner 1806, a. a. O., Nr. 37

[11] Stadtarchiv Donauwörth, Alte Registratur III b 1, Specificatio aller zum Kloster Hl. Kreuz gehörigen eigenthümlichen Waldungen. Aus dem Revenüenetat des Oberamts zum Hl. Kreuz in Donauwörth 1803, Abschrift des Originals, Fürstlich Oettingen-Wallersteinsches Archiv Wallerstein, Nr. 3

[12] Königsdorfer, a. a. O., Bd. II, 525–527

[13] Hubensteiner, Bayerische Geschichte, a. a. O., 202

[14] Königsdorfer, a. a. O., Bd. III/1, 421 f.

[15] Ders., a. a. O., Bd. III/2, 421–425

[16] Ebd. 96–98

[17] Stadtarchiv Donauwörth, Alte Registratur III b 1, Abschrift aus dem Revenüenetat des Oberamts zum Hl. Kreuz in Donauwörth, Abschrift des Originals, Fürstlich Oettingen-Wallersteinsches Archiv, fol. 119–123

[18] Steidle, a. a. O., 133

[19] Königsdorfer, a. a. O., Bd. I, 311:
Im Jahre 1506 erwirkte Kaiser Maximilian I. bei Papst Julius II. die Vergünstigung für die Mönche des Klosters Heilig Kreuz, daß sie an Sonntagen, Dienstagen und Donnerstagen, jedoch mit Ausnahme der in der Ordensregel bestimmten Fastenzeit, Fleisch essen durften.

[20] Königsdorfer, a. a. O., Bd. I, 172

[21] Steichele, a. a. O., Bd. III, 895

[22] Königsdorfer, a. a. O., Bd. I, 174

[23] Ebd. 172–174

[24] Ebd. 172; 175; 213 – Steichele, a. a. O., Bd. III, 855 f.

[25] Stadtarchiv Donauwörth, Alte Registratur III b 1, Actum Donauwörth den 17. Janner 1806, a. a. O., Nr. 37 – Königsdorfer, a. a. O., Bd. I, 173 f.

[26] Ders., a. a. O., Bd. III/2, 247 f.

[27] Ebd. 248 f.

[28] Sailer, a. a. O., 121–124

[29] Stadtarchiv Donauwörth, Alte Registratur III b 1, Abschrift aus dem Revenüenetat des Oberamts zum heil. Kreuz in Donauwörth, Abschrift des Originals, Fürstlich Oettingen-Wallersteinsches Archiv Wallerstein, fol. 139–141

[30] Anmerkung IV. 9, 24

[31] Königsdorfer, a. a. O., Bd. III/2, 6–9

V Heilig Kreuz als geistig-kultureller Mittelpunkt

[1] Horn, a. a. O., Bd. III, 130–137

[2] Ebd. 137–144

[3] Anonym, Das Deckengemälde im großen Studiersaal, in: Donauwörther Institutsblätter, a. a. O., Jg. 2 (1923), Heft 1, 30 – Horn, a. a. O., Bd. III, 145:
Der Gallus-Saal wird heute nicht mehr als Studiersaal genutzt, wie Horn und die Donauwörther Institutsblätter berichten, sondern er bietet seit seiner Restauration wieder den Rahmen für Konzerte oder andere festliche Veranstaltungen.

[4] Anonym, Das Deckengemälde im großen Studiersaal, a. a. O., 30–37

[5] Horn, a. a. O., Bd. III, 145–147

[6] Ebd. 148 f.

[7] Traber, F. X., a. a. O., 32

[8] Horn, a. a. O., Bd. III, 149–151

[9] Lieb, N., Ottobeuren und die Barockarchitektur Ostschwabens. (Dissert.), 122–125

[10] Ebd. 122

[11] Ebd. 122

[12] Ebd. 125

[13] Horn, a. a. O., Bd. III, 108–114

[14] Traber, F. X., a. a. O., 9

[15] Horn, a. a. O., Bd. III, 115 f.

[16] Ginter, H., Südwestdeutsche Kirchenmalerei des Barock. Die Konstanzer und Freiburger Meister des 18. Jahrhunderts, 3 / f. – Onken, Th., Der Konstanzer Barockmaler Jacob Carl Stauder, 1694–1756. Ein Beitrag zur Geschichte der süddeutschen Barockmalerei (= Bodensee-Bibliothek, Bd. 17), 48 f. – Traber, F. X., a. a. O., 20

[17] Horn, a. a. O., Bd. III, 117 f. – Traber, F. X., 20

[18] Zitiert nach Ginter, a. a. O., 39

[19] Zitiert nach Horn, a. a. O., Bd. III, 116 – Ginter, H., a. a. O., 40 entschlüsselt die Inschrift: »Mangoldus et nomine et fundatione huic monasterio attulit hanc sacram crucis particulam Constantinopoli huc Werdeam anno MXXVIII. XXX nov«.

[20] Zitiert nach Horn, a. a. O., Bd. III, 116

[21] Ginter, a. a. O., 38–41

[22] Horn, a. a. O., Bd. III, 118–123 – Anonym, Pfarr- und Wallfahrtskirche Heilig Kreuz zu Donauwörth, Kirchenführer, 6 f.; 10–14

[23] Horn, a. a. O., Bd. III, 118; 124–128 – Anonym, Pfarr- und Wallfahrtskirche Heilig Kreuz zu Donauwörth, a. a. O., 14

[24] Horn, a. a. O., Bd. III, 129–131

[25] Bauch, a. a. O., 9

[26] Königsdorfer, a. a. O., Bd. II, 369–374

[27] Horn, a. a. O., Bd. III, 137 – Königsdorfer, a. a. O., Bd. II, 115

[28] Festschrift Heilig Kreuz Donauwörth, a. a. O., 32

[29] Ebd. 42 f.

[30] Münsterer, H. O., a. a. O., 61 – Festschrift Heilig Kreuz Donauwörth, a. a. O., 40 f.

[31] Anonym, Die Klosterschule von Heilig Kreuz, in: Donauwörther Institutsblätter, Festnummer zum 50jährigen Jubiläum des Cassianeums Jg. 4 (1925), Heft 1, 51

[32] Königsdorfer, a. a. O., Bd. I, 79

[33] Ebd. 116

[34] Königsdorfer, a. a. O., Bd. II, 200–202

[35] Steichele, a. a. O., Bd. III, 866

[36] Königsdorfer, a. a. O., Bd. III/1, 9

[37] Zitiert nach Dussler, H. (Hg.), Reisen und Reisende in Bayerisch-Schwaben, Bd. I, 228

[38] Königsdorfer, a. a. O., Bd. III/1, 31; 430 f.; 441 f.

[39] Ders., Bd. III/2, 248

[40] Ders., Bd. III/1, 462 f.

[41] Radspieler, H., Franz Xaver Bronner. Leben und Werk bis 1794 (Dissert.), 43 f.

[42] Anonym, Die Klosterschule von Heilig Kreuz, a. a. O., 57

[43] Königsdorfer, a. a. O., Bd. III/1, 463–465

[44] Bronner, a. a. O., Bd. I, 237 f.

[45] Anonym, Die Klosterschule von Heilig Kreuz, a. a. O., 58

[46] Königsdorfer, a. a. O., Bd. III/1, 464 – Steichele, a. a. O., Bd. III, 874 f.

[47] Königsdorfer, a. a. O., Bd. III/1, 464

[48] Zitiert nach Hubensteiner, Bayerische Geschichte, a. a. O., 217

[49] Königsdorfer, a. a. O., Bd. III/1, 577 – Ders., a. a. O., Bd. III/2, 81

[50] Hubensteiner, Bayerische Geschichte, a. a. O., 217

[51] Anonym, Die Klosterschule von Heilig Kreuz, a. a. O., 58 – Grohsmann, a. a. O., Bd. II, 134 f. – Königsdorfer, a. a. O., Bd. III/1, 464 f. – Lindner, A., Die Schriftsteller und die um Wissenschaft und Kunst verdienten Mitglieder des Benediktiner-Ordens im heutigen Königreich Bayern vom Jahre 1750 bis zur Gegenwart, Bd. II, 137

[52] Ratsprotokoll 1728, 215 f., zitiert nach Grohsmann, a. a. O., Bd. II, 354

[53] Grohsmann, a. a. O., Bd. II, 138 – Klaus, G., Orgelkunst und Orgelbau in den Benediktinerklöstern bis zur Säkularisation, in: Studien und Mitteilungen zur Geschichte des Benediktiner-Ordens, Bd. 77 (1966), 146:
Gregor Klaus schreibt, Andreas Fux hätte sich um den Bau der großen Orgel in Weingarten beworben. Wie Lore Grohsmann recherchiert hat, wurde Andreas Fux, Sohn und künstlerischer Nachfolger des Johann Fux, im Jahre 1712 geboren. Andreas Fux hätte sich somit im Alter von zwölf Jahren um den Orgelbau der Klosterkirche Weingartens bewerben müssen.

[54] Grohsmann, a. a. O., Bd. II, 136–138

[55] Lindner, P. und Traber, J., a. a. O., 19–30

[56] Grohsmann, a. a. O., Bd. II, 134 – Königsdorfer, a. a. O., Bd. III/2, 52 f. – Lindner, A., a. a. O., Bd. II, 143 – Lindner, P. und Traber, J., a. a. O., 30 – Steichele, a. a. O., Bd. III, 877

[57] Königsdorfer, a. a. O., Bd. III/1, 441 f.

[58] Anonym, Die Klosterschule von Heilig Kreuz, a. a. O., 56 f.

[59] Lindner, A., a. a. O., Bd. II, 139–141

[60] Radspieler, a. a. O., 48

[61] Ungewitter, J., Benediktiner von Heilig Kreuz in Donauwörth. P. Beda Mayr (1742–1792), in: Der Heimatfreund. Zwanglos erscheinende Blätter zur Donauwörther Nationalzeitung (1936), Nr. 14

[62] Radspieler, a. a. O., 49

[63] Steichele, a. a. O., Bd. III, 868: Die Frömmigkeit war Georg Beck wohl schon von seiner Familie her mit auf den Weg gegeben, denn auch zwei seiner Geschwister erwählten das klösterliche Leben. Georg Becks Bruder Johannes war von 1608 bis 1626 Abt von Kaisheim, seine Schwester Margaretha Priorin in Oberschönenfeld.

[64] Zitiert nach Steichele, a. a. O., Bd. III, 867

[65] Lindner, P. und Traber, J., a. a. O., 17: Pirmin Lindner und Johannes Traber listen die Werke von Prior Beck genau auf:

Manuskripte
A. Historische

– Chronicon Monasterii S. Crucis in Donauwerd. 594 S. Folio (Großenteils in deutscher Sprache)
– Chronicon Monasterii superioris Schoenenfeld, Ordinis Cisterciensis
– Chronicon Monasterii S. Joannis Bapt. in Holzen, Ord. S. Bened. etc. (Befindet sich noch in der Schloßbibliothek zu Holzen)
– Chronicon Monasterii S. Magni in Kyebach, Ord. S. Benedicti
– Chronicon Monasterii S. Georgii in Hohenwart, Ord. S. Benedicti
– Chronicon Caesariensis Monasterii, seriem et administrationem Abbatum concernentia
– Chronicon fundatorum Monasterii Deggingen
– Origo et progressus Crucigerorum Fratrum, seu militum Ord. S. Joannis Baptistae Hospitalis Jerosolymitane (nunc Rhodiorum seu Melitensium Equitum)
– Chronicon Marchionum de Burgau, latine, redditum jussu Caroli Marchionis pie pronuper defuncti (approbatum a Marco Velsero)
– Genealogiae Comitum de Wallerstein – de Grayssbach – de Marstetten – et Baronum de Gumppenberg
– Synopsis virorum illustrium Ordinis S. Benedicti
– Fundatio Sacelli in Buggenhofen (prope Deggingen)

B. Asketische Schriften

– Orationes variae

- Exhortationes ad Novitios
- Exhortationes pro 16 monasteriis tempore reformationis anno 1611
- Exercitia spiritualia (2 Volumina)
- Discursus de morte
- Meditationes in 100 genera orandi Rosarium
- Distributio temporis per totius anni curriculum, tam pro religiosis, quam pro saecularibus
- Colloquia spiritualia duorum Fratrum religiosorum
- Conciones de tempore et Sanctis, maxime vero in passionem dominicam

C. Miscellanea

- Diversissima genera carminum latinorum et graecorum
- Compendia in Cursum philosophicum in subsidium memoriae
- In materiam de incarnatione, de ss. trinitate et ss. angelis
- Interrogatoria in negotiis visitationis
- Ακροαματα loco et tempore ingeniose proponenda, discutienda, ventilanda
- De Anno climacterio

[66] Königsdorfer, a. a. O., Bd. II, 382–392 – Lindner, P. und Traber, J., a. a. O., 16 f. – Steichele, a. a. O., Bd. III, 866–868

[67] Lindner, A., a. a. O., Bd. II, 135–149 – Lindner, P. und Traber, J., a. a. O., 20–37

[68] Hörmann, a. a. O., 190 – Lindner, P. und Traber, J., a. a. O., 29:
Joseph Hörmann datiert den Antritt der Professur Pater Bedas auf das Jahr 1777, ein Jahr nach der Primiz. Aus dem folgenden, wie z. B. Bedas Pfarr-Vikariat in Mündling von 1772 bis 1776 geht jedoch eindeutig hervor, daß statt »1777« das Jahr 1767 gemeint ist. Lindner und Traber geben den Tag der Primiz mit dem 6. Januar 1766 an.

[69] Hörmann, a. a. O., 190 – Lindner, A., a. a. O., Bd. II, 137 f. – Lindner, P. und Traber, J., a. a. O., 29 – Steichele, a. a. O., Bd. III, 875 – Ungewitter, J., Benediktiner von Heilig Kreuz in Donauwörth, a. a. O., Nr. 13

[70] Hammermayer, L., Strömungen und Gegenströmungen, Zentren und Gruppen, in: Spindler, M. (Hg.), Handbuch der bayerischen Geschichte, Bd. II, 995

[71] Zitiert nach Bauerreiss, a. a. O., Bd. VII, 462

[72] Zitiert nach Hörmann, a. a. O., 190

[73] Bauerreiss, a. a. O., Bd. VII, 462 – Hörmann, a. a. O., 188–190; 194; 200 f. – Ungewitter, Benediktiner von Heilig Kreuz in Donauwörth, a. a. O., Nr. 13

[74] Bauerreiss, a. a. O., Bd. VII, 462 – Hörmann, a. a. O., 201 f.

[75] Ungewitter, Benediktiner von Heilig Kreuz in Donauwörth, a. a. O., Nr. 13

[76] Hörmann, a. a. O., 204

[77] Ebd. 207

[78] Bronner, a. a. O., Bd. I, 237 f. – Radspieler, a. a. O., 43

[79] Bauerreiss, a. a. O., Bd. VII, 462 f. – Hörmann, a. a. O., 191 f.; 202–209

[80] Zitiert nach Schäfer, Ph., Die Einheit der Kirche in der katholischen Theologie der Aufklärungszeit, in: Schwaiger, G. (Hg.), Zwischen Polemik und Irenik. Untersuchungen zum Verhältnis der Konfessionen im späten 18. und frühen 19. Jahrhundert (= Studien zur Theologie und Geistesgeschichte des Neunzehnten Jahrhunderts, Bd. 30), 41 f.

[81] Zitiert nach Schäfer. Die Einheit der Kirche in der katholischen Theologie der Aufklärungszeit, a. a. O., 42

[82] Schäfer, Die Einheit der Kirche in der katholischen Theologie der Aufklärungszeit, a. a. O., 41 f.

[83] Bauerreiss, a. a. O., Bd. VII, 462 – Hörmann, a. a. O., 199 – Steichele, a. a. O., Bd. III, 876 – Ungewitter, J., Benediktiner von Heilig Kreuz in Donauwörth, Nr. 13

[84] Winhard, W., Johann Michael Sailer. Seine Verbindungen mit der Benediktinerabtei Heilig Kreuz in Donauwörth, in: Der Daniel, Nordschwaben, Jg. 8 (1980), Heft 4, 206

[85] Lindner, A., a. a. O., Bd. II, 138–141

[86] Winhard, W., a. a. O., 206

[87] Graßl, H., Katholische Unionsprojekte des 18. Jahrhunderts und ihre Folgen, in: Schwaiger, G. (Hg.), Zwischen Polemik und Irenik. Untersuchungen zum Verhältnis der Konfessionen im späten 18. und frühen 19. Jahrhundert (= Studien zur Theologie und Geistesgeschichte des Neunzehnten Jahrhunderts, Bd. 30), 54

[88] Graßl, a. a. O., 52

89 Zitiert nach Schiel, H. (Hg.), Johann Michael Sailer. Leben und Briefe, Bd. II: Johann Michael Sailer. Briefe, 56

90 Graßl, a. a. O., 51

91 Lindner, A., a. a. O., Bd. II, 138 – Lindner, P. und Traber, J., a. a. O., 29 – Steichele, a. a. O., Bd. III, 876

92 Lindner, A., a. a. O., Bd. II, 139–141
Ergänzend zu Pater Beda Mayrs schon im Text aufgeführten wichtigsten theologischen Werken, zu seinen bereits erwähnten Predigten und zu seinen Theaterspielen sollen hier der Vollständigkeit wegen auch seine übrigen Werke nicht vergessen werden:
– »Brief über den neulich gesehenen Kometen.« (In den Baier. Samml. und Auszügen, 1766)
– »Dissert. de Copernicano mundi systemate, qua illud nequaquam cum sensu scripturae sacrae pugnare asseritur.« Dillingen 1768
– »Ein Päckchen Satyren aus Oberteutschland.« München 1769
– »Der Spazierstock in seinem Glanze, d. i. Dank- und Ehrenrede auf die Spazierstöcke, von Sebastian Leo AA. LL. et philosophiae baccalaureus und Stadtgratulant in München.« 1769
– »Gedanken eines Landpfarrers über die Kuren des Pf. Gassner.« 1755
– »Prüfung der bejahenden Gründe über die Frage: ›Soll man sich in der abendländischen Kirche bei dem Gottesdienste der lateinischen Sprache bedienen?‹« 1777
– »Abhandlung von der Bewegung der Körper in krummen Linien und Anwendung derselben auf unser Sonnensystem.« Augsburg 1779
– »Die Verehrung und Anrufung der Heiligen, sonderl. Mariens, aus der hl. Schrift und Vernunft gerechtfertigt.« Augsburg 1781
– »Des H. Abt von Condillac Geschichte der ältern und neuern Zeiten vom Utrechterfrieden bis auf unsere Zeiten fortgesetzt.« XIII. Bd., Augsburg 1785
– »Grundsätze zur Feststellung und Aufrechterhaltung der Eintracht zwischen der politischen und kirchlichen Macht in katholischen Staaten.« Im Verein mit Th. J. v. Haiden herausgegeben, Augsburg 1785
– »Antwort an den Verfasser des Bogens: »Von dem, was Proselytenmachen heisst.« 1787
– »Entwurf eines Religionscollegiums.« 1786
– »Die kath. Lehre von den Ablässen für die Verstorbenen bei Gelegenheit einer kath. Verordnung auseinandergesetzt.« Augsburg 1787
– »Die Antworten auf zwei sog. Kritiken über das Werk ›Vertheidigung‹ etc. in der ›Kritik über gewisse Kritiker‹«. Nr. 7 und 9, Augsburg 1790
– »Anfangsgründe der Mathematik und Algebra zum Gebrauche der höhern und niedern Schulen.« Augsburg 1792
– »Die göttl. hl. Schrift des Neuen Testamentes, lateinisch und deutsch.« Fortsetzung der von Dr. H. Braun gelieferten Übersetzung, VII. Bd., Augsburg 1794
– Beiträge zum »Frankfurter Realwörterbuch« und zur »deutschen Encyclopädie«
– Viele einzeln gedruckte Gelegenheitsgedichte
– Abhandlung über Staffelsee in Oberbayern, welches einst ein bischöflicher Sitz gewesen sein soll (Abgedr. in der Lit. Ztg. von Kern, 1827, II. Bd.)

93 Pörnbacher, H., Die Dichtung von 1500–1800, in: Spindler, M. (Hg.), Handbuch der bayerischen Geschichte, Bd. III/2, 1185

94 Hörmann, a. a. O., 188 f.

95 Radspieler, a. a. O., 2

96 Gebele, E., Franz Xaver Bronner, in: Lebensbilder aus dem Bayerischen Schwaben, Bd. IV, 341 f. – Radspieler, a. a. O., 8–36

97 Gebele, a. a. O., 342–344 – Radspieler, a. a. O., 42–45

98 Bronner, a. a. O., Bd. I, 179

99 Bronner, F. X. Neue Fischergedichte und Erzählungen, in: Schriften, Bd. II, Zürich 1794, 27, zitiert nach Grohsmann, a. a. O., Bd. II, 133

100 Gebele, a. a. O. 344 – Grohsmann, a. a. O., Bd. II, 133 – Pörnbacher, a. a. O., Bd. III/2, 1188

101 Radspieler, a. a. O., 44

102 Gebele, a. a. O., 345 f. – Radspieler, a. a. O., 57–64

103 Bronner, a. a. O., Bd. I, 308 f.

104 Königsdorfer, a. a. O., Bd. III/2, 466

105 Bronner, a. a. O., Bd. I, 304

106 Ebd. 242, 312–314

107 Gebele, a. a. O., 346 – Radspieler, a. a. O., 74 f.

[108] Zitiert nach Schiel, H. (Hg.), Johann Michael Sailer. Leben und Briefe, Bd. II, a. a. O., 27

[109] Gebele, a. a. O., 348: Bronner wurde bei seiner Rückkehr die Verleihung einer auskömmlichen Pfründe oder die Anstellung als Professor in Dillingen versprochen.

[110] Gebele, a. a. O., 348 f. – Radspieler, a. a. O., 87 f.

[111] Zitiert nach Schiel, H. (Hg.), Johann Michael Sailer. Leben und Briefe, Bd. I: Leben und Persönlichkeit in Selbstzeugnissen, Gesprächen und Erinnerungen der Zeitgenossen, 112

[112] Thalhofer, F. X., Johann Michael Sailer und Franz Xaver Bronner. Eine geschichtspsychologische Studie, in: Archiv für die Geschichte des Hochstifts Augsburg, Bd. I, 434–440

[113] Pörnbacher, a. a. O., Bd. III/2, 1188

[114] Radspieler, a. a. O., 97: Bronners literarischer Nachlaß setzte sich zusammen aus poetischen Schriften, Idyllensammlungen der Jahre 1787 und 1794, dem großen biblischen Epos »Der erste Krieg«, den Altersdichtungen »Lustfahrten ins Idyllenland« und einer großen Anzahl von Idyllen, Gedichten und ähnlichen Arbeiten in Almanachen und Zeitschriften; seine politischen und journalistischen Veröffentlichungen fallen in die Jahre 1789 bis 1802; Reisebilder, historische Werke, mathematische und physikalische Schriften runden das Bild ab.

[115] Gebele, a. a. O., 339–359 – Radspieler, a. a. O., 96

[116] Lindner, A., a. a. O., Bd. II, 36

[117] Königsdorfer, a. a. O., Bd. I, 110 f. – Steichele, a. a. O., Bd. III, 852

[118] Königsdorfer, a. a. O., Bd. II, 115 f.

[119] Ebd. 359

[120] Ebd. 578–580

[121] Königsdorfer, a. a. O., Bd. III/1, 31

[122] Ebd. 430

[123] Ebd. 462–465; 495

[124] Hauntinger, a. a. O., 110

[125] Zitiert nach Dussler, a. a. O., Bd. I, 228

[126] Kratter, F., Bemerkungen, Reflexionen, Phantasien, Skizzen von Gemälden und Schilderungen auf meiner Reise durch einige Provinzen Oberteutschlands, 219

[127] Radspieler, a. a. O., 47

[128] Ebd. 46 f.

[129] Königsdorfer, a. a. O., Bd. III/1, 498

[130] Reil, M., Der Heilig-Kreuzherren in Donauwörth gesammelte Nachrichten von dem Einfalle der österreichischen und französischen Truppen in unserer Gegend (1796 vom 4. Juli–21. September), in: Der Heimatfreund. Zwanglos erscheinende Blätter zum »Donauwörther Anzeigeblatt« und zur »Rieser Volkszeitung« (1928), Nr. 4–6
Reil verwendet für seinen Artikel als Vorlage ein Tagebuch des Paters Bernhard Stocker, das als Aktenfaszikel im städtischen Archiv Donauwörth ruht.

[131] Königsdorfer, a. a. O., Bd. III/2, 210

[132] Ebd, 186; 210

[133] Lindner, P. und Traber J., a. a. O., 31

[134] Zoepfl, F., Maihingen. Eine Stätte der Kunst und Wissenschaft im Ries, in: Rieser Heimatbuch, Jg. 2 (1926), 301–303

[135] Ebd. 303

VI Leben im Kloster unter dem letzten Abt bis zur Säkularisation

[1] Königsdorfer, a. a. O., Bd. III/1, 491 – Steichele, a. a. O., Bd. III, 878:
Die kurfürstlichen Kommissäre wünschten der Wahlhandlung persönlich beizuwohnen, obwohl die Fürstbischöflichen entgegenhielten, daß dies sowohl kanonischem Rechte und altem Herkommen als auch dem Rezeß von 1688 und dem neueren Vergleich aus dem Jahre 1785 widerspreche. Um die Wahl nicht weiter hinauszuzögern, gab man von fürstbischöflicher Seite nach. – Steichele erwähnt nur einen kurbayerischen Kommissar.

[2] Königsdorfer, a. a. O., Bd. III/1, 485:
Königsdorfer berichtet, daß der Regierungsrat Rott als dritter Kommissar von der kurfürstlichen

Regierung in Neuburg eigenmächtig beauftragt war, der Wahl beizuwohnen. Darüber muß man im Kloster sehr betroffen gewesen sein, denn dieser kurfürstliche Auftrag bedeutete wiederum eine Verletzung der klösterlichen Rechte. Die Benediktinergemeinschaft ließ sich diese Rechtsverletzung gefallen, da sie dringend einen neuen Abt wünschte und nicht durch Streitereien die Wahl weiter verzögern wollte.

[3] Königsdorfer, a. a. O., Bd. III/1, 480–492 – Steichele, a. a. O., Bd. III, 877 f.

[4] Königsdorfer, a. a. O., Bd. III/1, 492 f. – Lindner, A., a. a. O., Bd. II, 143 f. – Lindner, P. und Traber, J., a. a. O., 33 f. – Steichele, a. a. O., Bd. III, 878 – Weißfloch, L., Eine Zierde des Ordens und der Wissenschaft. Der letzte Abt von Hl. Kreuz in Donauwörth, Cölestin von Königsdorfer, in: Nordschwäbische Chronik, Jg. 2 (1949), Nr. 8, 195–197

[5] Steichele, a. a. O., Bd. III, 878

[6] Königsdorfer, a. a. O., Bd. III/1, 497

[7] Ebd. 499

[8] Ebd. 500

[9] Ebd. 497–500

[10] Ebd. 507–511 – Reil, a. a. O., Nr. 4

[11] Königsdorfer, a. a. O., Bd. III/1, 513–524 – Reil, a. a. O., Nr. 4; Nr. 5

[12] Königsdorfer, a. a. O., Bd. III/1, 531

[13] Ebd. 529–549 – Reil, a. a. O., Nr. 5; Nr. 6

[14] Königsdorfer, a. a. O., Bd. III/1; 552–560 – Reil, a. a. O., Nr. 6

[15] Ebd. Nr. 6

[16] Königsdorfer, a. a. O., III/1, 552–580 – Reil, a. a. O., Nr. 6–8

[17] Reil, a. a. O., Nr. 13

[18] Königsdorfer, a. a. O., Bd. III/1, 580–615 – Reil, a. a. O., Nr. 8–13

[19] Königsdorfer, a. a. O., Bd. III/1, 594–596; 617 f.

[20] Ders., a. a. O., Bd. III/2, 1–37: Der Fürst von Oettingen-Wallerstein wollte Untertanen und Gefälle, die in seinem Gebiet lagen, mit Repartitionen belegen.
Preußen hatte infolge einer Übereinkunft mit dem letzten Markgrafen von Ansbach und Bayreuth diese beiden Fürstentümer in Besitz bekommen und sich dort in dem preußisch gewordenen Amt Heidenheim auch die Besitzungen und Untertanen von »Leinesberg, Ursheim und auf dem Hahnenkame« angeeignet.
Der Kurfürst Karl Theodor von Bayern wollte die gesamte Geistlichkeit in seinen pfälzischen und bayerischen Staaten zu einer Kontribution von 15 Millionen Gulden bewegen. Unter Kurfürst Max Joseph wurde dieser Plan nicht weiterverfolgt.

[21] Königsdorfer, a. a. O., Bd. III/2, 38–40; 63–65

[22] Ebd. 68

[23] Ebd. 65–69

[24] Schwarz, O., Geschichte der Stadt Donauwörth, Bd. II, 148

[25] Königsdorfer, a. a. O., Bd. III/2, 76–104

[26] Ebd. 110

[27] Ebd. 104–137

[28] Schwaiger, G., Das Ende der Reichskirche und die Säkularisation in Bayern, in: Schwaiger, G. (Hg.), Kirche und Theologie im 19. Jahrhundert (= Studien zur Theologie und Geistesgeschichte des Neunzehnten Jahrhunderts, Bd. 11), 16

[29] Königsdorfer, a. a. O., Bd. III/2, 137–146

[30] Ebd. 167

[31] Gaspari, A. Ch., Der Deputationsrecess, Bd. I, 151: Der Wortlaut des RDH besagt, daß die »Austheilung und endliche Bestimmung der Entschädigungen« wie folgt geschieht:
§ 15 »Dem Fürsten von Oettingen-Wallerstein für die Herrschaft Dachstuhl: Die Abtey Heiligenkreuz zu Donauwörth, das Capitel St. Magnus zu Füssen, und die Klöster: Kirchheim, Deggingen und Maihingen im Wallersteinischen.«

[32] Königsdorfer, a. a. O., Bd. III/2, 175 f.

[33] Ebd. 166–185 – Steichele, a. a. O., Bd. III, 884 f.

[34] Zitiert nach Königsdorfer, a. a. O., Bd. III/2, 199 f.

[35] Doeberl, M., Entwicklungsgeschichte Bayerns, Bd. II (Vom Westfälischen Frieden bis zum Tode König Maximilians I.), 417 – Hubensteiner, Bayerische Geschichte, a. a. O., 237

[36] Königsdorfer, a. a. O., Bd. III/2, 186

[37] Traber, F. X., a. a. O., 12

[38] Königsdorfer, a. a. O., Bd. III/2, 209–212

[39] Ebd. 199–201

[40] Ebd. 194–198 – Lindner, P. und Traber, J., a. a. O., 31–35

[41] Königsdorfer, a. a. O., Bd. III/2, 212–214 – Steichele, a. a. O., Bd. III, 885

[42] Band drei ist in zwei Abteilungen aufgegliedert

[43] Steichele, a. a. O., Bd. III, 827

[44] Ebd. 885 f.

[45] Counradshof, F., Das Testament des letzten Abtes von Heilig-Kreuz, in: Der Heimatfreund. Zwanglos erscheinende Blätter zum Donauwörther Anzeigeblatt (1928), Nr. 17 f.

[46] Zitiert nach Steichele, a. a. O., Bd. III, 886

[47] Ebd. 886: Steichele führt ebenfalls die Inschrift an, die ehemals über dem Eingang der Grabkapelle angebracht war, eine Laudatio auf Cölestin von Königsdorfer:
»Sub altari huius sacelli jacet sepultum corpus ultimi abbatis Coelestini de Koenigsdorfer, doctrina et pietate, animi candore et demissione, liberalite erga cognatos ac pauperes, hospitalitate in omnes ac affabilitate, pluribus scriptis typo impressis, praesertim historia monasterii ad S. Crucis Werdeae ad Danubium in quatuor tomos distributa celeberrimi, a summis aeque ac infimis dilecti, nec Ullis unquam licet gravissimis vitae casibus fracti, sed semper hilaris ac Deo dediti, exspectans resurrectionem in die iudicii supremi.
Erectum MDCCCXLIII.«

VII Heilig Kreuz im 19. und 20. Jahrhundert

[1] Schwarz, a. a. O., Bd. II, 149

[2] Ebd. 148–150

[3] Hubensteiner, Bayerische Geschichte, a. a. O., 238

[4] Ebd. 237 f. – Schwarz, a. a. O., Bd. II, 153 f.

[5] Ebd. 154 f.

[6] Festschrift Hundert Jahre Cassianeum in Donauwörth (1875–1975), hrsg. von der Pädagogischen Stiftung Cassianeum Donauwörth, 46

[7] Schwarz, a. a. O., Bd. II, 203 – Steichele, a. a. O., Bd. III, 889–891

[8] Schwarz, a. a. O., Bd. II, 203

[9] Ebd. 204 – Steichele, a. a. O., Bd. III, 887

[10] Schwarz, a. a. O., Bd. II, 204

[11] Ungewitter, J., Die Pädagogische Stiftung Cassianeum in Donauwörth. Festschrift zum fünfzigjährigen Gründungsjubiläum am 4. Juni 1925, 6

[12] Festschrift zum fünfundsiebzigjährigen Gründungsjubiläum am 4. Juni 1950. Pädagogische Stiftung Cassianeum in Donauwörth, hrsg. von der Pädagogischen Stiftung Cassianeum Donauwörth, 1–6 – Festschrift Hundert Jahre Cassianeum in Donauwörth (1875–1975), a. a. O., 8–12 – Traber, J., Das Cassianeum in Donauwörth. Festschrift zum 25jährigen Jubiläum seines Bestehens, 1–11 – Ungewitter, J., Die Pädagogische Stiftung Cassianeum in Donauwörth, a. a. O., 1–6 – Schwarz, a. a. O., Bd. II, 254 f.

[13] Festschrift Heilig Kreuz Donauwörth, a. a. O., 53 f.

[14] Festschrift zum 75jährigen Gründungsjubiläum am 4. Juni 1950, a. a. O., 13 f. – Festschrift Heilig Kreuz Donauwörth, a. a. O., 50 – Traber, J., Das Cassianeum in Donauwörth, a. a. O., 19–21

[15] Festschrift zum 75jährigen Gründungsjubiläum am 4. Juni 1950, a. a. O., 18 – Festschrift Hundert Jahre Cassianeum in Donauwörth (1875–1975), a. a. O., 14–16 – Traber, J., Das Cassianeum in Donauwörth, a. a. O., 31 f. – Ungewitter, J., Die Pädagogische Stiftung Cassianeum in Donauwörth, a. a. O., 7–9; 39

[16] Stiftungsurkunde vom 30. Mai 1910, zitiert nach: Festschrift zum 75jährigen Gründungsjubiläum am 4. Juni 1950, a. a. O., 20

[17] Stiftungsurkunde vom 30. Mai 1910, zitiert nach: Festschrift zum 75jährigen Gründungsjubiläum am 4. Juni 1950, a. a. O., 20

[18] Festschrift zum 75jährigen Gründungsjubiläum am 4. Juni 1950, a. a. O., 18–21 – Festschrift Hundert Jahre Cassianeum in Donauwörth (1875–1975), a. a. O., 48 – Ungewitter, J., Die Pädagogische Stiftung Cassianeum in Donauwörth, a. a. O., 8 f.

[19] Festschrift Hundert Jahre Cassianeum in Donauwörth (1875–1975), a. a. O., 22

[20] Festschrift Hundert Jahre Cassianeum in Donauwörth (1875–1975), a. a. O., 22

[21] Festschrift zum 75jährigen Gründungsjubiläum am 4. Juni 1950, a. a. O., 22–30 – Festschrift Hundert Jahre Cassianeum in Donauwörth (1875–1975), a. a. O., 22–26

[22] Festschrift zum 75jährigen Gründungsjubiläum am 4. Juni 1950, a. a. O., 30–32 – Festschrift Hundert Jahre Cassianeum in Donauwörth (1875–1975), a. a. O., 26–34

[23] Stiftungsurkunde vom 30. Mai 1910, zitiert nach: Festschrift Heilig Kreuz Donauwörth, a. a. O., 53

[24] Festschrift Heilig Kreuz Donauwörth, a. a. O., 52–56 – Festschrift Hundert Jahre Cassianeum in Donauwörth (1875–1975), a. a. O., 48

[25] Bulla Leonis, zitiert nach Steichele, a. a. O., Bd. III, 831

Quellen und Literatur

1 Quellen

Fürstlich Oettingen-Wallersteinsches Archiv Wallerstein (W.FÖAW)), Nr. 607, Gült Register des Klosters Hl. Kreuz, (D), 1795–1803, Pro Anno 1795

Monumenta Boica, edidit Academia Scientiarum Boica, Volum. XVI, München 1795

Stadtarchiv Donauwörth, Alte Registratur III b 1, Abschrift aus dem Revenüenetat des Oberamts zum Hl. Kreuz in Donauwörth, Abschrift des Originals, Fürstlich Oettingen-Wallersteinsches Archiv Wallerstein, fol. 119–123

Stadtarchiv Donauwörth, Alte Registratur III b 1, Abschrift aus dem Revenüenetat des Oberamts zum heil. Kreuz in Donauwörth, Abschrift des Originals, Fürstlich Oettingen-Wallersteinsches Archiv Wallerstein, fol. 139–141

Stadtarchiv Donauwörth, Alte Registratur III b 1, Actum Donauwörth den 17. Janner 1806. Aus dem Revenüenetat des Oberamts zum Hl. Kreuz in Donauwörth 1803, Abschrift des Originals, Fürstlich Oettingen-Wallersteinsches Archiv Wallerstein, Nr. 37

Stadtarchiv Donauwörth, Alte Registratur III b 1, Auszeigung der sämtlichen Grundzinsen, Gült-, Zehent-, und Gerichtsbarkeitsgefälle des Benediktiner Klosters zum Hl. Kreutz in Donauwerd außerhalb Churpfalzbayern von 1786–1795

Stadtarchiv Donauwörth, Alte Registratur III b 1, Specificatio aller zum Kloster Hl. Kreuz gehörigen eigenthümlichen Waldungen. Aus dem Revenüenetat des Oberamts zum Hl. Kreuz in Donauwörth 1803, Abschrift des Originals, Fürstlich Oettingen-Wallersteinsches Archiv Wallerstein, Nr. 37

Stengel C., Monasteriologia, Augsburg 1619

2 Literatur

Albrecht, D., Die Barockzeit, in: Spindler, M. (Hg.), Handbuch der bayerischen Geschichte, Bd. II, München ²1977, 653–656

Anonym, Das Benediktinerkloster Heilig Kreuz in Donauwörth, in: Donauwörther Institutsblätter. Festnummer zum 50jährigen Jubiläum des Cassianeums, Jg. 4 (1925), Heft 1, 39–47

Anonym, Das Deckengemälde im großen Studiersaal, in: Donauwörther Institutsblätter Jg. 2 (1923), Heft 1, 30–37

Anonym, Das Kapuzinerkloster in Donauwörth, 1630–1802, in: Donauwörther Institutsblätter, Jg. 8 (1929), 76–97

Anonym, Der Kreuzaltar, in: Donauwörther Institutsblätter, Jg. 7 (1928), 61–63

Anonym, Der Mangoldstein, in: Donauwörther Institutsblätter, Jg. 6 (1927), 56–64

Anonym, Die Glocken der Heilig-Kreuz-Kirche, in: Donauwörther Institutsblätter, Jg. 5 (1926), Heft 2, 89–102

Anonym, Die Klosterschule von Heilig Kreuz, in: Donauwörther Institutsblätter. Festnummer zum 50jährigen Jubiläum des Cassianeums, Jg. 4 (1925), Heft 1, 51–59

Anonym, Die Kreuzpartikel, in: Donauwörther Institutsblätter, Jg. 2 (1923), Heft 2, 73–79

Anonym, Die vier berühmten Söhne des Schwandorfer Schmieds Röls, in: Heimatfreund. Beilage der »Donauwörther Zeitung« für heimatliches Leben, Jg. 14 (1963), Nr. 4

Anonym, Maria von Brabant, in: Donauwörther Institutsblätter, Jg. 3 (1924), Heft 1, 54–62

Anonym, Pfarr- und Wallfahrtskirche Heilig Kreuz zu Donauwörth, Kirchenführer, Donauwörth 1984

Auer, L., Amandus Röls, Abt des Klosters Hl. Kreuz. Zum 200. Todesjahr des Erbauers von Hl. Kreuz und Cassianeum Donauwörth, in: Nordschwäbische Chronik, Jg.1 (1948), Nr.3, 52–55

Ders., Was sich vor dreihundert Jahren in Donauwörth zugetragen hat. Eine historische Skizze zum 6. April 1632, in: Der Heimatfreund. Zwanglos erscheinende Blätter zum Donauwörther Anzeigeblatt (1932), Nr. 5

Baader, K. A., Reisen durch verschiedene Gegenden Deutschlands in Briefen, Bd. I., Augsburg 1801

Bauch, A., 950 Jahre Heilig-Kreuz-Verehrung in Donauwörth im Spannungsfeld der Jahrhunderte. Festvortrag bei der Abschlußfeier des Jubiläumsjahres am 7. Oktober 1979, hrsg. von der Pädagogischen Stiftung Cassianeum und vom Historischen Verein für Donauwörth und Umgebung, Donauwörth 1979

Bauerreiss, R., Kirchengeschichte Bayerns, Bd. VII (1600–1803), Augsburg 1970

Bihlmeyer, K. und Tüchle, H., Kirchengeschichte, Bd. III (Die Neuzeit und die neueste Zeit), Paderborn [18]1969

Böswald, A., Eine Stadt im Widerspruch. Donauwörth und die Gebrüder Röls, in: Nordschwaben, Jg. 3 (1975), Heft 4, 165–171

Bronner, F. X., Ein Mönchsleben aus der empfindsamen Zeit von ihm selbst erzählt, hrsg. von O. Lang, 2 Bde. (= Memoirenbibliothek, IV. Serie, Bd. 9 und 10) Stuttgart 1912

Buchner, F. X., Das Bistum Eichstätt, Bde. I und II, 1937 und 1938

Bürger, H., Die wirtschaftlichen Besitzungen des Klosters Heilig-Kreuz im 18. Jahrhundert (Facharbeit), Donauwörth 1980

Counradshof, F., Das Testament des letzten Abtes von Heilig-Kreuz, in: Der Heimatfreund. Zwanglos erscheinende Blätter zum Donauwörther Anzeigeblatt (1928), Nr. 17; Nr. 18

Doeberl, M., Entwicklungsgeschichte Bayerns, Bd. II (Vom Westfälischen Frieden bis zum Tode König Maximilians I.), München [3]1928

Dussler, H. (Hg.), Reisen und Reisende in Bayerisch-Schwaben, Bd. I, Weißenhorn 1968

Festschrift Heilig Kreuz Donauwörth. 950 Jahre Kreuzpartikel in Donauwörth, hrsg. von der Pädagogischen Stiftung Cassianeum Donauwörth 1979

Festschrift Hundert Jahre Cassianeum in Donauwörth (1875–1975), hrsg. von der Pädagogischen Stiftung Cassianeum Donauwörth, Donauwörth 1975

Festschrift zum 75jährigen Gründungsjubiläum am 4. Juni 1950. Pädagogische Stiftung Cassianeum in Donauwörth, hrsg. von der Pädagogischen Stiftung Cassianeum Donauwörth, Donauwörth 1950

Gaspari, A. Ch., Der Deputationsrecess, Bd. I, Hamburg 1803

Gebele, E., Franz Xaver Bronner, in: Lebensbilder aus dem Bayerischen Schwaben, Bd. IV, München 1955, 338–360 (jetzt Weißenhorn)

Ginter, H., Südwestdeutsche Kirchenmalerei des Barock. Die Konstanzer und Freiburger Meister des 18. Jahrhunderts, Augsburg 1930

Graßl, H., Katholische Unionsprojekte des 18. Jahrhunderts und ihre Folgen, in: Schwaiger, G. (Hg.), Zwischen Polemik und Irenik. Untersuchungen zum Verhältnis der Konfessionen im späten 18. und frühen 19. Jahrhundert (= Studien zur Theologie und Geistesgeschichte des Neunzehnten Jahrhunderts, Bd. 31), Göttingen, 1977, 29–47

Grohsmann, L. und Schwarz, O., Geschichte der Stadt Donauwörth, Bd. II (Von 1618 bis zur Gegenwart), Donauwörth 1978

Hammermayr, L., Strömungen und Gegenströmungen, Zentren und Gruppen, in: Spindler, M. (Hg.), Handbuch der bayerischen Geschichte, Bd. II, München [2]1977, 986–999

Hartig, M., Donauwörth, in: Lexikon für Theologie und Kirche, Höfer, J. und Rahner, K. (Hg.), Bd. III, Freiburg i. Br. [2]1959, 507 f.

Ders., Heiligkreuz, in: Lexikon für Theologie und Kirche, Buchberger, M. (Hg.), Bd. IV, Freiburg i. Br. [2]1932, 895 f.

Hauntinger, J. N., Reise durch Schwaben und Bayern im Jahre 1784, Weißenhorn 1964

Hemmerle, J., Die Benediktinerklöster in Bayern, Augsburg 1970 (= Germania Benedictina, Bd. 2)

Hilpisch, St., Benediktiner, in: Lexikon für Theologie und Kirche, Höfer, J. und Rahner, K. (Hg.), Bd. II, Freiburg i. Br. [2]1958, 184–192

Historischer Verein Donauwörth (Hg.), Führer durch Donauwörth, Donauwörth [2]1975

Horn, A., Die Kunstdenkmäler von Bayern. Teil Schwaben, Bd. III, Landkreis Donauwörth, München 1951

Hörmann, J., P. Beda Mayr von Donauwörth. Ein Ireniker der Aufklärungszeit, in: Gietl, H., und Pfeilschifter, G. (Hg.), Festgabe Alois Knöpfler zur Vollendung des 70. Lebensjahres, Freiburg i. Br. 1917, 188–209

Hubensteiner, B., Bayerische Geschichte. Staat und Volk, Kunst und Kultur, Jubiläums-Sonderausgabe, München 1980

Ders., Vom Geist des Barock. Kultur und Frömmigkeit im alten Bayern, München [2]1978

Kagerer, E., Franz Xaver Bronner. Die jungen Jahre und das frühe Werk, München 1980

Kempf, T., Mittelalterliche Klostergründungen. Kloster Heilig-Kreuz Donauwörth, in: Das Ries (1978), Lieferung 6, 488–494

Klaus, G., Orgelkunst und Orgelbau in den Benediktinerklöstern bis zur Säkularisation, in: Studien und Mitteilungen zur Geschichte des Benediktiner-Ordens, Bd. 77 (1966), 138–160

König, J. W. Donauwörth im Spiegel der Literatur, Donauwörth 1968

Königsdorfer, C., Geschichte des Klosters zum Heil. Kreutz in Donauwörth, 3 Bde., Donauwörth 1819–1829

Kratter, F., Bemerkungen, Reflexionen, Phantasien, Skizzen von Gemälden und Schilderungen auf meiner Reise durch einige Provinzen Oberteutschlands, Brünn 1791

Kraus, A., Geschichte Bayerns. Von den Anfängen bis zur Gegenwart, München 1983

Ders. Wissenschaftliches Leben (1550–1800), in: Spindler, M. (Hg.) Handbuch der bayerischen Geschichte, Bd. III/2, München 1971, 1138–1163

Landkreis Donauwörth (Hg.), Werden und Wesen eines Landkreises, München 1966

Layer, A., Die Reichsstifte, in: Spindler, M. (Hg.), Handbuch der bayerischen Geschichte, Bd. III/2, München 1971, 968–977

Lieb, N., Barockkirchen zwischen Donau und Alpen, München [3]1969

Ders. Ottobeuren und die Barockarchitektur Ostschwabens (Dissert.), Augsburg 1933

Ders. und Dieth, F., Die Vorarlberger Barockbaumeister, München und Zürich [2]1967

Lieberich, H., Die Rechtsformen des bäuerlichen Besitzes in Altbayern, in: Mitteilungen für die Archivpflege in Oberbayern (1947) Nr. 6, 159–176

Lindner, A., Die Schriftsteller und die um Wissenschaft und Kunst verdienten Mitglieder des Benediktiner-Ordens im heutigen Königreich Bayern vom Jahre 1750 bis zur Gegenwart, Bd. II, Regensburg 1880

Lindner, P. und Traber, J., Verzeichnis der Aebte und Mönche des ehemaligen Benediktiner-Stiftes Heilig-Kreuz in Donauwörth, in: Mitteilungen des historischen Vereins für Donauwörth und Umgegend, Jg. 2 (1905), 1–44

Mayer-Pfannholz, A., Ein Röls-Portrait, in: Heimaterzähler. Heimatbeilage für das »Schwandorfer-Tageblatt« und die »Burglengenfelder Zeitung«, Jg. 16 (1965), Nr. 1, 2; Jg. 16 (1965), Nr. 2, 5 f.

Mittel, H., Die Geschichte der Stadt Donauwörth von ihrer Entstehung bis zum Aussterben der Mangolde, Grafen von Dillingen, Herren von Werd, in: Donauwörther Institutsblätter, Jg. 9 (1930), 46–57

Münster, R., Die Musik in den Bayerischen Klöstern seit dem Mittelalter in: Münster, R. und Schmid, H. (Hg.), Musik in Bayern, Bd. I, Bayerische Musikgeschichte. Überblick und Einzeldarstellungen, Tutzing 1972, 243–260

Münsterer, H. O., Die doppelbalkigen Partikelkreuze von Scheyern, Wiblingen und Donauwörth, in: Bayerisches Jahrbuch für Volkskunde (1952), 50–64

Ockel, H., Geschichte des höheren Schulwesens in Bayerisch-Schwaben während der vorbayerischen Zeit, Berlin 1931 (= Monumenta Germaniae Paedagogica, Bd. 60)

Onken, Th., Der Konstanzer Barockmaler Jacob Carl Stauder, 1694–1756. Ein Beitrag zur Geschichte der süddeutschen Barockmalerei, Sigmaringen 1972 (= Bodensee-Bibliothek, Bd. 17)

Pörnbacher, H., Die Dichtung von 1500–1800, in: Spindler, M. (Hg.), Handbuch der bayerischen Geschichte, Bd. III/2, München 1971, 1177–1191

Radspieler, H., Franz Xaver Bronner. Leben und Werk bis 1794 (Dissert.), Günzburg 1962

Reil, M., Der Heilig-Kreuzherren in Donauwörth gesammelte Nachrichten von dem Einfalle der österreichischen und franz. Truppen in unserer Gegend (1796 vom 4. Juli bis 21. September), in: Der Heimatfreund. Zwanglos erscheinende Blätter zum »Donauwörther Anzeigeblatt« und zur »Rieser Volkszeitung« (1928), Nr. 4–13

Sallinger, C., Kurzgefaßte Geschichte des berühmten Klosters zum heiligen Kreutz und der ehemaligen freien Reichsstadt Donauwörth (nach Königsdorfer bearbeitet), Donauwörth 1844

Sailer, J. M., Es ist seliger geben als empfangen. Trauerrede auf den würdigen Vorsteher des Benediktinerklosters zum H. Kreuze in Donauwerd, Abt Gallus. Gehalten am dreyssigsten Tage nach seiner Begräbniß 1793, in: J. M. Sailers christliche Reden an's Christenvolk, Bd. I, München 1801, 108–130

Schäfer, Ph., Die Einheit der Kirche in der katholischen Theologie der Aufklärungszeit, in: Schwaiger, G. (Hg.), Zwischen Polemik und Irenik. Untersuchungen zum Verhältnis der Konfessionen im späten 18. und frühen 19. Jahrhundert (= Studien zur Theologie und Geistesgeschichte des Neunzehnten Jahrhunderts, Bd. 31), Göttingen 1977, 29–47

Ders., Kirche und Vernunft. Die Kirche in der katholischen Theologie der Aufklärungszeit, München 1974 (= Münchener Theologische Studien, II. Systematische Abteilung, Bd. 42)

Schiel, H., Johann Michael Sailer. Leben und Briefe, Bd. I: Leben und Persönlichkeit in Selbstzeugnissen, Gesprächen und Erinnerungen der Zeitgenossen, Regensburg 1948; Bd. II: Johann Michael Sailer. Briefe, Regensburg 1952

Schwaiger, G., Das Ende der Reichskirche und die Säkularisation in Deutschland, in: Schwaiger, G. (Hg.), Kirche und Theologie im 19. Jahrhundert (= Studien zur Theologie und Geistesgeschichte des Neunzehnten Jahrhunderts, Bd. 11), Göttingen 1975, 11–24

Ders., Die Aufklärung in katholischer Sicht, in: Concilium 3 (1967), 559–566

Ders., Johann Michael von Sailer. Bischof von Regensburg (17. November 1751 bis 20. Mai 1832), in: Schwaiger, G. (Hg.), Bavaria Sancta. Zeugen christlichen Glaubens in Bayern, Bd. II, Regensburg 1971, 296–315

Ders., Johann Michael Sailer. Der bayerische Kirchenvater, München und Zürich 1982

Seitz, A. M., Wappen der ehem. Reichsabtei Hl. Kreuz, in: Nordschwäbische Chronik, Jg. 1 (1948), Nr. 3, 55–57

Steichele, A., Das Bisthum Augsburg, historisch und statistisch beschrieben, Bde. III und IV, Augsburg 1872 und 1883

Steidle, B. (Hg.), Die Benediktinerregel, Beuren ³1978

Stieve, F., Der Kampf um Donauwörth im Zusammenhange der Reichsgeschichte, München 1875 (= Der Ursprung des dreißigjährigen Krieges, 1607–1619, Erstes Buch)

Stölzle, R., Johann Michael Sailer. Seine Maßregelung an der Akademie zu Dillingen und seine Berufung nach Ingolstadt. Ein Beitrag zur Gelehrtengeschichte aus dem Zeitalter der Aufklärung, aktenmäßig dargestellt, Kempten und München 1910

Thalhofer, F. X., Johann Michael Sailer und Franz Xaver Bronner. Eine geschichtspsychologische Studie, in: Archiv für die Geschichte des Hochstifts Augsburg, Bd. I, Dillingen 1909–1911, 387–451

Traber, F. X., Die ehemalige Benediktinerabteikirche zum Heiligen Kreuz in Donauwörth. Ein Führer durch ihre Geschichte und ihre Kunst, Donauwörth 1950

Traber, J., Das Cassianeum in Donauwörth. Festschrift zum 25jährigen Jubiläum seines Bestehens, Donauwörth 1900

Ders., Die Kreuzpartikel-Monstranz Kaiser Maximilians I., in: Donauwörther Institutsblätter, Jg. 3 (1924), Heft 2, 118–131

Ders., Passionsaufführer und Geißler, in: Mitteilungen des Historischen Vereins für Donauwörth und Umgebung, Jg. 1 (1902), 56 f.

Ungewitter, J., Benediktiner von Heilig-Kreuz in Donauwörth. P. Beda Mayr (1742–1794), in: Der Heimatfreund. Zwanglos erscheinende Blätter zur Donauwörther Nationalzeitung (1936), Nr. 13; Nr. 14

Ders., Die Pädagogische Stiftung Cassianeum in Donauwörth. Festschrift zum 50jährigen Gründungsjubiläum am 4. Juni 1925, Donauwörth 1925

Ders., Franz Xaver Bronner (1758–1850), in: Der Heimatfreund. Zwanglos erscheinende Blätter zur Donauwörther Nationalzeitung (1934), Nr. 8; Nr. 9

Uttenweiler, J., Benediktiner, in: Lexikon für Theologie und Kirche, Buchberger, M. (Hg.), Bd. II, Freiburg i. Br. ²1931, 151–159

Weißenberger, P. A., Aus dem innerklösterlichen Leben der Abtei zum Hl. Kreuz in Donauwörth in der zweiten Hälfte des 17. Jahrhunderts, Teil I, in: Nordschwaben, Jg. 6 (1978), Heft 4, 191–194

Weißfloch, L., Eine Zierde des Ordens und der Wissenschaft. Der letzte Abt von Hl. Kreuz in Donauwörth, Cölestin von Königsdorfer, in: Nordschwäbische Chronik, Jg. 2 (1949), Nr. 8, 195–200

Winhard, W., Johann Michael Sailer. Seine Verbindungen mit der Benediktinerabtei Heilig-Kreuz in Donauwörth, in: Der Daniel, Nordschwaben, Jg. 8 (1980), Heft 4

Zelzer, M., Geschichte der Stadt Donauwörth, Bd. I (Von den Anfängen bis 1618), Donauwörth 1958

Zimmermann, E., Bayerische Klosterheraldik. Die Wappen der Äbte und Pröbste der bis zur allgemeinen Säkularisation in Ober- und Niederbayern der Oberpfalz und bayerisch Schwaben bestandenen Herrenklöster, München 1930

Zoepfl, F., Das Bistum Augsburg, Bd. I: Das Bistum Augsburg und seine Bischöfe im Mittelalter, Bd. II: Das Bistum Augsburg und seine Bischöfe im Reformationsjahrhundert, Augsburg 1955 und 1969

Zoepfl, F., Maihingen. Eine Stätte der Kunst und Wissenschaft im Ries, in: Rieser Heimatbuch, Jg. 2 (1926), 282–304

Ders., Maihingen und die Kunstpflege des Hauses Oettingen, in: Das Bayerland, Bd. 39 (1928), 339–344

Register

Bearbeitet von Anton H. Konrad. Die Stichworte berücksichtigen den Text ohne Anmerkungen. Abkürzungen: Hz Herzog Kf Kurfürst.
Auf das Stichwort Donauwörth/Schwäbischwerd wurde wegen seiner Häufigkeit verzichtet.

154

Bildnachweis

Die Bildvorlagen bzw. Druckunterlagen wurden dem Verlag zur Verfügung gestellt von der Stadt
Donauwörth und dem Verlag Ludwig Auer. Autorin und Verleger danken hierfür geziemend.

Verlag Ludwig Auer GmbH 3 4 9 12 13 14 16 17 19 20 21 24 25 28
Stadtverwaltung Donauwörth 2 8 22 23 26 27
Franz Meitinger, Donauwörth 1 5 6 7 10 11 15 18

RHENUS INFERIOR.

THUR

Gladbacum

COLONIA AGRIPPINA

HASSIA

1 S.Pantaleon
2 S.Martini
3 S.S.Machabeoru
4 S.Agathe
5 S.Maurity
6 S.Ioan.Bapt.

GRANUM

Tuitium

Mons S.Michaelis PP.

Terra fl.

Corneli Monasterium

Sigeberga

Brauweilera

Rhindorpium

Altenburgum

Planckenaugia

S.Andree

FVLDA
PP.M
Cella PP.

Mons S.Petri
PP.

Mons S.Ioan

FRA

nroda

Theris

Malmundarium

Prumia

Maria in Pop

Mons part

Schonaugia

S.Ioan Bapt. in Rhingovia

Neostadium

RR.H oltzkürchi

PP.Tulpa

Schwarzachium

TREVIRIS

S.Maximini

S.Iacobi

Monus

HERBIP OLIS

1 Mons

S.Michaelis

acum

S.Martini
II vir ad Thei
um B.M.

Spanheimium

MOGUNTIA

S.Stephan
S.Affre

S.Iacob
ad Scotos

S.Mathie

Seinstadium

LVCEBVRGVM

Münster

Smerlebach

Kitzinga

Bosonuilla

METÆ

Mediolacus
Mitlach

RHENUS

Amorbachium

NI

Villa Longa

Neckar fl.

S.Naboris

Lobenfeldia

Hornbachium

SUPE-

Stritzlbrona

LOTHARIN

WÜRTEN

Degginga

DONA
ad S.

NANCEIUM

S.Crucis

Mauri Monasterium

Stolhoffia
PP.

Alba Doma
Frauenalb

Nereszheimium

Fultenba

GIA

RI-

Schwarzachium

S E

Holzium

S.Otilie Mons

OR-

Riptnsavia P.

BER-

GIA

Elchinga

AUGUSTA
Vdalrici
et Affre

Ebersheim

Eberszheim Münster

Gengenbacum

Schuttera

Wiblinga
Ussringa

S.Romarici

Monasterium

Münster

Vdalrici

Ethonis Monasterium
S. Ethmünster

Zweyfalt

Mariæ Monso

Ching
Erymnasium

S.Annæ P.M.
Ursinum
Isee

Murbachium

S.Petri

Villinga
Georgy

Megens

Ochsenhusium

Ottenbu
PP.Elderinus

S.Trudberti

Gymnasium

Neidinga

Vineæ
Weingarten

Campido
Kempten

V

I

Isna

Fauces Iuli
Fuessen

Oberrieda S.
Todtmos P.

S.Blasii

A

Ludra

Mariæ Stamü

Steinium

Rhinau
gia

Lacus Podanicus

Hofa PP.

Augia major
Mererau

Sion S.

Clingenau

Augia Dives
P.

Petershu
sium

Beinseillera

Fahr

CONSTANTIA

Munstertinge

Hermansu Illera

Tischinga

Roschu
chium
PP.

St.Galli

Muri

S.Ioan in Valle
Thure

Veldkirchium
P.

TY

BVM.
Eremus
Einsidl

Pfeffers
Fabaria

Gerolds PP.S.

HELVE TIA

Alt orffum

Engelberga

B. Maria

RHETI